传承乡土文化

——人文地理与城乡规划专业人才培养模式探索

杨立国 编著

国家级一流本科专业（地理科学）建设点项目（教高厅函〔2021〕7号〕，
国家级一流本科专业（旅游管理）建设点项目（教高厅函〔2022〕14号〕，
湖南省高校思想政治工作精品项目 "传统村镇保护研究中大学生民族
文化自信培育探索与实践"（19PJ025）

陕西新华出版社
三秦出版社

图书在版编目（CIP）数据

传承乡土文化：人文地理与城乡规划专业人才培养
模式探索 / 杨立国编著 . -- 西安：三秦出版社，2024.2
ISBN 978-7-5518-2579-5

Ⅰ.①传… Ⅱ.①杨… Ⅲ.①人文地理—人才培养—培
养模式—研究—中国 ②城乡规划—人才培养—培养模式—
研究—中国 Ⅳ.① K92 ② TU984.2

中国版本图书馆 CIP 数据核字（2022）第 036455 号

传承乡土文化
——人文地理与城乡规划专业人才培养模式探索

杨立国　编著

责任编辑	高　峰
出版发行	三秦出版社
社　　址	西安市雁塔区曲江新区登高路 1388 号
电　　话	（029）81205236
邮政编码	710061
印　　刷	三河市龙大印装有限公司
开　　本	710×1000mm　　1/16
印　　张	21.5
字　　数	316 千字
版　　次	2025 年 1 月第 1 版
印　　次	2025 年 1 月第 1 次印刷
印　　数	1—2000
标准书号	ISBN 978-7-5518-2579-5
定　　价	78.00 元
网　　址	http://www.sqcbs.cn

前　言

　　文化是一个国家和民族的灵魂。乡土文化是中国传统文化的重要组成部分，起源于农业社会，本质是地方民俗、价值观和社会意识。乡土文化凝结着村民大众共同的乡情归属、精神寄托、情感共鸣载体和文化身份认同标志。随着我国城镇化的快速推进，出现了乡村风貌和人际交往中的传统风俗和契约关系逐渐被理性化规则取代，乡村建设重物质而轻精神等诸多问题，乡土文化正面临着被摧毁的危机。十九大报告明确提出"实施乡村振兴战略"，深刻认识乡村优秀传统文化（即乡土文化）的价值，在时代中继承创新乡村文化，实现"乡风文明"。人是乡土文化传承的重要载体。开展乡土文化教育有利于传承优秀传统乡土文化，提升乡村文明程度。"文化传承创新"是高等教育继"人才培养、科学研究、社会服务"之后的第四项功能。如何在本科人才培养中传承乡土文化，既是实现乡村文化振兴的重要组成部分，也是当前我国高校面临的重要课题。为了落实国家"乡村振兴战略"和《国家中长期教育改革和发展规划纲要》，从 2008 年起，我们就开始探讨在人文地理与城乡规划专业人才培养中如何传承乡土文化的崭新命题。全书分为三篇，上篇为乡土文化传承与人才培养体系，主要对人才培养模式、师资队伍建设、课程体系设置、实习实训环节、实习基地建设等方面进行探讨；中篇为乡土文化感知与课程实践训练，主要对课程实习、野外调查和毕业论文进行探讨；下篇为乡土文化渐悟与课外科技创新，主要对课外科技创新和研究性学习进行探讨。

　　本书的完成，凝聚了许多人的心血。多年来，承蒙衡阳师范学院城市与旅游学院刘沛林教授、向清成教授、田亚平教授、罗文教授等的支持，使投入到人文地理与城乡规划专业的教学改革中，承蒙众多同事邹君教授、李强博士、齐增湘博士、陈驰老师、袁佳利老师、曾灿老师等与我多年的真诚合作，感谢我的研究生胡佳同学帮忙修改论文，感谢我的本科生的努力参与，他们是2008级的谭勇、全爱华、黄福明、蒋芝、刘欢、刘静、刘新、罗忠平、罗永强、彭梅、全爱华、夏妮、徐殿坤、周文瑞、邹云龙、皮灿、黄志勇、章芳、彭述刚、罗勇、王巧、龚景，2010级的刘孟良、陈茜、田华南、杨浴、李清、郭娜鸿、赵若海、陈行、刘婧媛，2011级的张慧、胡景强、喻媚、王建华，2012级的杨浩、代晓莹、石凯霞、周健，2013级的盛方圆、陈伟杨、马珊珊、王宇桐、董滕滕、房芳、范艳妮、王敏、白雪、赵生祥、周勇君、章天成，2015级的陆乃、刘佳新，2016级的张思思、张美蓉、杨月燕、邹贤港、周蓉、张永康、张圳、陈红云、方澜澜、徐翠英、羊美丽、张小惠、赵琴，2017级的崔璨、李欣芳、宋薇、王佩珍、阮丽萍、曾庆菲、徐明珠、贺雯雯、刘跳跳。

全书由杨立国统稿，第1—9章由杨立国完成，第10—20章根据杨立国指导的学生课程作业、实习报告和毕业论文改写而成。第21—28章根据杨立国指导的学生课外科技创新和研究性学习成果改写而成。

因时间仓促，我们水平所限，书中存在的失误与不妥之处，恳请广大读者批评指正。

编者

2019年8月20日

目 录

下　篇　乡土文化渐悟与课外科技创新　　　215

附　录

上 篇

乡土文化传承与人才培养体系

　　传承乡土文化与高校本科人才培养，需要从人才培养模式、课程体系、师资队伍、课堂教学、实践教学和实习基地建设等方面进行全方位思考。并以人才培养为核心，以过程培养为中心，充分利用各个环节和各种手段实现乡土文化传承。

第一章
乡土文化传承与本科人才培养

乡村文化式微已成为不争的事实，是当前乡村振兴的最大制约因素，传承乡村文化是推进乡风文明建设的重要手段，而培养具有乡土文化传承能力的本科人才是促进乡村文化振兴的重要途径。

一、乡土文化发展现状与乡村文化振兴战略提出

乡土文化是一个区域的文化根脉，在历史的进程中，乡土文化始终保持着与外来文化的冲突与融合。乡土文化发展现状如何，如何才能实现乡村文化的振兴，值得我们深思。

（一）乡土文化发展现状

随着我国现代化、城镇化、信息化的快速推进，乡土文化表现出衰败、碎片、脱域等特点[1]。

一是乡土文化衰败明显。乡村是乡土文化的生产空间，而人是乡土文化传承的载体，随着大量农村人口流向城市，许多乡村出现了空心化，乡土文化景观衰败明显。由于长期以来的城乡二元经济发展模式，致使大部分人认为城市优于乡村，利益驱动使传统乡村精英在乡土社会中的地位逐渐没落。从而使乡土文化价值体系解体，乡土文化地位边缘化显著。

二是乡土文化脱域严重。乡村文化系统是由乡村环境塑造的。乡土文化的演变和外部嵌入都需要与环境适应，而目前我国乡土文化在开放利用中，存在异地重构，重经济利益，轻文化保护，在新的文化植入过程中存在嫁接随意性，破坏系统的生态环境[2]。

三是乡土文化碎片化突出。乡土文化在乡村社会发展中，部分要素功能变化，"自为"的散落在乡村中，部分文化要素因人的选择在对知名度高、经济效益好的文化事项保护力度大，对知名度低、经济效益较差的文化事项保护不足，导致文化的碎片化[3]。

（二）乡村文化振兴战略提出

十九大报告首次明确提出"实施乡村振兴战略"，随后，中央经济工作会议和中央农村工作会议进一步明确了总体思路和具体途径。乡村振兴是一个系统工程，是实现乡村物质文明、精神文化与生态文明的有机统一，包括"产业兴旺、生态宜居、乡风文明、治理有效、生活富裕"五个方面的要求。如何实现"乡风文明"，就是要深刻认识乡村优秀传统文化（即乡土文化）的价值，在时代中继承创新乡村文化，推进城乡融合发展[4]。乡村文化振兴既要着眼于乡土文化的经济价值，更要注重发挥其社会效应，充分发挥广大村民的文化自信与文化自觉。

一是提高民众对乡土文化的认知能力。将乡土文化教育纳入全民素质教育，教育机构结合国家有关文化保护政策和法规，利用网络、社会机构、博物院、高等院校、乡村旅游等各种渠道深入开展宣传，提升民众的认知水平。

二是培育乡土文化传承人才。通过对现有乡土文化人才的利用，对乡土文化人才给予优待，加强民间人才培养力度，通过基层任职、挂职锻炼等途径提升乡土文化管理。

三是解决乡土文化传承的资金。政府加大资金扶持力度，鼓励民间社会资本投资。通过挖掘、整合传统文化资源、择优开发乡土文化品牌，与科技融合创新驱动，提升竞争力。

二、乡土文化传承与本科人才培养

乡土文化传承，人人都有义务与责任。从乡民到公民，从儿童到成人。家庭、社会、学校是主要的传承空间。学校传承是重要的传承途径。而高等学校更是肩负重要使命。随着我国高等教育的大众化，本科人才培养中传承乡土文化显得尤为重要。

（一）乡土文化振兴内容与途径

乡土文化是中国传统文化的重要组成部分，起源于农业社会，本质是地方民俗、价值观和社会意识。随着我国城镇化的快速推进，出现了乡村风貌和人际交往中的传统风俗和契约关系逐渐被理性化规则取代，乡土文化保护与传承的功利化严重，乡村建设重物质而轻精神等诸多问题，乡土文化正面临着被摧毁的危机。因此，加强对乡土文化根基的发掘、传承与保护意义深远。乡土文化凝结着村民大众共同的乡情归属、精神寄托、情感共鸣载体和文化身份认同标志[5]。乡土文化从文明的角度来看，包括物质文明、精神文明和生态文明。从地方角度来看，包括民风、民俗、价值观和社会意识等。乡土文化有其保守性和落后性，因此，我们应当对其地方特色的古建筑、器具、服饰、工艺品、戏曲、手工艺、节庆活动等给予积极的保护和传承。

乡土文化振兴没有统一路径。但应注意几点：一是注重乡土文化的"基因—事象—空间"的系统性；二是乡土文化的保护需要面向未来，借助现代产业化方式促进乡土文化发展，保护乡土文化的真实性；三是乡土文化的保护更需要顺应时代发展的需求，进行更高层次上的创新，凸显地方特色，提升影响力；四是乡土文化的有效保护与传承，离不开有效的乡土教育。全社会要充分认识到乡土教育的重要性，学生要走出课堂，亲身感受、体验和学习乡土文化。

（二）面向乡土文化传承的本科人才培养

乡土文化是中国传统文化的重要组成部分，乡土文化承载的是乡村的历史传统和发展轨迹，对农民寻求文化心理认同，维护乡村社会稳定和发展具有重要作用。人是乡土文化传承的重要载体。开展乡土文化教育有利于传承优秀传统乡土文化、培养乡土文化人才，促进乡村少年和农民对乡土文化的认知、激发其乡土文化认同和热爱家乡的情感，提升乡村文明程度。而面向乡土文化传承的本科人才培养也是传承乡土文化、实现乡村文化振兴的重要组成部分。面向乡土文化传承的本科人才培养，应从以下几个方面展开[6]。

一是设计好面向乡土文化传承的本科人才培养方案。本科人才培养方案是落实人才培养目标的指南，面向乡土文化传承的本科人才培养就应该制定相应的课程、实验、实习等环节。

二是打造一支面向乡土文化传承的本科人才培养师资队伍。师资队伍是本科人才培养的关键，面向乡土文化传承的本科人才培养，打造一支具有乡土文化情怀的高素质教师队伍。

三是重构面向乡土文化传承的本科人才培养教学模式。教学是本科人才培养的基本单元，面向乡土文化传承的本科人才培养，需要重构教学模式。具体包括重构课堂教学模式、实践教学模式和实习教学模式[7]。

第二章
传承乡土文化的人才培养模式

目前关于人文地理与城乡规划专业的研究并不多，赵小凤、郭文炯和邹家红等分析了课程体系设置中存在的问题，提出课程体系设置原则及优化对策[8-10]，吴云清等提出了立体化办学模式[11]，宋戈等探讨了专业优秀人才培养的思路[12]，陈健、许光泉、俞晓莹、宁小莉和覃事娅等对本专业试验实践教学进行了探讨[13-17]，牛健植、万大娟等分别对地质地貌学和环境学概论课程进行了探讨[18-19]，郑栓宁对本专业就业最佳方向进行了探索[20]，李松志和王如渊等对专业培养模式进行了思考[21-22]，这些研究大多从宏观尺度及理论对该专业的课程体系、定位、培养思路做了较为系统的描述，从而为村镇规划人才培养模式提供了有益参考。

一、专业发展现状及存在问题

人文地理与城乡规划专业是一个应对我国社会经济发展对空间资源进行统筹安排而应运而生的专业。发展的时间不长，发展趋势良好，但也存在一些问题。

（一）专业的设立与发展

人文地理与城乡规划专业，其前身为资源环境与城乡规划管理专业，教育部 1999 年颁布实施的高校新专业目录中新设立的专业，由 1993 年国家颁布的《普通高等学校本科专业目录》中的资源环境区划与管理、经济地理学与城乡区域规划两个专业合并而来①，属于地球系统科学中地理学科下的二级学科，它是在全球人口问题、资源问题、环境问题和人类可持续发展面临严峻挑战的背景下设立的，与此同时，我国已进入城镇化快速发展阶段，城乡格局正处于重大转型和调整时期，城市和乡村内部及城乡之间的诸多矛盾正成为我国社会经济发展的重大障碍，要从根本上解决上述问题就必须科学编制和实施管理各类资源环境规划与城乡规划，于是资源环境与城乡规划管理专业应运而生[23]。1998 年国家设置资源环境与城乡规划管理专业后，1999 年全国即有 32 个高等院校设置了此专业，到 2006 年，据不完全统计，全国已有 125 所院校设置了资源环境与城乡规划管理专业，从设置该专业的学校类别来看，有综合性大学、师范院校、农业院校、理工院校、地矿类院校、财经院校以及一些刚刚专升本的地方学院。总体来看，以综合性院校、师范院校和理工院校为主。2012 年，国家将资源环境与城乡规划管理专业一分为二，自然地理与资源环境和人文地理与城乡规划，基本上原先开设资源环境与城乡规划专业的院校都开设了人文地理与城乡规划专业②。

（二）专业人才培养目标

根据人文地理与城乡规划专业的设置背景，该专业的业务培养目标是：培养具备资源环境与城乡规划的基本理论、基本知识和基本技能，能在科研机构、高等学校、企事业单位和行政管理部门从事科研、教学、资源开发利用与规划、管理等工作的人文地理与城乡规划的高级专门人才。业务培养要求是：学生主要学习人文地理与城乡规划方面的基本理论和基本知识，受到应用基础研究、应用研究方面的科学思维和科学实验训练，具有较好的科学素养及初步的教学、研究和资源开发、规划设计的基本技能。

根据培养要求，毕业生应获得以下 7 个方面的知识和能力：①掌握数学、物理、化学等方面的基本理论和基本知识；②掌握人文地理与城乡规

---

① 教育部高等教育司. 普通高等学校本科专业目录和专业介绍 [M]. 北京：高等教育出版社，1998.

② 教育部高等教育司. 普通高等学校本科专业目录和专业介绍 [M]. 北京：高等教育出版社，2012.

划的基本理论和基本方法；③了解相近专业如地理科学、生态学、经济科学和人居环境科学的一般原理和方法；④了解国家科学技术、知识产权等政策，熟悉环境保护、可持续发展战略等有关政策和法规；⑤了解人文地理与城乡规划的理论前沿、应用前景和最新发展；⑥掌握资料查询、文献检索及运用现代信息技术获取相关信息的基本方法；⑦具有一定的实验设计，创造实验条件，归纳、整理、分析实验结果，撰写论文，参与学术交流的能力。

（三）专业人才培养模式存在的问题

从各校人文地理与城乡规划专业的培养方案看，基本上都是典型的通才培养模式。专业课程涵盖地理科学、城市规划、房地产、土地资源管理、区域经济等多学科知识，从毕业生就业情况看，就业部门多而广。但学生就业遇到越来越大的困难。在当前的培养模式，造成学生在地理科学领域与地理科学专业竞争，在规划领域与城市规划专业竞争，在土地资源管理领域与土地资源管理专业竞争，在房地产领域与房地产经营与管理专业竞争，且都处于竞争的劣势。该专业以宽而大的口径招生，在低年级以宽而大的口径进行基础教育，这对拓展学生专业基础知识是一个可行而有效的培养模式，但仍以宽而大的口径在高年级培养，在该专业所涉及的领域都有相应专业培养专门学生的背景下，以及社会对毕业生种种制度性的、非制度性的要求下，该专业学生的就业竞争面临巨大的困难。怎样处理好通才教育与社会对专才的需要的关系，是办好人文地理与城乡规划专业必须要思考的问题。

二、专业人才培养模式优化

人才培养模式是大学培养人才的核心，涉及人才培养的全过程，以下从人才培养模式优化的原则、思路和具体方案三个方面进行。

（一）优化原则

1. 适应需求

教育的目的是为社会培养需求的各类人才，大学教育也不例外。因此，人文地理与城乡规划专业培养人才的首要目标是社会需要的人才，目前社会需要的是具有一定知识、理论基础、基本技能和一定创新能力的复合型人才，因此人文地理与城乡规划专业就应该培养这样的人才。

2. 明确定位

目前，绝大多数院校人文地理与城乡规划专业的学生都将目标定位为培养具备人文地理与城乡规划的基本理论、基本知识和基本技能，能在科研机构、高等学校、企事业单位和行政管理部门从事科研、资源开发利用与规划等工作的高级专业人才。但事实上，这与地理科学专业、土地资源管理专业、房地产开发经营管理专业、城市规划专业、建筑专业人才存在很大的重叠，并且在与以上专业竞争中处于弱势，因此应该根据人文地理与城乡规划专业综合性的特点，立足国土资源开发利用方向，而且目前国土资源正在成为一个学科。

3. 突出特色

目前，开办人文地理与城乡规划专业的院校类型很多，包括综合性院校、师范院校、理工院校、地矿院校、农林院校、财经院校，但从其培养方案来看，没有体现出各类院校的特色。因此，应该根据在培养目标、专业定位、培养模式、就业定位、课程设置等方面上体现出其综合性、师范、理工、地矿、农林、财经类院校的特点。

（二）优化思路

针对目前人文地理与城乡规划专业的人才培养模式存在问题及社会经济发展的趋势，我们认为可以采取"夯实基础、加强应用、分流培养、注重创新"的人才模式优化思路。"夯实基础"就是在课程组织和教学中特别注重其基础知识的传授和基本理论的掌握；"加强应用"就是在课程体系设置中要加强实践教学的比重，通过试验、基地教学强化学生的应用能力培养；"分流培养"是指在充分结合本校特色和区域其他高校人才供应情况基础上，合理设置选修模块，按照模块方向对学生进行分流培养，以加强的专业性；"注重创新"是指在培养模式的各个环境都要注重学生的创新意识、创造意识、创业意识的培养，以适应社会经济发展的需要。

（三）具体方案

为了改变当前人文地理与城乡规划专业人才培养的通才模式，解决学生就业困难等问题，我们探索对其专业人才培养模式进行优化，将其概括为："一目标、两平台、三途径"的培养模式（如图2-1）。

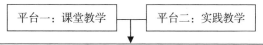

目标：培养具有良好思想品德、健康体质、扎实的区域开发与规划的理论基础、基本技能和综合协调能力，能够在城乡建设规划、国土资源管理、自然资源与旅游资源开发管理、环境保护、房地产开发与经营、大型企业等部门从事评价、规划、管理、策划的应用型人才

途径一：对口就业　　途径二：继续深造　　途径三：自主创业

图2-1　人文地理与城乡规划专业人才培养优化模式

"一目标"是指培养具有良好思想品德、健康体质、扎实的区域开发与管理的理论基础、基本技能和综合协调能力，能够在城乡建设规划、国土资源管理、自然资源与开发管理、环境保护、房地产开发与经营、大型企业等部门从事评价、规划、管理、策划的应用型人才。

"两平台"是指课堂教育与实践教育两个教育平台。课堂教育平台是学生学得基础知识、基本理论的主要场所，通过合理组织的课程体系、课程计划及教师的精心讲解，让学生在课堂内获得基本知识、掌握基本理论。实践教育平台是学生培养基本能力的重要场所，通过课程试验教学、校外实习基地教学，给学生架起学校跟社会接轨的平台，并结合生产性任务，让学生在任务中获得了实践技能，同时也锻炼了学生与校外部门打交道的组织协调能力。

"三途径"是指对口就业、继续深造和自主创业三种途径。对口就业途径是指通过分流培养，已经掌握了资源部门、城乡规划部门、教育部门等相关对口部门的理论基础和实践技能，并且还可能取得相应行业的执业资格证书，这样的学生可以到国土（或水利）资源部门从事国土（或是水）资源评价、规划，到环境部门从事环境评价、保护规划，到城乡规划部门从事规划的研究、编制和审批管理，到中学从事地理和环境教育教学；继续深造途径是指一部分学生不满足于本科所学知识或是不想过早的参加工作，选择考取研究生进一步深造，加强研究能力，这也是一种值得鼓励的选择；自主创业途径是指学生通过创业教育，树立创业精神和加强创造能力，毕业后根据自己掌握的科技知识，立足自己的兴趣，依靠家庭、社会提供的平台创立、经营自己的实体的一种就业形式，是知识经济的呼唤，是适应社会经济发展的要求。

第三章
传承乡土文化的课程体系建设

由于经济的飞速发展，我国面临着严峻的资源与环境问题。根据学科发展的新形势和社会的需要，教育部于 2012 年设立了人文地理与城乡规划本科专业，是在地理、资源和规划三大学科基础上产生的交叉学科，归属于地理学的二级学科。近 10 年的时间里，综合性大学、师范院校、农业院校、地矿类院校、财经院校、理工院校等相继开始该专业，共计 100 多所[22]。不同院校依托的学科背景不一样，培养社会需要的人才是当代大学一致的目标，而课程体系是大学人才培养的关键。应该怎样定位该专业人才培养目标以及构建适应人才培养目标的课程体系具有重要的作用。

一、人才培养目标的定位

从目前全国设置人文地理与城乡规划专业的院校来看，主要以综合性院校、师范院校和农业院校为主[23]。他们根据学校专业办学优势和师资情况制定了不同的专业人才培养目标[24]，总体来看，人文地理与城乡规划专业的人才培养目标设定，应该从学科特征及学校特点思考其人才培养目标，并从学科性、地方性和市场性三个方面定位。

(一) 学科性

兴办人文地理与城乡规划专业，地理学是其学科背景，具体学科就是地理学的二级学科人文—经济地理学，其前身即为 1999 年以前设置的经济地理学与城乡区域规划专业。

（二）地方性

高等学校的三大功能分别是人才培养、科学研究和服务社会，不同学校的服务范围与层次应该是有差别的，服务社会的重点应该根据其所处的地方设定，而专业实践教学与地方经济社会发展紧密结合是其最佳选择。

（三）市场性

高等学校培养人才的目标是满足社会发展要求，当前我国处于城市化快速发展阶段，人口、资源、环境与可持续发展问题日益突出，城乡发展需要合理的规划、建设与管理，人文地理与城乡规划专业人才市场需求大。综合来看，人文地理与城乡规划专业人才培养目标应该定位为："具备良好思想道德素质与身体心理素质，德、智、体、美全面发展，基础扎实、知识面宽，具有可持续发展理念，掌握人文地理与城乡规划的基本理论、基本知识和基本技能，能够从事国土资源开发、城乡建设和城镇、乡村规划和资源评价等工作，具有创新精神和实践能力，适应地方经济和社会发展需要的应用型专门人才。"

二、课程体系构建原则与思路

课程体系是人才培养的框架。课程体系设置的好坏直接关乎人才培养的质量。要传承乡土文化，就必须落实到课程。以下从构建原则和构建思路两个方面进行说明。

（一）构建原则

1. 目标导向

人才培养目标就是指把受教育者培养成为一定社会所需要的人的基本要求，规定了其所培养的人才的基本规格、质量标准。高等教育的人才培养目标是人才定向、课程调整的重要杠杆。所以，人才培养目标是编制课程选择的根本依据，而课程是人才培养目标的细化。因此，课程设置必须体现人才培养目标并且促成人才培养目标充分实现。

2. 以人为本

课程设置就是要向学生提供今后从事专业的基本理论、基本知识和基本技能，并提供多学科领域的综合知识。充分体现为满足社会生产的需要、学生的就业做某些准备。其次，按照学生的认知规律，处理好课程关系，即理顺课程设置的承续性和课程内容的过渡性，重视课程结构的整体性和实现关键课程的不断性。因此，课程设置的起点要恰当，台阶要小，每学期课程门数安排要恰当，不宜过多，主要理论课程的门数和时间不要过于集中，要给学生留出足够的时间和空间进行自学和独立思考。

3. 综合性

给学生提供一套完整的知识结构、能力结构和素质结构是大学课程设置的根本目的，始终坚持培养学生的知识、能力、素质协调发展和综合提高的原则，将能力培养和素质提高贯穿于人才培养全过程，最终促使学生在德、智、体、美等全面发展。

4. 可操作性

课程设置应该充分考虑地理学科的自身具体情况，包括师资队伍的数量、结构及开课能力，教室、平台、实验设备等教学资源；教学管理水平和能力等。

（二）构建思路

保证人文地理与城乡规划专业培养目标的实现，突出专业特色，制定完善理论课程和实践课程体系结构，注重基础强化和实际操作与综合应用能力的提高，体现"三个有机结合"（培养目标与课程体系的结合、基本理论知识与专业基础知识的结合、实际应用能力与综合素质相结合）和"三个不间断"（计算机教学与应用不间断、实践技能培养不间断、综合素质培养不间断），构成特色鲜明的课程体系结构，保证教学目标的实现。按照人才培养目标定位构建理论教学体系、实践教学课程体系和素质—知识—能力结构体系[25]。

三、课程体系构建

要构建传承乡土文化的人文地理与城乡规划专业的课程体系，可以从理论课程体系和实践课程体系两大块来进行，还要考虑到课程体系所包含的素质—知识—能力结构。

（一）理论课程体系

理论课程是大学素质教育的根本，依据专业需求和"三个有机结合"和"三个不间断"的原则，将理论课程体系分为公共基础模块、人文社科模块、学科基础模块、岗位能力模块、能力拓展模块等几大模块（见图3-1）。

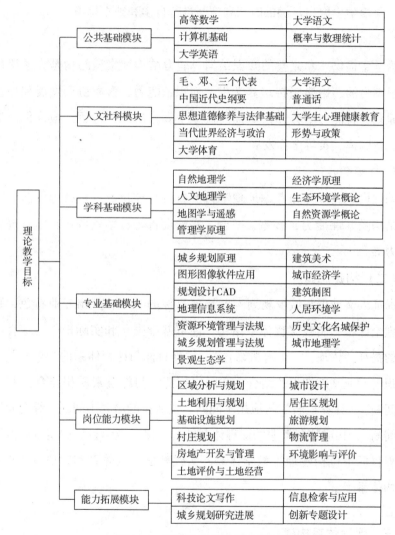

理论教学目标	公共基础模块	高等数学	大学语文
		计算机基础	概率与数理统计
		大学英语	
	人文社科模块	毛、邓、三个代表	大学语文
		中国近代史纲要	普通话
		思想道德修养与法律基础	大学生心理健康教育
		当代世界经济与政治	形势与政策
		大学体育	
	学科基础模块	自然地理学	经济学原理
		人文地理学	生态环境学概论
		地图学与遥感	自然资源学概论
		管理学原理	
	专业基础模块	城乡规划原理	建筑美术
		图形图像软件应用	城市经济学
		规划设计CAD	建筑制图
		地理信息系统	人居环境学
		资源环境管理与法规	历史文化名城保护
		城乡规划管理与法规	城市地理学
		景观生态学	
	岗位能力模块	区域分析与规划	城市设计
		土地利用与规划	居住区规划
		基础设施规划	旅游规划
		村庄规划	物流管理
		房地产开发与管理	环境影响与评价
		土地评价与土地经营	
	能力拓展模块	科技论文写作	信息检索与应用
		城乡规划研究进展	创新专题设计

图3-1 理论教学课程体系框图

（二）实践课程体系

实践课程是大学素质教学的关键，在学生能力培养中占有重要地位。

结合专业培养目标的特色，设计了由基本技能模块、应用能力模块、设计能力模块、人文素质模块构成的实践教学体系（见图 3-2）。

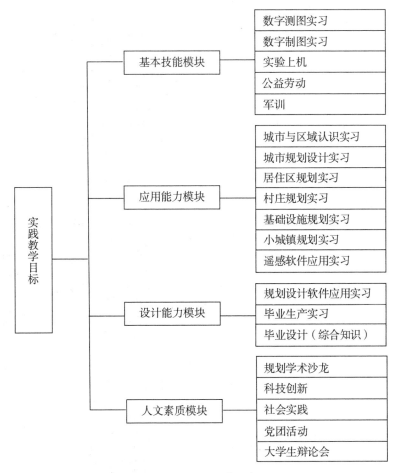

图 3-2　实践课程体系框图

（三）素质—知识—能力结构

高等教育本质、特征、特色包括人才培养目标和培养规格两个重要方面，人才培养的方向主要由人才培养目标解决，人才培养的质量主要由人才培养规格解决，根据人文地理与城乡规划专业的培养目标，设计了城乡规划专业的知识、素质、能力结构（见图 3-3）。

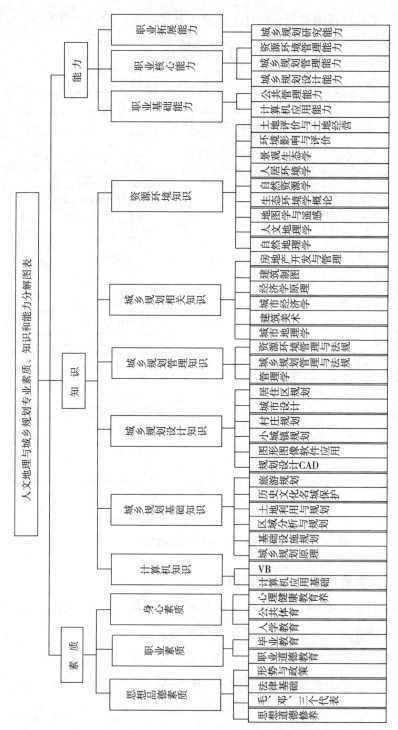

图3-3　素质、知识、能力结构图

本科教学质量是提高高等教育质量的关键。因此，全球高等教育学校包括所有世界一流的研究型大学，都把本科教育放在最重要的地位①。高度重视高等院校专业人才培养的目标定位，制定合理的课程体系，加强素质、知识和能力结构等重要环节。在此思想指导下，我们结合地理学科内涵的基础上，对其课程体系进行初步探索。从理论课程、实践课程和素质、知识、能力结构方面构建了体系。

① 实施"质量工程" 贯彻"2号文件"，全面提高高等教育质量——周济部长在实施高等学校本科教学质量与教学改革工程视频会议上的讲话。

第四章
传承乡土文化的师资队伍建设

一般而言，理论基础、创新思维和研究能力构成理论研究型人才必备的三个素质，而应用型人才则主要承担把创造、发明、发现等转化为实际生产、生活中应用成果的任务，其主要特征是具有较强的实践能力、综合能力和创新技能。这一人才培养目标定位，对人文地理与城乡规划专业教师的专业素质结构提出了新要求[26]。

一、传承乡土文化的人才培养对师资素质的诉求

高等学校要实现乡土文化的传承，关键是要有一批乡土文化涵养较好的师资队伍。教师应该在知识、能力和情感三个方面都具备相应的结构。

（一）专业知识结构

合理完善的专业知识结构是实现面向乡土人才培养目标的基本保障。人文地理与城乡规划专业教师应具备理论性知识、教育性知识和实践性知识。宽广厚实的理论性知识是教师知识结构的主干和核心，教师要全面、系统地掌握乡村振兴学科专业基本理论、基础知识及最新成果应用。采取行之有效的教学策略，灵活而高效地对教学活动进行调控，从而将乡村振兴领域的知识等有效地传递给学生[27]。

（二）专业能力结构

专业能力结构主要包括专业技术能力、实践教学能力和科研转化能力。面向乡土文化传承的专业技术能力是教师专业的核心素质，实践教学是培养面向乡土文化传承的人才培养的关键环节，科研转化能力是教师将学术

研究转化为教学和服务社会的重要能力。

（三）专业情感结构

专业情感结构包括先进的人才培养理念、高尚的专业情操和独立的职业品质。面向乡土的专业情感结构要求教师具有浓厚的乡村活动观、乡村实践观、理性价值评价、文化传承动力[28]。

二、人文地理与城乡规划专业师资建设现状及问题分析

人文地理与城乡规划专业，经过近 10 年的发展，师资队伍得到了很大的提升，但是也存在不少问题。

（一）建设现状

人文地理与城乡规划专业是 2013 版高等学校本科设置专业，由 2001 版高等学校本科设置专业——资源环境与城乡规划管理一拆为二（另一专业为自然地理与资源环境）而来。目前全国有 200 所学校开设该专业①。根据本学科发展与专业建设的目标与国家高教师资队伍建设的要求分析，本专业师资队伍的现状具有师资队伍的职称、学历结构合理，绝对数量不足；地理学科师资力量雄厚，城乡规划学科师资有缺口；理论教学师资力量较强，实践性教学人员不足等特点。

（二）存在问题

目前人文地理与城乡规划专业普遍存在：专业建设与学科发展的师资队伍基础较好，但专业师资绝对数量严重不足，师生比例高，离教育部规定的师生比例要求相差较大；高级职称的教师人数比例不够；教师年龄结构年轻化；教师学缘结构不合理（大部分来自师范院校、缺少工科大学和综合性大学教师），绝大多数教师为地理学科出身，师资结构不适应城乡规划设计的需要。

三、传承乡土文化的人才培养师资队伍建设策略

据人文地理与城乡规划专业师资队伍现状，主要需采取以下途径与措

---

① 教育部高等教育司．普通高等学校本科专业目录和专业介绍［M］．北京：高等教育出版社，2012.

施，进一步加强师资队伍建设，传承乡土文化。

（一）提升师资队伍素质

1. 加大引进力度

积极引进高学历教师，扩大教师队伍，尤其是根据专业课程要求和结构现状，加大城乡规划和地理信息系统专业教师的引进力度。

2. 积极提升视野

有计划地派出现有教师到国内外高校做访问学者、科研，鼓励教师进行在职学习和在岗进修，或攻读博士学位等，改善现有教师的专业知识结构，提高其教学能力。

（二）强化职业指导能力

1. 加强技能培训

根据专业技术课程教学的需要，选送青年教师到规划设计院、文化创业企业进行相关的短期培训。

2. 落实基地建设

积极开展科技项目研究和实习基地建设，结合社会实践和专业见习，培养教师的专业素质及其专业技术的实际操作能力。

（三）稳定现有人才队伍

1. 稳定现有人才

重视人才，积极发挥现有高职称、高学历教师和学科带头人作用，积极推动专业发展，以感情留人与事业留人相结合，努力稳定现有师资队伍。

2. 聘请行业精英

聘请外校专家或社会相关行业有实践经验的专业技术人员担任兼职教授或实践指导教师。

第五章
传承乡土文化的课堂教学模式

　　大学本科专业的人才培养需要落实到一系列的课程学习，而课程的学习既包括课堂教学，也包括课外教学，而课堂教学是学习知识和能力培养的主阵地，但是，目前该专业的课堂教学普遍存在着"知识"与"能力"分离、"科研"与"教学"分离、"学生"与"教师"分离的现象[29-31]，如何将这些结合起来，探索一体化的课堂教学模式，是人文地理与城乡规划差别化人才培养的重要途径。目前有关课堂教学一体化教学，张金磊、王颖等对"翻转课堂教学模式"[32]，王瑞在信息化环境下，探讨了"移动课堂教学模式"[33]，顾玉林探讨了综合网的"导—学"同步课堂教学模式[34]，常虎温探讨了"学本课堂"教学模式[35]，王文静探讨了"工作坊教学模式"[36]，这些研究主要涉及教学关系、信息技术、教学形式等内容，但是，缺乏对优势学科、人才培养定位、科学研究、教学内容、教学案例选定等综合考虑。因此，开展一体化的课堂教学模式研究具有前瞻性和重要实践意义。

一、"三位一体"课堂教学模式构建背景

　　课堂教学是高等教育人才培养的重要组成部分，课堂教学模式的构建既要符合国家高等教育战略和指导思想，又要符合高等学校学科领域的优势特长，更要与高等学校的办学层次定位和人才培养目标相一致。

（一）国家人才发展战略

　　《国家中长期人才发展规划纲要（2010—2020年）》指出，教学、科研和生产三者结合的课堂教学过程是深化高等教育体制改革的目标。中共

教育部党组《关于加强课堂教学建设提高教学质量指导意见》（教党〔2017〕51 号文）。对新时期课堂教学提出了新要求，主要包括：坚持立德树人，强化课堂教学工作责任；规范课堂管理，抓好课堂教学关键环节；深化教学改革，提高课堂教学质量；突出教师主体，提高课堂教学质量。人文地理与城乡规划专业是理论性和实践性都很强的应用型专业。人文地理学、区域经济学、城乡规划学是专业的学科理论体系，城乡规划是其专业的市场应用方向，如何将课堂教学与科学研究有机结合，培养出具有综合协调能力、制图分析能力、创新思维能力的高级应用型专门人才需要认真思考。合理地制订专业人才培养课堂教学体系，是落实人才培养目标的重要环节，也是当前高等教育改革的重点任务。

（二）优势学科领域

人文地理与城乡规划专业的依托学科是人文地理学和城乡规划学，其优势领域是人居科学研究，依托平台有地理学、资源环境遥感、地理国情监测、地表过程与模拟等省级学科研究基地，学科成员一般来自自然地理学、人文地理学、地理信息科学、生态学、建筑学、风景园林学等学科。研究方向涉及人居环境学、区域开发与规划、资源环境管理与区域可持续发展等。人才有教授、博士、留学归国人员、省级学科带头人、教育部新世纪优秀人才、优秀社科专家等。主持项目一般为国家自然科学基金、教育部人文社会科学项目、省自然科学基金和省社会科学基金项目等，进校科研经费和在国内外发表学术论文、出版专著、教材是重要的标志。在"村镇发展""遗产保护与开发""人居环境"等领域取得科技进步奖励和优秀社科成果奖励，在基础教育改革研究和教学成果奖励方面取得一定成绩。

（三）人才培养定位

目前，全国开设人文地理与城乡规划专业（原为资源环境与城乡规划管理专业的城乡规划方向）的高等学校大约有 100 多所[①]，绝大多数学校将"培养具备人文地理与城乡规划的基本理论、基本知识和基本技能，能在高等学校、企事业单位、行政管理部门从事地理教学、城乡规划、管理等工

---

① 教育部高等教育司．普通高等学校本科专业目录和专业介绍［M］．北京：高等教育出版社，2012.

作的高级专业人才"确定为人才培养的目标。人才培养目标定位具有很强的趋同性，与从事地理教学与地理科学专业的人才培养目标重叠，从事城乡规划与城乡规划学的人才培养目标重叠，从事城乡规划管理与城市管理专业的人才培养目标重叠。人才培养目标定位应该结合学校层次、学科特点、服务地方和市场需求。具体来说，研究型大学应该将人才培养定位为研究城乡区域发展及其规划的研究型人才，教学型大学应该将人才培养定位为能够做城乡总体规划的复合型人才，地方应用型学院应该将人才培养定位为能够做村镇规划的应用型人才。因此，地方应用型学院人才培养目标应该是"培养具有良好的思想道德素质和身体心理素质，德、智、体、美全面发展，基础扎实、知识面宽，具有可持续发展理念，掌握人文地理与城乡规划管理的基本理论、基本知识和基本技能，能够在小微型设计公司从事村镇规划、小区规划和景观设计和县乡级政府部门从事村镇规划管理的高级专门应用型人才。

二、"三位一体"课堂教学模式构建

课堂教学是高等教育人才培养的重要组成部分，"三位一体"课堂教学模式由"目标、资源、形式"三位一体的课堂教学体系构成，具体包括课堂教学目标（知识学习、能力培养、素质提高）—课堂教学资源（教材资源、文献资源、案例资源）—课堂教学形式（学生活动、小组研讨、教师评讲）三位一体三个部分组成（见图5-1）。

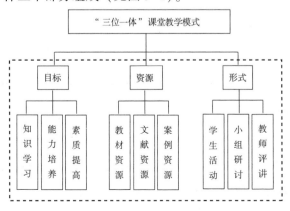

图5-1 "三位一体"课堂教学模式

（一）"教学目标"三位一体

"教学目标"三位一体，即知识学习、能力培养、素质提高相结合的课堂教学目标三位一体，将整个人才培养方案课堂教学体系的设计融合专业知识结构、专业能力体系、专业素质需求于一体，知识能力素质培养贯穿始终，学生发展、教师科研和社会服务联动培养。

依托优势学科领域，将课堂教学与教师科研结合是应用型学院人才培养的重要途径和发展方向。人文地理与城乡规划专业主要依托人文地理学的聚落优势领域的研究平台。开设相关的理论课程和实验教学，教师开展相关省级教学改革项目和校级教学改革项目，编写相关教材、发表相关教改论文；开展相关国家级课题、部级课题、省级课题研究，发表相关研究论文，尤其是核心期刊论文；为地方政府进行规划咨询、设计项目（见表5-1）。学生和教师双方在互利共赢的基础上，使教学、科研和社会服务能够紧密结合，互相促进。

表5-1   "三位一体"课堂教学模式情况一览表

学科平台	研讨课程	实训课程	教改项目	教改论著	科研课题	科研论文	社会服务
"人居环境学"基地、"传统聚落数字化保护技术"实验室等	人文地理学、经济地理学、旅游地理学、城市地理学、传统村镇保护、区域规划等	美术基础、建筑初步、测量学、规划设计CAD、村镇规划、居住区规划、城市设计等	主持相关省级教学改革项目、校级教学改革项目研究	编写相关教材、发表相关教改论文	主持相关国家级课题、部级课题、省级课题项目	发表相关论文，尤其是核心期刊论文	为地方政府进行规划咨询、设计项目

（二）"教学资源"三位一体

"教学资源"三位一体，即教材资源、文献资源、案例资源相结合的课堂教学三位一体，将整个学生创新能力的培养融合课堂教学内容、课堂教学主题安排、课堂教学讨论于一体，课堂教学内容前后一贯，循序渐进培养学生的创新能力。人文地理与城乡规划专业人才培养方案安排课前相关主题文献学习、课中相关主题内容讨论和课后相关主题报告撰写 3 个步骤的课堂教学环节，课前学习主题文献主要包括相关主题的中文期刊文献资料、相关教材的主要内容、国外相关文献资料等内容，课堂学习是分小组进行相关学习主题的讨论，课后对相关学习主题进行短文撰写。文献学习是课堂讨论的基础，更是课后撰写课程短文的前期积累，通过这些课堂教学环节的相互配合，使得学习始终围绕一些主题不断完善，最终获得创新性成果，通过不间断一贯式课堂教学体系，培养了学生的创新能力，更为学生的就业打下了良好基础。

（三）"教学形式"三位一体

"教学形式"三位一体，即学生活动、小组研讨、教师评讲相结合的课堂教学三位一体，将整个教师教学科研的主线融合学生的活动教学指导、教学改革目标、科研课题的方向于一体，指导学生学习和教学科研多目标实现，依托优势学科领域一举多得。坚持所有教师深入课堂教学第一线，对于课堂教学专题、实验项目开设等都要进行反复 3 次以上的会议讨论，实验前指导教师要进行预实验，每门文科性质课程设计讨论专题、每个理工课程设计实验项目、每名指导教师必须知道大学生研究性学习课题，完成人文地理与城乡规划专业人才培养模式、课堂教学模式、实验教学模式等教学改革研究并出版了相关教材，完成传统村落景观基因提取、传统村落数字化、传统村落虚拟重建等国家级课题多项，完成文化旅游小镇创建咨询、古镇旅游开发概念性规划、乡村风貌改造设计等项目多项。实现了学生教学活动、小组研讨和教学讲评相结合的课堂教学一体化发展。

第六章
传承乡土文化的实践教学体系

人文地理与城乡规划专业由原资源环境与城乡规划管理专业拆分而来，目前，该专业的学生普遍存在着"知识"与"使用"分离的现象，应用能力的缺乏已经成为该专业学生就业的瓶颈。只有将专业基础知识和实践应用结合，才能培养具有较强应用能力的人才，从而提高学生的就业竞争力。实践教学体系建设是提高人才素质和能力的关键环节，充分发挥实践教学基地对人才培养的作用，利用产学研结合，才能提高地方院校服务地方经济发展的能力。目前有关人文地理与城乡规划管理专业的实践教学，赵小凤、邹家红等对课程体系设置存在问题进行分析，提出了课程体系设置的原则[8-10]，陈健、许光泉、俞晓莹和宁小莉等试验实践教学的角度进行了探讨[37-40]，牛键植、万大娟等从课程的角度探讨了实践教学[18-19]，邓琳，钱红胜和秦艳等从模块的角度提出了实践教学的体系[41-43]，陆佩华、王英利从课程实践、独立实践的"双主线"角度探讨了实践教学体系[44]，姚志强、胡海文从保障机制角度探讨了实践教学[45]，这些研究主要涉及学科专业特点、毕业生就业分析和学校发展背景。培养学生创新意识、创新能力和实践能力是实践教学的关键所在，密切联系人才培养建立与地方经济，从而提高学生学习的积极性、主动性和创新能力，因此，人才培养实践教学体系研究具有重要意义。

一、指导思想与基本思路

《国家中长期人才发展规划纲要（2010—2020 年）》要求，依据理论联系实际的原则，通过教学、科研和生产三者结合的实践教学过程，培养创新能力、实践能力和创业精神的高素质、应用型、复合型人才，才是深化高等教育体制改革的目标。人文地理与城乡规划专业是实践性很强的应用性专业。如何能把理论教学和实践教学有机、合理地结合起来，培养重实践能力、创新思维的专业人才是城乡规划教学过程中需要认真思考的问题。目前人文地理与城乡规划专业学生普遍易于理论教学，懒于专业思考和应用能力训练的现状[46]，利用产学研结合，高校与企业联结的强有力纽带、一体化实践教学模式①。合理地制订人文地理与城乡规划专业实践教学计划，加强实践教学平台建设，强化服务地方经济，开展多种形式的产学研结合、校企合作及校所合作，建设完善、切合本地区学生和生产实际，产学研有机结合的实践教学体系，在联合培养人才、教师科研结合、共建实训与实习基地等方面建立稳定的合作关系，全面提高教育教学质量，为培养创新性、应用型人才奠定坚实基础。因此，人文地理与城乡规划专业实践教学体系的构建与实践是满足人文地理与城乡规划专业人才培养的需要，也是适应社会发展的需要。

二、学校区位与学生特点

目前全国大约有 100 多所学校开设了人文地理与城乡规划专业（原为资源环境与城乡规划管理专业的城乡规划方向），综合性大学培养依托其生源质量和学校实力，主要培养能够做城乡区域规划、城市总体规划以及研究性的人才。地方院校根据其招生质量、学科优势和服务对象，主要培养能够做村镇发展规划、乡村保护规划和乡村设计的专门人才，学校一般坐落在非省会的地级城市，地方性是其突出特点，地理学科是其依托学科，办学层次为地方二本院校，招生面向为全国。培养的学生更多要面向市场，只有极少数学生有继续深造的需求。人才培养的规格应该是能够做村镇规划、小区规划和景观设计，特别突出古村镇方向，主要面向的市场应该是县、市级规划设计院（公司）以及县、乡级规划管理。

---

① 关海波 . 资源环境与城乡规划管理专业实践教学体系优化研究［J］. 现代营销，2013，（2）：148-149.

三、实践教学体系建设

实践教学是由一系列的内容组成的。其中一个重要内容就是实践教学体系的构建，以下从实践教学目标、层次、平台和模块等几个方面进行探讨。

（一）实践教学体系构建

根据人文地理与城乡规划专业学生的特点和学校的地域特点，以及从感性到理性的认识规律和循序渐进的教学规律，把人文地理与城乡规划专业实践教学体系分为专业试验、项目实验和产学研试验三个层次，基础实验室、专业实验室、规划工作室、创新训练中心、实践教学基地五个平台，实验教学、毕业论文、快题设计、科技创新、科研训练、课程设计和实习实践七个模块。为"一目标、三层次、五平台、七模块"的实践教学体系（见图6-1）。

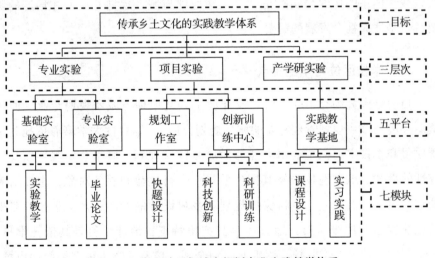

图6-1 人文地理与城乡规划专业实践教学体系

"一目标"，即传承乡土文化的实践教学体系，融合知识、能力、素质教育于一体，创新能力培养贯穿始终，企业、学校和实践教学基地联动培养。

"三层次"，即将实践教学由低到高分为专业试验、项目实验和产学研试验三个层次，循序渐进培养学生的实践能力。

"五平台"，对照三个层次的实践能力培养，专业试验需要借助基础实验室和专业实验室，项目试验需要借助规划工作室和创新训练中心，产学研试验需要借助实践教学基地。

"七模块"，对照五个平台可以将实践教学内容分为七个模块，基础实验室完成实验教学，专业实验室完成毕业论文，规划工作室完成快题设计，创新训练中心完成科技创新和科研训练，实践教学基地完成课程设计和实习实践。

（二）实践教学基地建设

建设持续稳定的实践教学基地是传承乡土文化的实践教学体系建设的重要内容和保障。只有产学研有机结合才能达到实践教学基地的持续稳定，才能使学校和基地双方互利共赢合作关系得以建立。

人文地理与城乡规划专业的实践教学基地有三类：城乡规划设计院、土地评估咨询有限公司、县区规划局。第一阶段的生产实习在土地评估咨询有限公司，实习时间在第四学期的4—6月份，该实习基地主要是土地评价业务，需要大量人员参与调查，可以让学生学习和掌握土地评价的关键技术，对生产单位来说实习学生参与劳动也可以减少劳动力的雇佣成本。同时，学生在实习过程中开展与生产相关的科研训练项目研究，为生产单位的土地评价提供技术保障。例如，以"城区居住环境调查"为科研训练项目，在实习过程开展社区环境调查，发现了城区社区建设的现存问题，为宜居城市建设提供的参考。第二阶段的综合教学生产实习在规划设计院进行。例如，开展"绿地系统规划研究"，学生的科研训练项目也以此为题目参与相关的工作，有效地保障了项目的顺利进行。学校和基地双方在互利共赢的基础上合作，使教学、科研和生产能够紧密结合，互相促进。

（三）实践教学模式探索

为了解决实验和生产实习教学不能够满足学生专业综合素质的问题，探索了几种实践教学模式。①一体式区域调查。人文地理与城乡规划专业的规划与设计课程有大量的实践内容，目前，集中实践实习与课程实验脱节现象严重，学生的负担也重，教师指导时，也难于找到基础数据，有效地将调查数据与后续规划设计课程结合。在"区域与城市"认识实习中，专业教师列出一定调查选题、调查内容、调查方法和要达到的成果要求，然后学生深入实地考察调查、测量获取建筑、用地等测绘数据和调查的社会经济发展数据。指导教师在整个过程中起组织、引导、答疑、指导修改调查报告的作用，最后学生进行汇报、交流和评比。②分散型实习。通过遴选合适的企业作为实习单位，在实习前一周左右，邀请企业负责人前来与实习学生进行双向选择，既增加了企业对学校和学生的了解，也提供了学生对企业的认识、磨合与信任。如果双方均同意，还可以在实习单位完成本科生的毕业论文，学校派一名教师、企业派一名技术人员对毕业论文共同进行指导。③研究型实习。研究型大学的开放实验室和各级城乡规划研究机构是非常好的实习资源，它们有非常好的指导教师、非常活跃的思想、先进的设备仪器，选派具有深造意愿的学生前往开展研究型实习，既满足了实验室或研究机构选拔人才的机会，又对学生提供了一个桥梁，一举两得。

第七章
传承乡土文化的认知实习模式

随着知识经济时代的来临，大学生素质和能力的培养愈来愈显得重要，并越来越引起教育部门和用人单位的关注[47]而实践教学是提高大学生素质和能力的重要环节。实践教学活动在学生培养过程中的不可替代性，如何将实践教学与传统教学方法有机结合，与素质教育、创新教育贯通融合，是一个值得深入研究的问题[48]。在某些实践性较强的专业中，这个问题更为突出。人文地理与城乡规划专业实践教学体系包括基本技能、应用能力、设计能力和人文素质四大模块，其中认识实习是人文地理与城乡规划专业学生应用能力模块中一个不可或缺的重要实践环节。通过认识实习，让学生检验与深化认知西方发达国家的传统理论，了解和认识中国的实际情况，并在探究式学习过程中，寻找解决这些问题的有效路径，培养学生在实践中发现问题、分析问题、解决问题的能力，这也是人文地理与城乡规划专业人才培养重要的既定目标。认识实习需要建立一整套实习操作规范。

一、人才培养目标

人文地理与城乡规划专业的学科特征和高等学校特点共同决定了其人才培养模式。自 2012 年国家将原资源环境与城乡规划管理专业进行拆分调整以来，据不完全统计，全国现有 100 多所院校设置了人文地理与城乡规划专业，从设置该专业的学校类别来看，有综合性大学、师范院校、农业院校、理工院校、地矿类院校、财经院校以及一些刚刚专升本的地方学院。

总体来看，以综合性院校、师范院校和理工院校为主[49]。不同院校根据其专业办学优势及师资情况制定了不同的专业人才培养目标[24]。总体来说都必须依托地理学及其师资办人文地理与城乡规划专业，其人才培养目标应该考虑学科性、地方性和市场性。

（1）学科性。人文地理与城乡规划专业的学科背景是地理学，其具体学科应该是人文—经济地理学，因为城乡规划专业的前身即为经济地理学与城乡区域规划（1999 年前）。

（2）地方性。服务社会经济发展是高等学校的三大功能之一，而不同学校应该具有不同的服务范围与层次，地方院校的服务重点应该在其地方性，因此，人文地理与城乡规划专业实践教学与地方经济社会发展紧密结合是最佳选择。

（3）市场性。高等学校培养人才的目标是应对社会需要，而我国目前正处于城市化快速发展的阶段，面临人口、资源、环境与可持续发展问题，城乡需要合理的规划与管理，所以城乡规划专业人才具有很好的市场性。

基于如上分析，人文地理与城乡规划专业人才培养目标为："具有良好的思想道德素质和身体心理素质，德、智、体、美全面发展，基础扎实、知识面宽，具有可持续发展理念，掌握资源环境与城乡规划管理的基本理论、基本知识和基本技能，能够从事资源管理、城乡生态建设和城镇、村镇规划和环境评价等工作，具有创新精神和实践能力，适应地方经济和社会发展需要的应用型专门人才。"

二、认识实习定位

认识实习通常安排在第二学年第一学期进行，时间为两周，旨在通过调研、考察，使学生学会观察、分析城市与区域主要构成要素及其相互关系，科学的认知实际中的案例城市与区域，了解城市与区域的发展特点，提高对专业性质的认识，增强学生学习的主动性，逐步培养学生的战略思维、全局观念、总体意识与综合分析能力。同时，使低年级的学生有一次接触城市、认识城市与区域问题的机会，为后续的专业课学习和高年级的综合实习奠定基础。如何提高认识实习的教学效果，是从事城乡规划基础教学的教师面临的重要课题。认识实习应该至少达到以下五个目标。

（1）夯实学生理论基础

通过教师讲解、学生自学等方式，学生经过课堂教学已经掌握了一定的理论基础。但对城乡规划专业学生来说，仅有这些还远远不够，还需要系统的消化这些在课堂上学到的理论、只有通过认识区域与城市案例深化书本理论的理解。

（2）培养学生观察能力

认识实习前，学生对城市的观察与一个旅游者差不多，认知是零碎的、表象的、非系统的。通过认识实习的一系列主题调查，使学生认识到区域与城市是复杂的巨系统，可以一项项来解剖。

（3）增强学生调查技能

认识实习前，学生对区域与城市的认知方式只有现场观察一种方式，通过认知实习学生学会了文献调查、实地访谈、问卷调查、摄影摄像、绘图标图等一系列调查技能。

（4）强化学生问题意识

学生运用多种调查方式对主题的调查过程中，发现了区域与城市发展中存在各种问题，通过指导教师的积极引导，将其上升为一系列的专业问题，并思考其存在的原因，这样使学生的问题意识得到了强化。

（5）提高学生研究兴趣

在发现问题的基础上，指导教师积极引导，将其中一系列具有研究价值的问题提炼出来，并指导学生通过实地调查和文献检索等来寻求科学解释及解决对策，从而提高学生的研究兴趣及规划思维。

三、实习操作模式

人文地理与城乡规划专业人才培养目标与认识实习定位，应从城市和区域两个层面的认知进行，概述为"一调查、两汇报、三阶段、四总结"的全程互动专业实习操作模式（见图7-1）。所谓全程互动，是指从实习准备、实习调查、实习总结三个阶段，包括教师指导与学生学习的互动、理论学习与实践活动的互动、高年级学生与低年级学生的互动、小组学习与个人学习的互动四个互动。具体操作模式如下：

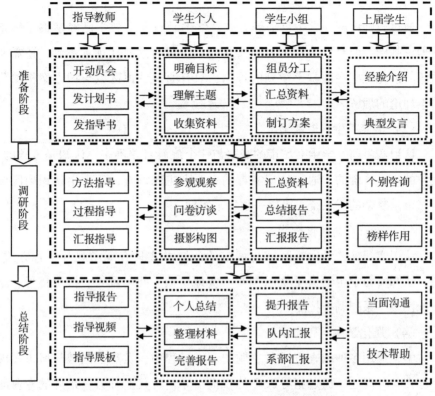

图7-1 "城市与区域"认识实习操作模式图

"一调查"即调查"城市与区域"及其构成要素，初步了解城市与区域的发展特点，理解城市与区域发展的关系，发现城市与区域发展的问题，增强学生学习专业知识的主动性，逐步培养学生的战略思维、全局观念、总体意识与综合分析能力。

"两汇报"即在实习时的每晚，都要向指导教师汇报当天的实习情况；实习结束后，还要向全系学生汇报实习成果。

"三阶段"即为了保障实习的效果，进行了前移和后托，将本来两周的实习时间拓展为四周，前一周为实习准备阶段，通过下发指导书、计划，让学生提前进入角色；后一周为实习总结汇报阶段，将所有实习成果在指导教师的指导下，总结提炼；中间两周为实习调研阶段，完成原计划的主题内容调查。

　　"四总结"即为了提高实习的效果，整个实习过程中，每个学生进行个人总结，每个实习小组进行专题总结，每个指导教师对其指导主题进行总结，实习队对实习指导模式进行总结。

第八章
传承乡土文化的实践教学模式

　　根据教育部 2012 年版本科人才培养专业目录，人文地理与城乡规划专业由原资源环境与城乡规划管理专业城乡规划方向拆分而来，原来 100 多所开设资源环境与城乡规划管理专业的学校基本上都开设了此专业，但各个学校该专业所依存的学科背景（地理学、农学、经济学、林学、交通学等）大不相同，但是培养目标都基本相同，要培养能够从事城乡规划、设计与管理的应用型人才，而实践教学是培养学生实践动手能力，形成专业技能的关键环节，但是，目前该专业的实践教学普遍存在着"学科"与"专业"分离、"科研"与"教学"分离、"实验"与"实习"分离的现象，如何将这些结合起来，探索一体化的实践教学模式，是人文地理与城乡规划差别化人才培养的重要途径。目前有关实践教学一体化教学，李苗提出了"双师型+数字网络实习平台+注册工程师制度"的土木工程专业实践教学模式[50]，巩新龙等以数字媒体文科专业为例，探讨了"实验、实习、毕业设计"三位一体的实践教学模式[51]，夏丽华等设计了"三位一体贯通式"的地理信息系统专业的实践教学模式[52]，陆佩华等从课程实践、独立实践的"双主线"角度探讨了实践教学体系[53]，潘望远等探讨了职业院校"三位一体"实践教学模式的构建[54]，欧阳沙等构建了"双轮驱动"型经管专业实验教学考评体系[55]，郎波等探讨了基于"三元循环"的计算机专业实验教学模式[56]，这些研究主要涉及实验、实习、师资队伍、考评体系等内容，但是，缺乏对学科特色、专业人才培养定位、科学研究、实验教学内容、实习专业选定等综合考虑。因此，开展实践教学模式研究具有重要意义。

一、"三位一体"实践教学模式构建背景

实践教学是高等教育人才培养的重要组成部分，实践教学模式的构建既要符合国家高等教育战略和指导思想，又要符合高等学校学科领域的优势特长，更要与高等学校的办学层次定位和人才培养目标相一致。

（一）国家战略与指导思想

《国家中长期人才发展规划纲要（2010—2020年）》指出，教学、科研和生产三者结合的实践教学过程是深化高等教育体制改革的目标。《国家教育事业发展"十三五"规划纲要》强调，通过建立高校分类体系，实行分类管理，引导高校合理定位，克服同质化倾向，在不同层次、不同领域办出特色。《关于引导部分地方普通本科高校向应用型转变的指导意见》指出，地方高校的办学思路应转到服务地方经济、产教融合、培养应用型人才、增强学生就业、创业能力上来。人文地理与城乡规划专业是理论性和实践性都很强的应用型专业。人文地理学、区域经济学、公共管理学是专业的学科理论体系，城乡规划是其专业的市场应用方向，如何将理论教学与实践教学有机结合，培养出具有综合协调能力、制图分析能力、创新思维能力的高级应用型专门人才需要认真思考。合理地制订专业人才培养实践教学体系，是落实人才培养目标的重要环节，也是当前高等教育改革的重要回应。

（二）学科特色领域

人文地理与城乡规划专业的依托学科是人文地理学和城乡规划学，其优势领域是人居科学研究，依托平台有"传统聚落数字化保护与创意利用技术"国家地方联合工程实验室、"古村古镇文化遗产数字化传承"、"聚落文化遗产数字化技术与应用"、"人居环境学"等省级学科研究基地。学科成员一般20—30人，其中教授10人左右，具有博士学位的10多人，另有留学归国人员、省级学科带头人、教育部新世纪优秀人才、湖南省优秀社科专家等高级人才，涉及人居环境学、区域开发与规划、资源环境管理与区域可持续发展等研究方向。近年来，学科成员主持国家自然科学基金、教育部人文社会科学项目、省级科研项目多项，进校科研经费近千万元，在国内外发表学术论文数百篇，出版专著、教材多部。在"村镇发展""遗产保护与开发""环境教育"等领域取得重要进展，获基础教育改革研究、省级教学成果奖励、省级科技进步奖励、省级优秀社科成果奖励等多项。

（三）人才培养定位

目前，全国开设人文地理与城乡规划专业（原为资源环境与城乡规划管理专业的城乡规划方向）的高等学校大约有 100 多所，绝大多数学校将"培养具备人文地理与城乡规划的基本理论、基本知识和基本技能，能在高等学校、企事业单位、行政管理部门从事地理教学、城乡规划规划、管理等工作的高级专业人才"确定为人才培养的目标。人才培养目标定位具有很强的趋同性，与从事地理教学与地理科学专业的人才培养目标重叠，从事城乡规划与城乡规划学的人才培养目标重叠，从事城乡规划管理与城市管理专业的人才培养目标重叠。人才培养目标定位应该结合学校层次、学科特点、服务地方和市场需求。具体来说，研究型大学应该将人才培养定位为研究城乡区域发展及其规划的研究型人才，教学型大学应该将人才培养定位为能够做城乡总体规划的复合型人才，地方应用型学院应该将人才培养定位为能够做村镇规划的应用型人才。其人才培养目标应该是"培养具有良好的思想道德素质和身体心理素质，德、智、体、美全面发展，基础扎实、知识面宽，具有可持续发展理念，掌握人文地理与城乡规划管理的基本理论、基本知识和基本技能，能够在小微型设计公司从事村镇规划、小区规划和景观设计和县乡级政府部门从事村镇规划管理的高级专门应用型人才"。

二、"三位一体"实践教学模式构建

实践教学是高等教育人才培养的重要组成部分，"三位一体"实践教学模式由"学科、学生、教师"三位一体的实践教学体系构成，具体包括学生实践教学内容—学科特色领域—教师教研科研项目三位一体，学生试验项目—实习内容—生产设计三位一体，教师实习指导—教学改革—社会服务三位一体三个部分组成（见图8-1）。

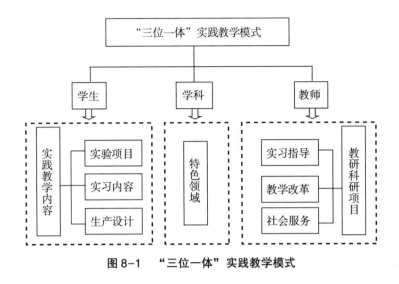

图 8-1 "三位一体"实践教学模式

（一）"学科、学生、教师"三位一体

"学科、学生、教师"三位一体，即学生实践教学内容、学科特色领域、教师教研科研项目结合的实践教学三位一体，将整个人才培养方案实践教学体系的设计融合学科研究特色、学生实践教学体系、教师教学科研于一体，实践能力培养贯穿始终，学生自我、教师科研和村镇案例联动培养。

依托学科特色领域，将实践教学与教师科研结合是应用型学院人才培养的重要途径和发展方向。人文地理与城乡规划专业主要依托人文地理学的村镇特色领域学科平台。

开设相关的理论课程和实验教学，教师开展相关省级教学改革项目和校级教学改革项目，编写相关教材、发表相关教改论文；开展相关国家级课题、部级课题、省级课题研究，发表相关研究论文，尤其是核心期刊论文；为地方政府进行规划咨询、设计项目（见表 8-1）。学生和教师双方在互利共赢的基础上，使教学、科研和社会服务能够紧密结合，互相促进。

表8-1 "三位一体"实践教学模式情况一览表

学科平台	理论课程	实验课程	教改项目	教改论著	科研课题	科研论文	社会服务
"人居环境学"基地、"传统聚落数字化保护技术"实验室等	人文地理学、经济地理学、旅游地理学、城市地理学、传统村镇保护、区域规划等	美术基础、建筑初步、测量学、规划设计CAD、村镇规划、居住区规划、城市设计等	主持相关省级教学改革项目、校级教学改革项目研究	编写相关教材、发表相关教改论文	主持相关国家级课题、部级课题、省级课题项目	发表相关论文,尤其是核心期刊论文	为地方政府进行规划咨询、设计项目

(二)"实验、实习、设计"三位一体

"实验、实习、设计"三位一体,即学生的实验项目—实习内容—生产设计结合的实践教学三位一体,将整个学生实践动手能力的培养融合实验(训)项目内容、集中实践教学专题安排、专业实习项目生产于一体,实践教学内容前后一贯,循序渐进培养学生的实践能力。人文地理与城乡规划专业人才培养方案安排城市与区域认识实习(第3学期)、规划与管理见习(第5学期)和规划设计综合实习(第7学期)3个集中实践教学环节。城市与区域认识实习分为两段,前段在省内调查古村古镇各1个,内容主要包括古村镇的测量、纸质土地利用现状图绘制、建筑风貌摄影、产业结构、基础设施和公共服务设施分析等内容。第1、2学期开设的美术基础、建筑初步、测量学是认识实习的基础。后段为用测量所得的纸质土地利用现状图规划设计CAD的实验项目内容,所得到的CAD土地利用现状图又是村庄规划、小城镇规划的规划底图,建筑风貌摄影是居住区规划、城市设计等实验课程的基础材料和风貌改造的前提基础,产业结构、基础设施和公共服务设施分析等内容是村镇规划分析的基础,更是规划管理实习的前期感性积累,通过这些实验课程的相互配合,使得规划成果始终围绕一个古村古镇案例不断完善,最终形成一个比较成熟的××古村规划和××古镇规划作品集,通过不间断一贯式实践教学体系,培养了学生的实践动手能力,更

为学生的就业打下了良好基础。

（三）"导习、教改、科研"三位一体

"导习、教改、科研"，即教师的实践教学指导—教学改革目标—科研课题的方向相结合的实践教学三位一体，将整个教师教学科研的主线融合学生的实践教学指导、教学改革目标、科研课题的方向于一体，指导学生实习和教学科研多目标实现，依托学科特色领域一举多得。坚持所有教师深入实践教学第一线，对于实验项目开设、实习专题选定都要进行反复3次以上的会议讨论，实习前指导教师要进行预调研，每个教师须预调研2个村镇、设计专题2个、指导大学生村镇研究性学习课题1项，完成人文地理与城乡规划专业人才培养模式、实践教学体系、实习模式等教学改革研究并出版了相关教材，完成了传统村落景观基因提取、传统村落数字化、传统村落虚拟重建等国家级课题，完成特色旅游小镇创建咨询、乡村风貌改造、文化景观设计、乡村精准扶贫发展总体规划项目。实现了教师教学、科研和社会服务互相促进，一体化发展。

第九章
传承乡土文化的专业实习模式

目前，全国 100 多所开设人文地理与城乡规划专业学科背景大不相同，但是培养目标都基本相同，要培养能够从事城乡规划、设计与管理的应用型人才，而实践教学是培养学生实践动手能力，形成专业技能的关键环节，但是，目前该专业的专业实习普遍存在着"实习"与"就业"分离、"实习"与"设计"分离、"实习"与"论文"分离、实习模式单一等现象，如何将这些结合起来，探索一体化的专业实习模式，是人文地理与城乡规划人才培养的重要途径。目前有关实习模式的研究，主要涉及实习基地[57]、实习方法[58-60]、实习指导教师[61-62]等内容，但是，缺乏对实习模式的综合统筹考虑。

一、人文地理与城乡规划专业实习面临问题与改革背景

专业实习是人才培养最重要、最综合的一个实践教学环节，是培养学生由学校走向社会的桥梁和纽带。但目前人文地理与城乡规划专业实习面临一些问题，需要继续进行改革。

（一）专业实习存在的问题

目前，人文地理与城乡规划专业学校资源超负荷运转和企业的市场化运作等因素，使得专业实习工作面临诸多困难[63]，具体表现在以下几个方面。

（1）企业不愿支付培训成本。基于各种因素，很多规划设计单位不愿意接纳学生实习。城乡规划行业属于技术门槛高行业，生产中要花大量的时间进行员工培训，认为学生到规划设计公司实习，往往不能够马上进行规划设计，给企业带来效益，反而还会增加企业的食宿成本和培训负担。

（2）传统集中实习模式单一。传统实习主要采用集中实习模式，学生人数多、规划设计公司接受能力有限，很多企业仅能容纳3—5人，能够有时间指导学生的工程技术人员非常有限。在当前本科院校培养目标是个性化的、多元的，而集中实习的单一模式不能适应当前人文地理与城乡规划专业学生多元化发展的要求。

（3）就业压力影响学生实习投入。人文地理与城乡规划专业实习安排在第7学期，所有的理论课程都已经学习结束，很多学生都认为这正是就业找工作的时候，因此，学生奔波于各种人才招聘会、思考各种就业的可能机会、尝试各种心仪的行业，导致不能够全身心投入专业实习，在一定程度上影响专业实习效果。

（二）专业实习的改革背景

目前，国家针对高等学校人才培养出台了很多政策，目标指向都是为了推动高等学校人才培养转型。《国家中长期人才发展规划纲要（2010—2020年）》指出，实践教学模式是深化高等教育体制改革的目标。《国家教育事业发展"十三五"规划纲要》强调，通过建立高校分类体系，实行分类管理，引导高校合理定位，克服同质化倾向，在不同层次、不同领域办出特色。《关于引导部分地方普通本科高校向应用型转变的指导意见》指出，地方高校的办学思路应转到服务地方经济、产教融合、培养应用型人才、增强学生就业、创业能力上来。人文地理与城乡规划专业是理论性和实践性都很强的应用型专业。如何将理论教学与实践教学有机结合，培养出具有综合协调能力、制图分析能力、创新思维能力的高级应用型专门人才需要认真思考。合理地制定毕业实习模式，是落实人才培养目标的重要环节，也是当前高等教育改革的重要任务。目前，全国开设人文地理与城乡规划专业的高等学校大约有100多所，绝大多数学校将"厚基础、宽口径、强能力"确定为人才培养的目标。人才培养目标定位具有很强的趋同性，错位发展应该是城乡规划人才培养的方向，地方应用型学院应该将人才培养定位为能够做村镇规划的应用型人才。

二、人文地理与城乡规划专业"三结合"实习模式构建

实践教学是高等教育人才培养的重要组成部分，"三结合"专业实习模式由"专业实习、就业创业、论文设计"三个方面的内容体系构成，具体包括专业实习与就业创业结合，专业实习与论文设计结合，集中实习与分散实习相结合三个部分组成（见图9-1）。

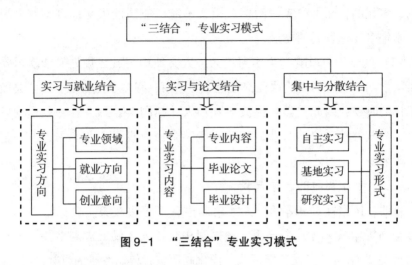

图9-1 "三结合"专业实习模式

（一）专业实习与就业创业结合

专业实习与就业创业结合，即学生的专业实习领域、毕业就业方向、毕业后创业意向相结合。生产实习阶段是专业学习的重要阶段，也是学生由学校走向社会的过渡阶段。随着社会经济的发展，学生个性化发展的需求。有很多的学生在实习单位进行实习的过程中参与了实习单位的很多实际应用项目，通过这个阶段的培养，很多学生完全能够胜任其工作，实习单位每年也要引进一批人才充实自己的工作队伍，为了节约培训成本，就会将实习学生中业务能力强的实习生聘为员工，特别是那些本地生源的实习学生更是受到特别的青睐。同时，在这个万众创业的时代，实习学生更是充满期待，因此，在这长达8个月的专业实习过程中，实习学生更是将其作为创业的试验田。特别是我校设立的创业园，可以免费为创业学生提供免除租金两年的优惠政策，吸引了不少学生在其进行创业。从2008年开始，人文地理与城乡规划专业利用专业实习时间进行创业的每年有5人左右，占全部实习学生10%。

（二）专业实习与毕业论文（设计）结合

"专业实习与毕业论文（设计）"结合，毕业设计是人文地理与城乡规划专业教学培养的重要环节，是学生走向工作岗位的过渡阶段，将专业实习与毕业设计结合，即把实习单位生产中面临的实际问题作为学生的毕业设计题目，在实习单位师傅和学校指导教师的双重指导下，进行实践操作，既增强了实践动手的真实性，提高了学生的兴趣，也增强了指导教师的责任感，弥补了校内毕业设计与校外生产实际相脱节的情况。将专业实习与毕业论文结合，即把实习单位生产中面临的值得研究的问题作为学生的毕业论文题目，在实习单位师傅负责指导学生实际数据的处理，学校指导教师负责指导学生进行问题研究，既增强了研究的针对性，提高了研究的兴趣，也提高了指导教师研究的实际应用度。人文地理与城乡规划专业将专业实习安排在第 7 学期一整个学期，与毕业设计结合，同时毕业论文也可以在这个阶段完成。我们在实施时采取由实习单位确定毕业设计选题，学生与学校指导教师共同确定毕业论文题目，双导师（实习单位师傅、学校指导教师）、校企联合汇报制度，企业教师必须具有中级以上职称专业技术人员，学校指导教师也要具有讲师职称和硕士学位的教师。

（三）分散实习与集中实习结合

集中实习即集中式实习教学，安排在实习基地进行，有专门的指导教师带队，专业指导教师进行实习指导，有指导教师对生活安全进行安排，有利于实习指导教师与实习学生之间更多的交流；分散实习即学生自我联系实习单位，主要靠实习指导教师进行网上指导，由实习学生家长进行实习安全管理，有利于发挥学生的主动性、积极性和定点就业。无论哪种实习方式，都有其优缺点，但实践动手能力和综合协调能力培养才是关键，因此，我们认为集中实习与分散实习应该结合进行，发挥各自的优势，根据学生的个人意愿和实际情况进行选择。对于分散实习，特别注重过程管理。在学生提出申请、提交实习单位接收证明、实习单位指导老师后，经过实习指导小组同意后方可实施，实习期间由校内指导教师进行专门管理，通过电话、微信与学生及实习单位、学生家长保持联系，实行"三导师"的指导。

—— · 中 篇 · ——

乡土文化感知与课程实践训练

感知乡土文化与课程实践训练，需要从课程讨论、课程作业、野外认知、调查汇报、主题选择和论文写作等方面进行全方位训练。并以文化感知为核心，以课程训练为载体，充分利用各种实践机会和各种实践手段实现乡土文化感知。

第十章
感知乡土文化的地方旅游分析

当今社会旅游文化兴起，在旅游资源开发力度加大的背景下，衡阳两型社会目标的确立，对东洲岛进行恢复和保护。依托"东洲桃浪"独特自然生态景观，耗资4亿余元，精心打造成"文化之岛""生态之岛"及"休闲之岛"，让绿色衡阳更加显山露水。

一、东洲岛罗汉寺的文化现状

罗汉寺曾与雁峰寺、花药寺、西禅寺并称衡州佛教禅宗四大寺院，距今已逾四百年，其历史可追溯至明朝年间，王闿运《湘绮楼联语》中有一首《东洲禅寺》，联前注曰："衡府东洲罗汉寺，乃前明旧刹，几三百年。建船山书院于前，适余主讲，柏丞禅师主寺，相邻十年，因题柱以志因缘。"寺庙有无来禅师、敬安禅师等曾驻锡于此。1938年，空也法师出任罗汉寺主持，由于当时前方大量伤兵后运，罗汉寺应急设为"战时第六伤兵医院"。罗汉寺占地总面积1960平方米，建筑总面积1650平方米。

（一）东洲岛罗汉寺景观

东洲岛位于衡阳市区东南面的湘江中央，长2千米左右，宽约200余米，沙滩面积16667平方米，东面水域宽300米，西面水域宽500米，是潇湘八景之一。东洲岛是景区的第一个观景点，桃浪广场的主建筑是桃浪亭，是一座三段式廊式长亭，全长30余米，外形古朴典雅，亭前有四座造型各异的石碑，从左至右，一为墙形，一为鼓形，一为浪形，一为窗形，石碑上写着4位名人的诗词赋。桃浪广场四周栽种了千余棵桃树。桃浪广场的北边缘，有一块写着"东洲"的巨大石碑。桃浪广场的前面是船山书院，书院有一百余年的历史，书院为三进四合院落，青砖粉墙黛瓦，既有古香古色的旧画墨宝，又有现代的 LED 大屏和 3D 投影，做到了历史文化与现代文明的无缝衔接。书院的大门上有彭玉麟写的对联。书院的大门外有一棵大樟树，枝繁叶茂。船山书院的前面就是罗汉寺。罗汉寺是岛上的原有建筑，经过修复后的罗汉寺甚为壮丽，各种殿堂齐全。除此之外，岛上还有中国目前唯一一座祭祀王夫之的大型仿古建筑——夫之楼。主要用于祭祀王夫之，并对王夫之的思想及作品进行集中展示。岛的北端是一座望江亭，岛上还修建了儿童乐园，园内设施很多。乐园旁设立了休闲服务区。游客们离岛可以顺着湘江上的人行廊桥离去，也可以在西岸乘船。人行廊桥 4 米宽、200 米长，终端有升降电梯供残疾人的轮椅上下。桥北侧还有一座汽车桥。

（二）东洲岛罗汉寺寺庙文化

1. 罗汉寺的宫殿分布

罗汉寺基本继承了中国的传统建筑风格，以院落形式作为佛寺的布局，有一条南北中轴线。主要建筑建在中轴线上，附属建筑则在中轴线的东西两侧。中轴线上的建筑由南往北，依次为山门、天王殿、大雄宝殿、法堂、三面观音像等。寺门高大庄严，金碧辉煌。山门正悬"罗汉寺"三个金光闪耀的大字。山门前有一放生亭。进山门后，首先看见的是天王庙和土地庙，其次是鼓楼和钟楼左右相对，然后是青石铺成的广场。进入天王殿，弥勒佛独坐中央。再前进是大佛殿，正中悬有"大雄宝殿"匾额，殿前大院正中摆放着一个大宝鼎。大雄宝殿前左边为地藏殿，右边有圆通宝殿、圣帝殿、观音殿。大雄宝殿左侧有一座财宝殿。正殿后为罗汉堂，由罗汉堂两侧上楼，左边为三圣殿，右边为药师殿。全寺佛殿呈长方形，建筑整齐，所用材料全是木石。

2. 罗汉寺的寺内特色

寺庙一般都建于山上，远离红尘，信众需辛苦爬山祭拜。罗汉寺建于江心洲，立于滔滔江水之上，不仅方便祭拜，而且景色优美，能让人开阔心胸，丢掉烦恼。山门前的放生亭，可直接放生，回归自然，更能凸显佛教文化。从山门入寺院，两边除有钟楼和鼓楼外，还有天王庙和土地庙，这在其他寺院是很少见的。寺院地面有很多神秘图案。天王殿前有许多教旗，由蓝、黄、红、白、橙五彩色条组成。五色旗总共 6 条，前 5 条是单色，一条一个颜色，代表布施、持戒、忍辱、精进、禅定；后 1 条是杂色，5 种颜色都有，代表般若。寺院后面修建有一座三面观音像，正面观音手持经箧，右面观音手持莲花，左面观音手持念珠，依次象征智慧、平安、仁慈。每一尊法相蕴含一种大智能以及感应功能、能增福添慧、保佑平安。三面观水，普度众生[64]。

二、东洲岛罗汉寺的旅游发展潜力

罗汉寺（原名小罗汉寺），始建于明代，坐落在衡阳古八景之一的东洲岛上。数百年来，古寺历经沧桑，几经修葺，几度破坏，至改革开放，再度修葺，重放佛光[65]。整座寺院结构精巧，布局紧凑，殿堂疏密相间，错落有致，气势恢宏，功能齐全，不仅让罗汉寺恢复了昔日颜貌，让佛教事业在构建和谐社会中发挥积极的作用，更让东洲岛增添了特色美景。

（一）交通区位条件优越

河流岛屿拥有独具特色的旅游资源，极具旅游开发价值与潜力，但目前我国大部分河流岛屿处于未开发或无序开发状态，河流岛屿的生态旅游开发显得尤为紧迫。罗汉寺位于东洲岛上，与东洲岛上的其他景观相互影响。现政府对于东洲岛的大力开发，促进了罗汉寺的恢复。寺庙一般位于山地地区，而罗汉寺位于江面之上，对人们的出行交通选择具有一定的影响。前往罗汉寺，可以采用坐船、步行过桥、公交等方式。罗汉寺位于衡阳市内，可以给市区人们一种新的感受。

（二）政府政策的大力支持

对罗汉寺的佛教文化人物形象（罗汉）进行详细分析，总结其蕴含的文化内涵，再以此作为研究背景进行分析其建筑装饰特征，主要包括几个大殿的空间造型、细部装饰和硬景要素在丛林中的装饰体现。通过对罗汉寺实地考察，可以发现罗汉寺的建设一直在塑造一种佛教文化的氛围。从总体建筑到小旗帜、地板花纹，我们都可以直观感受。以文献考证和实地调查为核心的研究方法，自觉应用结构主义、解释学等现代哲学理论以佛寺园林为主要研究对象，从选址、建筑、植物、理水四个方面揭示了其如何体现佛教的"教"与"禅"的佛学意境。从 2015 年至今，衡阳市委、市政府决定开发东洲岛，重现衡阳古八景中"细着东洲桃浪暖"之美景。在政府、湘江水利投资开发公司和社会各界的大力支持下，罗汉寺也多方筹措资金，历时两年，将寺院修葺一新。

三、东洲岛罗汉寺的旅游发展问题

东洲岛罗汉寺经过近些年的旅游开发，取得了一些成绩，但也存在一系列的问题。以下从文化特色和旅游服务两个方面展开。

（一）寺庙僧人修佛少

按照佛教的传统，出家的僧众，大多以乞食化缘和接受信众供养作为经济主要来源，其目的就是要将绝大部分时间都用于学修佛法、解脱成佛上来。然而近年来寺院由困变盈，僧人由贫变富，给传统寺院功能及僧众定位带来了巨大冲击。罗汉寺每年举行诸多佛教活动，主要是为了扩大社会影响、吸引更多信众，给寺院及地方创造更好的经济效益，其宗教内涵被极大地忽视了。出家僧尼的身份正逐渐从"修行者"向"职业者"转变，这种不良风气逐渐引起社会上的广泛关注与重视。而这一转变使得部分佛教的信仰者降低了入寺拜佛的热情，影响佛教信徒朝佛的热潮。

（二）接待能力有限

寺庙接待能力有限也是影响罗汉寺庙旅游发展的一大问题，罗汉寺位于东洲岛上，景区本来来往不便，在客流大的时候更是停车位一位难求，再加上寺庙本身吃、住、购、娱等方面配套的不完善，接待能力远远不足。近年来各种旅游景点虽有发展，但由于接待能力的不足，旅游业发展自然也受到一定限制。

（三）信众多，引导少

虽然出家僧人的数量较为缺乏，但社会上信仰佛教的人数却在与日俱增，在中国，佛教正经历着快速发展的阶段。如何引导广大佛教信众信仰真正积极的佛教，而不被"伪佛教""邪教"所蒙蔽、欺骗和利用，已经成为我国佛教界所面临的一个重要问题。目前，出家僧尼人数原本就很少，且其自身的整体素质和佛学修养并不是很高，这就很难满足广大佛教信众日益增长的宗教需求，也更难在较高层面上给予他们信仰的引导。在这一点上罗汉寺尤为欠缺，并没有举行各种佛教法会等活动，对佛教信徒进行引导，寺庙游客流量自然少①。

四、东洲岛罗汉寺的旅游发展对策

东洲岛罗汉寺的旅游发展存在一些问题，可以从文化传播、设施完善和线路组织等方面进行完善。

（一）加强寺庙文化的传播

加快建设的步伐，加大宣传的力度，使更多的人知道罗汉寺的存在。中国寺庙一直面临着解决修行与自养之间的挑战。如果找不到合理的自养方式，修行就难以维持；如果沉湎于世俗营利，又会影响到修行的本意。特别是近代以来，寺庙没有了自己的田产，无法以租金和耕作为生，就不得不探索其他的自养之道。在这种情况下，与旅游结合起来就成为许多寺庙顺其自然的选择。完善旅游解说标识系统，把历史文化视觉化，使旅游者产生兴趣，可以达到文化呈现、文化交流的目的。将罗汉寺诸多的佛像、著名的僧人、历史事件发生地等历史文化信息以旅游解说标识的形式展现出来，让来到罗汉寺的每一个旅游者，都能身临其境地感受罗汉寺的独具特色的历史文化[66]。

（二）加强旅游服务基础设施建设

加强公共基础设施建设，可大力发展共享自行车，加强寺庙里的污水处理和废气排放、雨水排放。发展路灯建设，方便游客晚上出行，对道路、桥梁、路灯等方面设施的维护、紧急处理、管理等。加强公共厕所的建设，在罗汉寺的附近建立小卖部，为游客提供香火，修建可供游客休息的休息室。

（三）提高文化与旅游融合度

罗汉寺，衡阳八景东洲岛的灵魂之一，是东洲岛重大观赏景点之一。

① 张志鹏. 苏州西园寺退出 4A 景区有助回归佛教本位 [N]. 中国民族报，2018-11-06 (5).

尽管有着这么些美誉，但是通过对罗汉寺的实地观察，我们发现罗汉寺在对于发展旅游文化上面还存在许多的问题。东洲岛上的罗汉寺寺庙渲染的佛教文化有其自身独特的特点，傍水而筑与传统的山上或山下寺庙有所不同，但是在现代交通技术不发达的以前，导致罗汉寺的发展较为缓慢。

（四）优化文化旅游线路设计

随着时代的发展，虽然去罗汉寺拜佛的交通路线有多种选择，但也还是发展较慢，只有在东洲岛周围居住的人才会选择去朝拜，大部分人还是会选择去比较有名的景点参拜。罗汉寺位于东洲岛上，然而东洲岛本身面积较小，岛内大多是人文景观，自然风光较少，且周边是江，没有其他景点，无法形成大的旅游景区，这都影响了人们来东洲岛旅游的愿望，当然也就减少了来罗汉寺的愿望。所以，我们必须要发展罗汉寺，吸引游人来此观赏。东洲岛是一个闭合的圈，我们可以在岛的周围布满五颜六色闪烁的夜灯，让其成为衡阳市独特夜景风光的景点。在湘江汛期，可以由东洲岛举行赛船项目，从而扩大罗汉寺的吸引力等。

通过实地调查和查阅文献的方法对罗汉寺旅游景点进行研究，这样做既有理论意义又有实践意义。通过对我们以上论文的分析，罗汉寺既有自己独特的优势，又存在着自己的缺点，要发展罗汉寺的旅游文化，我们要继续发展完善其优点，克服缺点，进一步扩大罗汉寺寺庙文化的宣传力度。首先罗汉寺的佛教文化传播不广，需要与旅游业相结合；其次通过研究发现罗汉寺修建中的优点和缺点，针对其问题做出对策，依据相关的标准规范，通过实地调查和分析，对该建筑内、外院的设施进行评估并提出建议；最后发展罗汉寺旅游文化，打造衡阳特色旅游景点，保护历史文化，弘扬健康文化。衡阳市政府必须对其制定开发的政策，给予财力支持并监督落实，把其打造成为衡阳旅游又一名片。

报告评析：

在我的《文化地理学》课堂讨论上，2016级的张思思、张美蓉、杨月燕、邹贤港、周蓉、张永康等同学提出希望能够就近进行课堂讨论。我提出了可以考虑就在衡阳完成课堂作业选题。于是他们提出了进行东洲岛罗汉寺寺庙旅游文化研究的想法，我肯定了他们的想法，并全程给予了一定指导。随着现代科技不断发展，人们生活水平的提高，精神上的享受也成为越来越多人的追求，城市内部旅游资源的开发价值提高。选择寺庙文化话题进行探讨，选题较为新颖，通过阅读寺庙和河流岛屿旅游的相关文献，然后对东洲岛及罗汉寺的文化进行实地考察，并分析其旅游方面存在的优势及发展不足，对其提出一些措施，以期打造罗汉寺旅游文化的名片，提高罗汉寺的旅游知名度。课程报告研究思路清晰，层次结构合理。不足之处：有些对策缺乏针对性；问题分析部分要注意论证的逻辑性；语言表达上还有改进空间。综合来看，这是一个比较优秀的课程报告。

第十一章
感知乡土文化的地方产品开发

文化产品主要是指能够满足人们精神需求的通过文化产业或者说是在传统产业的基础上增加了文化资源而生产出的产品[67]。而茶文化产品是人们通过对茶的物质资源的利用，赋予这样的产品以文化内涵，或者直接利用有关茶的文化资源，创造和生产出富有文化性的产品[68]。茶文化的发源地是中国，茶文化承载着茶叶的变迁及中国历史文化的精髓。茶叶自神农时代，就作为日常饮食存在于居民的生活之中[69-70]。南岳云雾茶生产历史悠久，据历史传承记载有着两千多年的生产发展史，早在初唐时期就被列为贡茶享誉海内外。《唐史》记载："风俗贵茶，茶之名品甚众，剑南有蒙顶石花为第一；湖南有南岳衡山，岳州有邕湖之含膏。"且中华五岳唯南岳产茶。南岳沉积了千百年来"六大文化"，即佛文化、道文化、茶文化、寿文化、儒文化、山文化。而这六大文化又紧密相连，相互促进。因此南岳云雾茶文化博大精深，内涵丰富多彩[71-72]。2017 年中央一号文件首次提出"做大做强优势特色茶产业"，实施优势特色农业提质增效行动计划，促进茶叶等产业提档升级，把地方土特产和小品种做成带动农民增收的大产业[73]。开发南岳云雾茶文化产品，增强文化产业，对加快转变经济发展方式、增强中华民族凝聚力和综合竞争软实力、更好地满足人民群众多层次、多方面精神文化需求[74]等具有十分重大的意义。

一、南岳云雾茶的发展情况

南岳云雾茶，约始于西汉末年。但昔时多由山上僧尼专人制作。中华人民共和国成立后，建立了茶场，使南岳云雾茶的生产不断发展，产品质量得到了提高。1979 年在全国林副特资产综合利用展览会上，名列全国名茶之首。1980—1982 年连续三年被评为湖南省优质名茶。1987 年被评为湖南省七种优质茶之首。近年来，南岳区茶产业保持着持续发展的良好势头，当前，全区现有茶场 16 个，有高山茶园面积 720 公顷，高山茶园面积位居全省乃至全国之首，全区拥有省级、市级茶叶加工企业 2 家，茶叶专业合作社 5 个。其中怡绿茶叶位于衡阳市、南岳云雾茶有限公司位于衡阳市南岳区，两家茶业公司分别为省级、市级龙头企业。云雾茶业有限公司被评为2018 年湖南茶叶"千亿产业十强企业"。而怡绿公司在省内大城市设有销售代理及配送中心，在北京、上海等发达城市设有销售网点，并取得了自营出口权，部分产品由省茶叶公司代理出口欧盟和美国[75]。南岳云雾茶以国内销售为主，一般销往发达城市居多，南岳云雾茶的销售点较少，销售途径为实体店和微店。随着经济的发展和生活水平的提高，人们对于精神财富的追求不断提高，南岳衡山旅游业的发展带动了南岳云雾茶的发展，茶文化与旅游文化相互促进，成为当地的特色文化。近几年随着南岳云雾茶的发展，茶店逐渐增加，其中实体店集中于衡阳市，少量代售点分布于其他一线城市。南岳云雾茶是当地的标志，作为一种地方文化特色产品销售。从表 11-1 中可得知衡阳市南岳云雾茶实体经销网点分布情况，实体店数量少且集中于南岳区和衡阳市区，一半以上的茶店聚集在产茶区。在开发过程中集中发展南岳区，利用产茶区和旅游景点以及当地文化等优势将南岳云雾茶发展成为具有代表性的地方文化产品，赋予一定的文化价值和经济价值，从而促进经济发展和开发研究。

表 11-1　衡阳市南岳云雾茶实体经销网点

店名	地址	区域
三星楼	南岳区金沙路 92 号	南岳区
烟霞茶院	南岳区中心景区铁佛寺旁 50 米	南岳区
南天门游客服务中心	南天门游客服务中心	南岳区
南岳共和酒店	南岳区金沙路 8 号	南岳区
年年有特产商行	南岳区祝融南路、鑫盛路	南岳区

店名	地址	区域
传奇旅游	南岳区祝融路 165 号	南岳区
衡韵特产	南岳区祝融路 195 号	南岳区
丹茗居湖湖名茶行	衡阳市华新开发区解放大道雁城茶都 B 栋 137 号	衡阳市区
茗福居茶叶有限公司	茶都店和银杏店位于华新开发区，宝马茶室位于蒸湘区，城南店位于雁峰区	衡阳市区
金隆源茶叶	华新开发区	衡阳市区
蒸湘茶叶	石鼓区湘江北路	衡阳市区
珊珊高铁	湖南省区域高铁站珊珊便利店	湖南省高铁站

二、南岳云雾茶与其他产区云雾茶的对比分析

南岳云雾茶有着悠久的历史渊源，迄今已有两千余年的栽培历史，古人极为青睐与称赞。且"云雾茶"此名称是因产于南岳的高山云雾之中而得名，可见在众多云雾茶品种中，南岳云雾茶历史文化特色更具有地理标识性。且与其他产区云雾茶相比，南岳云雾茶文化产品有着自身独特的特色（见表 11-2）。

（一）地理特色

南岳云雾茶产自多云雾、温和湿润的南岳区，占据得天独厚的有利地形及雾泽华叶的独特气候。与其他云雾茶产区相比，南岳全年雾日更多，种植出来的云雾茶色泽翠绿，是茶中上品。

（二）宗教特色

南岳衡山作为"宗教圣地""中华寿茶文化之乡"，佛教、道教并存，此地产出的云雾茶，相对于其他以"佛教"为主地区的云雾茶，宗教文化与茶相结合特色更明显。其丰富的历史禅宗文化，有利于打造成"寿茶""禅茶"等特色品牌文化茶产品。

（三）加工特色

制茶工艺上，南岳云雾茶采用传统的手工艺，主要分为杀青、清风、初揉、初干、整形、提毫、摊凉和烘焙八道工序，其中第一道工序杀青是奠定南岳云雾茶品质的关键，操作难度极大。但相较而言，庐山云雾茶制

作工艺更成熟、精湛，贵定云雾茶三炒、三揉加工方法更特别。

（四）产品特色

表11-2中4种著名云雾茶，都有着自身独特的"色、香、味、形"。因茶叶的产地和加工工艺的不同而各有差异，南岳云雾茶外形细秀弯曲如螺形，叶尖且长似剑，味道甜、辛、酸、苦皆有之，极具自身的特色。

表11-2　4种著名云雾茶对比一览表

品种	地理特色	宗教特色	加工特色	产品特色
南岳云雾茶	南岳衡山区，气候温和湿润，光热资源丰富、雨水充沛、云雾缭绕	佛教、道教并存	分为杀青、清风、初揉、初干、整形、提毫、摊凉和烘焙八道工序。其中第一道工序杀青是奠定南岳云雾茶品质的关键，鲜叶下锅啪啪作响，锅温130℃左右，"炒手"徒手翻炒，操作难度极大	形状独特，其叶尖且长，状似剑，以开水泡之，尖子朝上，叶瓣斜展如旗，颜色鲜绿，沉于水底，恰似玉花璀璨、风姿多彩
庐山云雾茶	江西省庐山，群峰挺秀，林木茂密，泉水涌流，雾气蒸腾	佛教	采用传统手工制作，初制分杀青、抖散、揉捻、炒二青、理条、搓条、拣剔、提毫、烤干（或烘干）等工序	芽肥绿润多毫，条索紧凑秀丽，香气鲜爽持久，滋味醇厚甘甜，汤色清澈明亮，叶底嫩绿匀齐
普陀山云雾茶	浙江省舟山普陀山，四季湿润，土地肥沃，林木茂盛，日出之前云雾缭绕，露珠沾润	佛教	为杀青、揉捻、起毛、搓团、干燥等多道工序	鲜叶为一芽一叶至一芽二叶，制成后，风貌特殊，外形紧细，卷曲呈螺状形，色泽绿润显毫
贵定云雾茶	贵州省贵定县云雾山海拔1500多米高的半山腰	……	采用民间传统的手工炒、揉加工方法，经三炒、三揉、揉团、提毫、温火慢烘，保持其原芽的鲜锐、形状和茸毫	成茶外观形如鱼钩，匀称美观，色泽嫩绿，背附一层细软白毛，气味芳香醇厚

三、南岳云雾茶产品的地方特色

茶一直是中国的代名词之一，南岳衡山是我国久负盛名的宗教圣地[76]，其云雾茶更是传承了两千多年的佛文化、道文化以及茶文化。南岳云雾茶文化与佛文化、道文化相结合①。南岳大庙庙中东有道教八观，西有佛教八寺，佛、道两教及儒家文化并存于此，是文化史上一大奇观，也是世界宗教史上一朵奇葩。无论是道教或佛教，其枯燥孤寂的修炼活动均有赖于茶。"客来敬茶，富贵休夸"，道教称茶为"仙茗"，佛教则称茶为"佛茶"。南岳作为五岳中唯一产茶区，丰厚的历史文化底蕴孕育了"茶禅一味"，即茶文化、禅文化，融成"茶禅文化"，慧思禅师为南岳佛教的开山祖师，促使茶禅走进文学艺术各个领域，丰富了文学创作中的茶禅境界[77]。现如今南岳云雾茶推出"寿茶"和"禅茶"等品牌，寺庙和茶楼也推出了佛茶表演（如图11-1、图11-2），在一定程度上推广了宗教文化和茶文化[78]。

图11-1　南岳衡山祭茶大典　　　　　图11-2　采摘茶叶

云雾茶历史上生产悠久，美誉度和知名度高，还远销海外。依托南岳文化底蕴，使南岳云雾茶具备打造成区域品牌的文化价值，有利于南岳云雾茶产业"做大做强"。从神农尝百草到今，南岳云雾茶也与许多文人墨客有着千丝万缕的联系[79]（见表11-3）。

---

① 吴信如．茶禅文化与佛教的茶道［EB/OL］．（2009-06-12）［2011-02-26］http：//www.dadunet.com/html/2009/06/1244794363171_ 5.html.）

表 11-3　历史时期云雾茶殊荣一览表

朝代	作者	文献	评价
唐代	陆羽	《茶经》	"茶出山南者，生衡山山谷。"
唐代	杨晔	《膳夫经手录》	"衡山茶，团饼而巨串，岁取十万，自潇湘达于五岭，远自交趾之人，亦常食之。"
明末	王夫之	《南岳采茶诗》	"山下秧争韭叶长，山中茶赛马兰香；逐队上山收晚茗，奈何布谷为人忙。"
—	—	清刻本《南岳古九仙观九仙传》之《雨前岳茗》	"寿岳之茗，祝融称善；云雾作幕，烟霞为幔；得灵气之氤氲，借至人之手段；澄心不待七碗，战退睡魔百万。"

四、南岳云雾茶文化产品开发存在的问题分析

南岳云雾茶文化产品开发过程中确实存在一些问题。以下从产品规格、产品销售和文化特色三个方面展开。

（一）规格偏向高端，过于依赖游客

南岳云雾茶作为衡阳标志性的特产，具有地方的代表性。从表 11-4 可知南岳云雾茶推出了几种不同系列的茶，价格最高达到 2800 元一盒。最低 28 元一盒，相差 100 倍。对于一般消费能力的人来说，高档的云雾茶价格偏高。对于南岳区本地人来说，他们对云雾茶比较了解，但没有吸引力，几乎不消费当地的云雾茶，而销售方面过于单一的依赖于游客。

表 11-4　南岳云雾茶不同系列茶价值一览表

系列	品级	价格区间
1290 茶礼系列	1290 云芽精选	990—2800 元
经典礼盒系列	云尖精选	360—660 元
伴手礼系列	寿红松香特级	260—299 元
大众生活系列	寿红柏香一级	28—199 元

（二）集中分布在本区，对外极少有销售点

南岳云雾茶是衡阳的门面，实体店主要分布在南岳区，除了上海、北

京一线城市有几家店外，其他的直营店仅分布于衡阳，仅仅作为文化特色产品销售，总体来看销量不景气。

（三）文化特色不突显

在这个网络覆盖的时代，南岳云雾茶的经营者没有很好地利用这个平台，没有更好地将南岳特色佛教文化融合进云雾茶，融合的力度不够，地方品牌宣传力度不够。由此可见，品牌特色会直接影响到茶产品的销量[80]。在图11-3的整改的意见中，许多喜爱喝茶的购买者认为要多加强宣传力度和方式，创新茶产品文化特色，产品的质量要过硬，并且加大政府的投资。

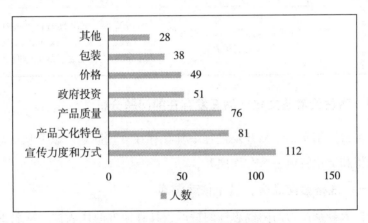

图11-3　南岳云雾茶开发影响因素

五、加强南岳云雾茶文化产品开发的对策建议

南岳云雾茶有着悠久的历史与深厚的文化底蕴以及优异品质，但它的发展却并没有达到一种理想状态。对此，我们根据问卷调查、走访以及有关云雾茶的资料提出以下建议：

1. 虽然南岳云雾具有地方特色，但是档次稍高的茶产品价格偏高。经营者要适当调整价格，符合一般和偏高消费水平的人们。

2. 可以在各省的一、二线城市设立销售点，不再单一的集中在本市和一线城市，扩大服务范围，提高销量。

3. 将茶产品与茶文化对接，南岳是宗教圣地，而云雾茶又带着深厚的禅文化，既可以将茶产品和文化相结合拉长产业链，又增加文化旅游的内容和品质，同时也为云雾茶的发展提供了途径和空间。

4. 发展茶产品就应把握住南岳这个品牌，与旅游接轨，更好的开发它的优势，打造地方品牌。利用网络宣传和电视广告扩大南岳云雾茶的影响力以及提升茶产品的名气。更要注重提升产品的口感和质量，增加"回头客"的数量，保证制作出符合标准的茶产品。

5. 加强技术、管理以及销售等人才引进，规范茶叶市场、扩大销售范围、总体提高云雾茶的质量，以及创新出不同口感的云雾茶来适应不同消费者需求。更重要的是要有政府的大力支持。

南岳地区丰富的历史文化底蕴孕育了"茶禅文化"，但就产品目前发展情况来说，南岳云雾茶文化产品的品牌特色不够突出，市场销售份额不高，市场相对来说比较狭窄。通过与庐山云雾茶等其他茶文化产品发展情况对比分析，从南岳云雾茶的地理特色、宗教特色、加工特色、产品特色入手，针对开发存在的问题，试图对云雾茶文化产品开发提出具体对策，为南岳云雾茶的开发研究提供一定的现实依据。从南岳云雾茶文化产品自身角度来看，最重要的是树立地方性品牌特色，更好地将禅文化、寿文化融入云雾茶，积极开展茶文化活动，丰富茶文化体验形式。加大宣传力度，提高知名度，扩大服务范围，提供更广阔的发展空间。如未来可以利用 VR 虚拟投影技术，可以模拟古人品茶情景，实现现代和古代的一种时空对话，创新形式，充分展示茶文化的魅力。还可以开发茶文化旅游、采茶、擂茶、茶艺学习等服务性的茶文化产品，这种虚实结合以文化理念为依据来表现茶文化的产品，使茶文化产品更加丰富。从企业的角度来看，加快人才引进以及培养，加强管理，制定经营战略。从消费者的角度思考，要注重南岳云雾茶文化产品的口感和质量，制定符合人们消费水平的价位。

报告评析：

在我的《文化地理学》课堂讨论上，2016 级的张圳、陈红云、方澜澜、徐翠英、羊美丽、张小惠和赵琴等同学提出希望能够就近进行课堂讨论。我提出了可以考虑就在衡阳完成课堂作业选题。于是他们提出了进行南岳云雾茶文化产品开发研究的想法，我肯定了他们的想法，并全程给予了一定指导。南岳云雾茶作为南岳衡山的地区特产，承载着衡山这个地方丰富内涵的文化，为了了解它独特的文化，使之能更好地促进南岳云雾茶的发展。选择茶文化话题进行探讨，选题较为新颖，通过阅读云雾茶和南岳文化的相关文献，然后对南岳及云雾茶的文化进行实地考察和对比分析其他云雾茶产品。发现云雾茶都生长在高山有云雾缭绕之处，但其制茶手法不尽相同，产品的外形特点也不一样。大都伴随着佛教发展而发展，南岳云雾茶与佛教、道教和南岳山的福寿文化联系紧密。南岳云雾茶虽有特色但不凸显。南岳云雾茶只为衡阳地区特色产品，其消费者以游客为主，线下实体店只分布于衡阳地区，衡阳当地人了解不多。并针对这些问题提出了一些建议。报告内容丰富，调查数据多样，问题分析较为深入。文字表达通畅，思路清晰，研究思路清晰，层次结构合理。不足之处：有些对策缺乏针对性，问题分析部分要注意论证的逻辑性，语言表达上还有改进空间。综合来看，这是一个比较优秀的课程报告。

第十二章
感知乡土文化的城镇体系规划

为指导市域城镇的建设和发展，贯彻全面建成小康社会的战略思想，实现全市的国民经济和社会发展目标，科学合理地配置各项资源，合理有序地推进城镇化进程，促进经济持续、快速健康发展和社会全面进步，促使城镇发展与人口、经济、资源、环境相协调，按照国家、湖南省规划主管部门的要求，特制订《衡阳市城镇体系规划（2006—2020）》①，以下简称为本规划，规划文本如下：

本规划是宏观指导和调控衡阳市城镇化和城镇发展的纲领性文件，是全市城镇化与城镇发展的基本战略、方针和政策。市域内各县城镇体系规划必须与本规划相协调。本规划指导全市各城市总体规划的编制。编制本规划的基本依据包括《中华人民共和国城市规划法》、建设部颁布的《城市规划编制办法》《城镇体系规划编制审批办法》《近期建设规划工作暂行办法》和《城市规划强制性内容暂行规定》《湖南省〈城市规划法〉实施办法》《湖南省城镇体系规划（2004年—2020年）》《衡阳市国民经济和社会发展"十五"计划纲要》以及国家、省、市相关法律、法规和规范。规划范围为衡阳市行政区域范围。包括中心城区和耒阳、常宁、衡南、衡东、衡山、衡阳、祁东7个县或县级市，其中中心城区包括雁峰区、珠晖区、石鼓区、蒸湘区、南岳区5个区。市域总面积15310平方千米。规划期限为2006—2020年，其中：近期2006—2010年，中期2011—2015年，远期

---

① 参见《衡阳市城市总体规划（2006—2020）》部分内容。

2016—2020 年。以邓小平理论和"三个代表"重要思想为指导，全面落实科学发展观，围绕构筑和谐社会的总体目标，合理配置资源，完善基础设施，开发特色产业，促进产业升级，提高人民生活水平，科学布局城镇，加快城镇化和现代化进程，完善市域城镇体系规划，为社会经济发展和全面建成小康社会服务。规划经湖南省人民政府批准，由衡阳市人民政府负责组织实施。

一、社会经济发展战略

坚定不移的贯彻执行党的基本理论、路线和原则，坚持以经济建设为中心，对外抓住国家实施的中部崛起和沿海产业转移战略、湖南"一点一线"战略、湖南省 3+5 城市群城镇体系的契机，对内着力打造"西南云大"半小时经济圈，努力实现将衡阳建设成为湘南商贸、物流业发达，工业先进，宜居宜游的现代化中心城市的目标，把区域合作发展作为主要方向，把战略性调整作为主线，以提高衡阳人民生活水平为根本出发点，把加快实现小康作为近中期目标，加速农业产业化、工业化、城镇化、科技化进程，正确处理改革、发展、保护之间的关系，采取非均衡的区域发展模式，推动本地区的经济发展和社会的全面进步，走具有地区特色、优势互补、分工协作、共同发展的道路。

（一）大力提高经济总量

规划期内努力在中期实现第一个千亿，远期 2020 年实现 GDP 翻两番，GDP 平均增长速度达到 13% 左右，坚持以发展促和谐，以发展推民生，全力建设小康社会，打造湘南经济重心。

（二）调整优化产业结构

不断调整、优化产业结构，促进产业升级。近中期（2006—2010）三次产业结构转变为 20：45：35，工业在工农业产值中的比重达到 85%，轻重工业之比为 45：55。中远期（2011—2020）三次产业结构将转变为 15：40：45，工业在工农业产值中的比重达到 90%，轻重工业之比为 48：52。加强农业产业化，重点发展优势产业，全力打造全国性农产品品牌；促进产业集群，使衡阳市由传统加工工业城市向现代加工工业与物流中心的方向发展，培植具有省级或全国意义的主导产业，重塑湘南经济中心地位。

（三）大力推进城镇化

基本形成以中心城市为核心，若干特色小城镇共同构筑的规模有序、布局合理、健康发展的城镇体系。确定衡阳中心城区的中心城市地位，积极培育耒阳、南岳—开云—新塘、西渡 3 个次中心城市和若干重点城镇及特色小城镇，构建带动地区经济发展的增长极，形成以城市为龙头，以重点城镇为依托，以特色小城镇为支撑的城镇体系。充分发挥中心城市的带动作用，加快城镇基础设施和社会设施建设，引导社会资金向重点城镇集中，扩大城镇用地和人口规模，大幅度提高城镇化水平。

（四）贯彻落实科学发展观

坚持科学发展观，努力构建社会主义和谐社会。严格控制单位 GDP 能耗、工业三废排放量，增加工业产品附加值，提高经济效率；大力改善公共服务环境，坚定不移地改善民生，贯彻落实国家教育制度、医疗制度、和城乡养老保险制度；加大环境保护和治理力度，大力构建资源节约型和环境友好型社会，促进人口、资源、环境与经济发展、城镇建设相协调。

（五）大力提高人民生活水平

千方百计增加人民收入，规划期内力争城镇居民年人均可支配收入年均增长率保持在 6%，预计 2010 年达到 13000 元之多，2020 年突破 3 万元。农村居民年人均可支配收入年均增长率 9%。保持恩格尔系数下降趋势，并加快其下降速度，重点关注农村人民生活水平。改善城乡居民的人居环境、出行、健康保障等条件，丰富其精神文化生活。

二、城镇化发展战略

城镇化发展战略是地区城镇化发展的统领。从战略思想、战略目标和战略措施三个方面进行制定。

（一）城镇化发展战略思想

1. 充分利用地缘、交通条件，优化产业结构增强经济实力战略

充分利用地缘经济优势，发展衡阳市经济的外向度。首先应密切关注珠江三角洲经济发展动态，利用 107 国道、京珠高速、京广线等接纳其经济辐射。抓住珠三角产业升级、部分产业内迁的机遇，大力发展劳动密集型的加工工业，提高工业化程度，形成加工型城镇。其次，衡阳市东经浙赣、沪杭线可与长三角经济圈相连，衡阳市应强化与其之间的经济联系，吸引投资，形成新的支柱产业。充分利用优越的交通条件，发展以物流为核心的生产服务业。整合现有物流资源，培育现代物流企业，加快建设松木、茶山坳、铜桥港等综合物流园区，积极发展耒阳市东江、衡东县大浦、祁东县洪桥等物流配送中心。形成布局合理、装备先进、运作规范的现代流通服务体系。

2. 优势倾斜，着力提升，依次打造各等级层次增长极战略

衡阳市域城镇体系总体表现为中等规模城市缺乏，而低等城镇数目过于庞大。因此，这就要求衡阳市在健全城镇体系过程中，加强极化作用。极化过程中应整体把握两个基本点。首先，分区极化保证衡阳市域内每隔一定范围至少有一个不同等级的极核，兼顾公平，切勿出现经济死角（经济缺乏活力，过少外部经济辐射的地区）。其次，要使极核等级化，形成一个比较完整的极核体系。要以中心城区为核心，着力提高中心城区的规模经济，使其成为辐射全市的一级极核。另外重点发展耒阳市区、西渡等，使其成为二级极核。并且要加大其他县城和部分基础条件好、发展潜力大的建制镇的发展力度。在着重培养增长极的同时，应促进极核由集聚发展阶段向扩散阶段、高水平均衡阶段转变，防止地区经济发展水平差距扩大，极核周边地区经济空洞。

3. 积极主动融入"长株潭"城市群开发建设的战略

1997年，湖南省委、省政府启动长株潭城市群整体规划方案。"一点一线"为主要发展模式，即以长株潭为核心，以京广线为主要发展轴线进行开发。衡阳市正好位于这一轴线的重要位置。因此"一点一线"的开发战略的实施，无疑会进一步促进衡阳市各级城镇的快速发展。同时也应看到不利方面，北部长株潭3市的快速发展对衡阳市经济发展有一定的抑制作用。长株潭投资环境较衡阳占有明显优势，吸引了绝大部分较好的投资。但是这种劣势也可以转化为发展动力，这就需要衡阳市充分利用"长株潭"城市群建设的历史机遇，以积极主动的姿态融入城市群建设，准确定位，

发展特色经济，变革发展方式，改进产业结构，调整空间布局，优化成长机制，加强与外部经济联系和合作，极力打造湘中南地区经济发展的领跑者。

4. 简政放权，发展壮大县域经济，统筹城乡发展的战略

衡阳市在大力发展市区经济的同时实施"简政放权"即扩大县（市）的经济决策权、事务统筹权和社会管理权，增强县域经济的自主发展能力。引导各县（市）坚持市场导向，以开放促开发，加快发展速度，提高经济效益，优化经济结构，促进城乡协调发展。

5. 加大城乡基础设施投入力度，营造良好的经济发展环境的战略

衡阳市基础设施建设仍然存在一定的问题，其配套设施缺乏成为发展的主要瓶颈之一。衡阳市应努力抓好基础设施建设，为发展积蓄能量、增添后劲。首先需要集中力量抓好重点项目建设，其次要进一步深化投资体制改革，进一步打破基础设施领域的垄断行为，鼓励和引导社会资金进入合法的基础设施领域，建立和完善政府推动与市场推动相结合的多元化的基础设施建设投融资体系。另外，值得注意的是，在完善城区基础设施的同时，要本着"公平"的原则，加大对农村基础设施的投入，促进农业可持续发展。

（二）城镇化发展战略目标

1. 加快城镇化进程

充分发挥中心城市的带动作用，加快城镇基础设施和社会设施建设，引导社会资金向重点镇集中，扩大城镇用地和人口规模，大幅度提高城镇化水平。到 2010 年，全市城镇化水平达到 40% 左右，城镇人口为 293.6 万人左右；到 2020 年城镇化水平达到 50% 左右，城镇人口达到 385 万人左右。形成 1 个大城市，3 个中等城市，4 个县域中心镇，18 个重点镇的城镇体系。

2. 大力发展城镇经济

发挥政策优势，大力发展商贸、物流业，促进衡阳市由传统加工工业逐步向现代加工工业转变，大力培植具有省级或全国意义的主导产业，增强城市经济竞争力，重塑湘南经济中心地位。

3. 加快生态环境建设

坚持合理的工业布局和高标准的污染防治，严格控制湘江干流和支流的水污染，防止衡阳大源渡库区的水质性缺水。加强对现有自然保护区、森林公园、水源地和风景区等特殊生态功能区的保护建设，重视土地、岸线等稀缺资源的保护和合理利用，形成城乡生态安全格局。培育资源节约型的生产和生活方式。到2020年森林覆盖率达到60%，自然保护区面积占全市国土总面积的8%。

4. 提高教育科技水平

发挥城镇教育中心的功能，优化教育资源配置。用高新技术改造传统产业，实现城镇产业升级。到2010年衡阳地区的科技整体水平要迈进全省前列。到2020年，要达到高等水平，科技对经济增长的贡献率提高到55%以上。到2020年小学入学率、升学率和毕业率均达到100%，初中升高中比例达到90%，高等教育入学率达到30%左右，以乡镇为单位的青壮年非文盲率在95%以上。

5. 社会医疗保障

到2020年，全市人均期望寿命提高到78岁，人民群众健康主要指标达到中等发达国家水平，孕产妇和婴儿死亡率比2005年分别下降60%和55%，传染病总发病率控制在万分之六以内；实现人人享有初级卫生保障的目标，为全面实现小康社会提供健康保障。

（三）城镇化发展战略措施

1. 采取"圈层式结构"的经济区划模式，重点打造各级增长极

（1）构建以中心市区为内核，与中心市区距离20千米左右的衡阳县城、衡南县城、大浦镇、岣嵝乡等范围的内圈和包括耒阳市、常宁市、衡山县、南岳区、祁东县以及衡山县、衡南县、衡东县等处于内圈以外的区域范围的外圈三层经济区划空间结构。大力发展中心市区优势的工业和现代物流业，同时通过卫星城镇环与中心城市的便捷联系，将内圈产业的发展方向纳入中心市区的分工合作体系中。外圈发展成特色经济圈，以区域特色经济为主导，依托中心城市和卫星城镇环的研发和营销功能，构造区内区外有着紧密联系的经济体系。

（2）以内核中心城市为重点，逐步发展内圈中的卫星城镇和外圈中的集镇以及中心村，以各级增长极带动区域内经济共同发展。

2. 大力推动城镇化进程，不断完善城镇体系

通过政策引导，产业升级和调整工业布局等措施，吸引农村人口向城镇集聚，全面推进衡阳市的城镇化。统筹安排区域基础设施、社会设施，不断完善衡阳市城镇体系。

3. 加大基础设施建设投入力度，加快城镇化步伐

重点加强能源、交通、水利、信息等基础设施建设，完善基础设施建设与管理制度，全面提升区域内的基础设施水平，构建高水平发展的硬件平台，以加快城镇化进程。

5. 加强生态保护区和生态功能区建设，推进生态城市的创建

树立创建生态城市的长远目标，广泛开展生态城市、生态社区、生态村镇创建工作。在自然保护区和生态功能区建设的基础上，要合理划分适宜开发区和禁止开发区，引导工业、城镇发展合理布局。

6. 完善社会保障体系，促进社会安定以推动城镇化的发展

积极拓宽就业方向，增加就业机会，加快社会保障制度改革，完善社会保障体系，推动就业和社会保障事业全面、和谐、健康发展，促进经济发展，维护社会稳定。

三、城镇空间结构布局

城镇空间结构布局是地区城镇化发展的空间架构。从总体空间结构、城镇空间布局、点轴发展体系、城镇职能结构和城镇规模结构等方面进行制定。

（一）城镇总体空间结构

极化中心城市，形成区域经济增长的极核，集中发展部分区域，以带动市域经济的全面发展；重点发展沿京珠高速、京广线沿线、武广高铁周边所集聚的各种等级规模和不同特色的城镇，构筑支撑衡阳市域经济快速发展的一级城镇发展轴；在一级城镇发展主轴向两侧辐射的主要交通走廊上，培育7条二级城镇发展走廊，形成支撑县域经济发展的主体骨架，促进

衡阳市域经济的均衡发展。由此形成"极化一点,构筑一带,发展七廊"的城镇空间格局。

1. 极化一点

采取非均衡发展模式,完善中心城区功能,大力培植卫星城市,强化中心城区与南北两个副中心的经济联系,从而极化中心城市。

2. 构筑一带

响应湖南省"一点一线"发展战略,充分借助京珠高速公路、京广铁路、湘江、武广高铁构成的综合型交通经济运输走廊,建设北部的南岳—开云—新塘组团城市和南部的耒阳市区两个次中心,以及大浦镇、泉溪镇、云集镇、向阳镇、遥田镇、石湾镇、小水镇等一级城镇发展轴上的主要节点城镇,接纳中心城区和次中心城市的辐射,带动农业产业化和农村经济快速发展。

3. 发展七廊

接纳一级城镇发展轴线向外的辐射,沿336省道向衡东、邵阳方向,沿214省道向常宁和耒阳向安仁延伸,沿107国道、武广高速、岳阳—长株潭—衡阳城际铁路、衡岳高速向北发展次轴以及沿潭衡西高速公路次发展轴。形成7条二级城镇发展走廊,以极化中心城市,加强中心城区与其他等级城镇的联系。

(二)城镇空间布局

衡阳市城镇布局的建设要以便、迅捷的交通网络为基础,以交通干线为基础的开发轴构成网络结构,中心地同等级间、上下等级间都需要便利的路网系统支撑,形成中心城—次中心城市—重点城镇——一般集镇四个层次的城镇系统。

1. 中心城地域

中心城地域即衡阳市的5个市辖区雁峰区、石鼓区、珠晖区、蒸湘区以及南岳区。南岳区属于衡阳市的一个"飞地",通过107国道与城市城区相联结。将南岳风景名胜区同中心城区的发展作为一个整体,扩大衡阳城市区划面积,有利于强化和扶持中心城区。同时有利于重点发展沿湘江、京珠高速和京广铁路沿线的城镇,兼顾其他主要交通走廊上的城镇发展,带动和支撑县域经济的发展。

2. 次中心城市

次中心城市包括耒阳市区、南岳—开云—新塘组团式次中心以及西渡镇。耒阳市区位于衡阳市的西南部，在衡阳市域是仅次于中心城市的第二大城市，也是最具发展潜力的城市。京广铁路、京珠高速公路、107 国道、320 省道和耒水经过市区，是沟通湖南省与广东沿海地区联系的重要节点城市，因此，交通条件和区位条件非常优越。耒阳市区是处于省经济走廊上的主要城市，是市域一级城镇发展轴上重要的支撑点，同时也是一级城镇发展轴向两翼二级城镇发展轴辐射的关键极点。南岳—开云—新塘组团式次中心是由衡阳市的南岳区、衡山县的开云镇和衡东县的新塘镇组成的一个组团式非行政次中心。通过 107 国道与城市城区相联结，其本身也是连接紧密，可以形成一个以旅游业为中心的组团式城市。西渡镇通过 315 省道与中心城区相连接，距中心城区只有 27 千米的距离，因此，便于接纳中心城区的辐射。西渡也具有衡阳市"连塘接渡"的重要空间地位。

3. 重点城镇

重点城镇包括一些县域中心城市，如祁东县的洪桥、衡南县的云集、常宁市的宜阳以及衡东县的城关，也包括小水镇、松柏镇、向阳镇、白果镇、石湾镇、界牌镇、白地市、大浦镇这 9 个发展潜力大的城镇。洪桥交通便捷，322 国道、湘桂铁路横穿而过，洪太线、洪双线、洪河线与祁东县的其他城镇和乡村相联结。宜阳东与宜潭乡相连，南与板桥、三角塘两镇接壤，北与柏坊镇交界，西与新河镇、兰江乡毗邻，宜水、潭水在境内交会。辖地交通、通信设施完善，省道 214 线、320 线汇集于此。城关的交通四通八达，京广铁路、京珠高速公路、315 省道横穿城关，南通衡阳，北抵株洲、湘潭、长沙，是长株潭经济区的辐射区，东连攸县、茶陵，西至衡山火车站。云集位于 107 国道和 214 省道的中间，湘江横穿城区，具有便利的水陆交通运输体系。尤其是随着南岳机场（所在地云集镇）的建成，其交通优势会进一步增强。9 个最具有发展潜力的城镇一般都具有良好的区位条件，具有高速公路出入口，接近中心城区或次中心城市，具有主要交通干线，如有高速公路、国道或省道经过等，发展潜力巨大。

4. 一般城镇

一般城镇包括夏塘镇、新市镇、竹市镇、黄市镇、荫田镇、车江镇、东湖镇等县域城镇。一般城镇主要是依托本地资源和区位条件发展，加强与中心城区和次中心城市的联系，逐步发展壮大自身。其本身的发展情况有些已经不错了，但仍需继续加大力度，努力提升城镇水平。夏塘镇是伟大的造纸术发明家蔡伦的故乡，水陆空交通俱全，京广铁路、107 国道、京珠高速公路纵穿南北，连通闽南、赣南、湘南的 1817 省道横贯东西，武广高速铁路穿越全境，并设夏塘镇站；耒水、舂陵江四季通航；枫冲机场拟军民两用。新市镇地处耒阳市东北部，京珠高速公路穿境而过，并设联络出口直达 107 国道，地理位置优越，交通网络发达，历史渊源悠久，人文底蕴深厚，是一座千年古镇。东湖镇东湖依傍"五岳独秀"的南岳衡山，距衡山县城和衡山火车站 40 千米，距衡阳市区与火车站 72 千米，距 107 国道22 千米，距京珠高速公路 26 千米。南（岳）马（迹）线、泗（同坳）东（湖）线在境内纵横贯穿，交通十分方便。竹市镇政府驻地距离耒阳市城区10 千米，并有公交运营。320 省道线穿境而过，是耒阳耒水东岸各乡镇进入城区的必经之处，交通便利。黄市镇耒水沿边界而过，既有公路直达，又有水路通航，还有与京广铁路相连的永耒铁路。距离内宜高速金银湖出口仅 6 千米，交通便捷。常宁市荫田镇交通便利，省道 320 线穿境而过，是常宁连京珠、京广、107 国道的"东大门"，舂陵河自南向北沿境汇入湘江，水路畅通。

（三）点轴发展体系

1. 城镇发展主轴

石湾镇—大浦镇—中心城区—泉溪镇—云集镇—向阳镇—新市镇—遥田镇—耒阳市区—竹市镇—小水镇—黄市镇。沿 107 国道、京珠高速、京广铁路、武广高铁将湘江的南北城镇发展为主轴。

2. 城镇发展次轴

（1）中心城市—茶山坳镇—大浦镇—城关镇—甘溪镇—杨桥镇。沿 315省道、衡大高速向东北延伸的发展次轴。

（2）中心城镇—呆鹰岭镇—西渡—演坡镇—金兰镇。沿 315 省道、衡邵高速向西北延伸的发展次轴。

（3）中心城市—车江镇—松柏镇—松坊镇—常宁市—板桥镇—罗桥镇—庙前镇。沿214省道和京珠高速复线向西南延伸的发展次轴。

（4）中心城市—三塘镇—塘子山镇—泉湖镇—鸡笼镇—白鹤浦镇—洪桥镇—风石堰镇—白地市镇。沿322国道和湘桂铁路向西延伸的发展次轴。

（5）河洲镇—新河镇—官岭镇—常宁市区—盐湖镇—荫田镇—南京镇—耒阳市区—竹市镇—东湖迁镇。沿320省道、娄衡茶高速东西发展次轴。

（6）中心城市—松木镇—樟木镇—店门镇—南岳镇。沿107国道、岳阳—长株潭—衡阳城际铁路、衡岳高速向北延伸发展次轴。

（7）中心城市—集兵镇—佝偻镇—界牌镇—东湖镇—白果镇。沿潭衡西高速公路向北延伸的发展次轴。

（四）城镇职能结构

衡阳市主要城镇发展定位。

（1）中心城区。

衡阳市区的职能定位：湘南区域性的经济、文化中心，重要的交通枢纽和加工工业基地，历史文化名城，商贸、现代物流和旅游业服务基地。

（2）次中心城市。

耒阳市：衡阳市南部最大的次中心城市，湘南现代经济和商贸中心之一，重要的交通枢纽。

西渡镇：（衡阳县）衡阳市中西部地区的重要次中心城市，现代工业和商贸中心。

南岳—开云—新塘镇：衡阳市域北部最大的次中心区，全国性旅游中心地。

（3）县域中心城市。

宜阳镇：常宁市政治、经济、文化中心，现代工贸和农产品加工基地。

洪桥镇：祁东中心市场，县域政治、经济、文化中心，以现代工贸为主的综合型城市。

城关镇：（衡东县）以现代商贸为主的县域政治、经济、文化中心，衡阳北部最大的商贸集散地，省经济走廊和市域一级城镇发展轴上重要的城镇。

云集镇：（衡南县）农业大镇，县域政治、文化、科技中心，衡阳市的新型卫星城市，现代园林城市。

（4）重点中心镇。

白果镇：（衡山县）衡山县第二政治经济文化中心，以林产品加工和商贸为主的综合性城镇。

大浦镇：（衡东县）衡东县最大的工业城镇和商贸中心，衡阳市的卫星城。

石湾镇：（衡东县）以日用和有色金属冶炼为主的工业型城镇，商贸中心。

三塘镇：（衡南县）以化工、制药、机械为主的工贸型城镇，衡阳市的卫星城。

小水镇：（耒阳市）耒阳市的南大门，南部重要的综合性城镇。

松柏镇：（常宁市）以有色金属开采和加工为主的工矿型城镇。

界牌镇：（衡阳县）以陶瓷为主的工业城镇。

白地市：（祁东县）以工矿为主的城镇。

（五）城镇等级规模结构

根据各城镇远期（2020 年）人口预测规模的频率分布特征，以 5.0、10.0、20.0、50.0、100.0 万人为界，将城镇划分为 5 个等级（见表 12-1）。衡阳市市域将逐渐建成以衡阳市为中心城市，耒阳、南岳—开云—新塘、西渡 3 个次中心城市，带动其他小城市、小城镇的发展。市域城镇规模结构进一步得到优化，并与经济、社会、环境更加协调发展。做大做强中心城市，加强现有中心城镇的综合实力，积极有序的培育新兴中心城镇，到规划期末，市域各级城镇规模得到普遍提升，初步形成特大、中等、小城市和小城镇协调发展的格局；接近中心城区的城镇规模等级提升加快，经济职能上与中心城区出现明确的分工和互补关系；主要交通沿线的城镇等级提升明显，出现支撑地区经济的发展轴；特色明显的重点城镇逐步形成；建制镇的数量有所减少，但每个建制镇的规模都将得到扩大，通过撤并等区划手段，加快衡阳市重点小城镇的人口、经济集聚程度，推动市域城镇化进程。

表 12-1 衡阳市城镇等级结构 (2020 年)

序列	城镇规模（万人）	城镇数	城镇总人口（万人）	城镇名称
Ⅰ	>100.0	1	135	中心城区（135）
Ⅱ	50—100	1		耒阳市区（50）
Ⅲ	20.0—50.0	3	70	南岳—开云—新塘镇（20.0）、西渡镇（20.0）
Ⅳ	10.0—20.0	4	45	洪桥镇（12.0）、宜阳镇（12.0）、城关镇（11.0）、云集镇（10.0）
Ⅴ	<10.0	18	57	松柏镇（7.0）、三塘镇（6.0）、大浦镇（6.0）、界牌镇（5.0）、柏坊镇（5.0）、向阳镇（5.0）、车江镇（5.0）、石湾镇（4.0）、小水镇（3.0）、归阳镇（2.0）渣江镇（1.5）、步云桥镇（1.5）、荫田镇（1.0）、白果镇（1.0）、竹市镇（1.0）、新市（1.0）、新桥镇（1.0）、夏塘镇（1.0）
合计		27	307	

四、实施衡阳市城镇体系规划的对策和建议

城镇体系规划的实施是规划的关键一环，规划的统筹调控作用关键要用实施去落实。以下从监督、制度、协调等方面提出了建议。

（一）加强管理，实施监督，深化和落实衡阳市城镇体系规划

建立健全城市规划的监督检查制度。发挥法律监督、行政监督、舆论监督和群众监督的作用，对规划实施情况进行监督检查，认真查处和纠正各种违反规划的行为，加大对违法建设打击力度。加强规划管理队伍的建设，重视人才培养、教育和引进。加快现代化技术手段在规划领域中的应用，统一管理规划建设基础信息，提高规划管理水平。同时应进一步明确各级人民政府的职责与任务，形成完善的管理体系。

（二）加强规划实施的相关制度建设

制定城乡一体化发展政策，包括产业发展，城乡市政公用设施发展，城乡交通一体化等方面的促进政策。加强城乡统筹发展的制度建设，完善城乡之间的财政转移支付、公共资源交易、排污权交易、生态公益林补偿等制度建设。完善重点镇和中心村发展建设的相关配套政策，给予农村地区政策优势，促进城乡协调发展。

（三）推动与周边市际之间的联系，协调市域内部之间发展

按照市场经济的要求，立足于自身优势，利用优越的交通条件，加强与周边市的经济联系，特别是长株潭三市。开发和推进多种形式的横向经济联合，形成真正意义上的物流、人流、资金。协调市域内部各县发展，培育各县特色经济，公平合理的安排各项重点基础设施项目的建设。实现县际资源的合理配置，增强城镇在社会经济发展中的带动作用。

规划文本评析：

在《区域规划》课程实习期间，2008级的谭勇、全爱华、黄福明、蒋芝、刘欢、刘静、刘新、罗忠平、罗永强、彭梅、全爱华、夏妮、徐殿坤、周文瑞、邹云龙16位同学组成的实习小组，选取了衡阳市城镇体系规划进行模拟，从规划总则、社会经济发展战略、城镇化发展战略、城镇空间结构布局、实施衡阳市城镇体系规划的对策和建议和附则六个部分进行编制。总体来看，基本学会了编制市级城镇体系规划的基本流程、基本内容和基本规则。文字表达通畅，思路清晰，层次结构合理。不足之处：规划研究稍显不足、规划论证的逻辑性较弱，语言表达上还有改进空间。综合来看，这是一个比较优秀的课程作业。

第十三章
感知乡土文化的土地利用规划

南岳衡山作为中华"五岳名山"之一，是首批国家重点风景名胜区、全国首批 AAAAA 级旅游景区和国家级自然保护区，其社会经济高速发展对现有土地利用结构布局提出了新的要求，同时一些欠缺控制的用地活动给景区保护带来了巨大压力。为了贯彻"十分珍惜和合理利用土地，切实保护耕地"的基本国策，严格保护南岳风景名胜区自然、人文景观资源，控制建设用地无序扩张，促进各类建设用地节约集约利用，科学引导、规范各项土地利用活动，南岳区人民政府根据《中华人民共和国土地管理法》的有关规定，按照《衡阳市土地利用总体规划（2010～2020 年）》要求，组织编制了《南岳区土地利用总体规划（2006～2020 年）》[①]（以下简称《规划》）。《规划》是规划期内南岳区土地开发、利用、整治和保护的纲领性文件，是规范城乡建设用地及土地管理的重要手段，是加强土地宏观调控和实行土地用途管制的主要依据。《规划》全面分析了南岳区土地利用面临的形势和任务，阐明了南岳区土地利用战略构想、总体目标和完成总体目标需着力开展的各项工作，制订了各业用地结构与布局优化调整方案，提出了规划实施的保障措施。

一、总则

以"十分珍惜和合理利用每寸土地，切实保护耕地"的基本国策为指

---

① 参见《南岳区土地利用总体规划（2006～2020 年）》部分内容。

导，以科学发展观和"两型社会"建设为统领，以"节约与集约利用土地"为核心，在促进南岳风景名胜区建设的前提下，立足湖南省"3+5"城市群建设、湘南开发、大南岳旅游圈建设、申报世界自然和文化双遗产等区域发展形势与背景，结合区域土地资源特征，突出区域旅游特色，正确处理保护与发展的关系，合理调整土地利用结构，优化土地利用空间，促进南岳区经济社会与土地利用的协调发展。

（一）规划原则

1. 强调土地美学价值与生态价值

南岳区衡山作为中华"五岳名山"之一，是首批国家重点风景名胜区、全国首批 AAAAA 级旅游景区和国家级自然保护区，土地不同于传统土地概念侧重社会经济属性，它更接近"景观"的概念。重新认识南岳区土地的多重价值，强调土地美学价值和生态价值及其带给人类的长期效益，并确定与之相适应的土地利用原则、方法及管理手段。

2. 生态保护与旅游发展双赢

协调旅游发展与生态环境保护关系，积极推进生态旅游模式，把生态保护作为旅游发展的基本前提，旅游景点开发、服务设施建设要与区域环境容量相适应，在生态建设中提升旅游发展质量。

3. 积极保护耕地和基本农田

认真贯彻"十分珍惜、合理利用土地和切实保护耕地"的基本国策，把耕地和基本农田保护放在重要位置，进一步强化耕地和基本农田的数量、质量和生态全面管护。

4. 因地制宜，实施空间管制

从南岳区实际出发，充分考虑各地社会经济发展阶段和趋势，基于整体发展定位及规划区东部丘陵与西部山地的地貌差异，实行差别化引导，提出合理的土地用途分区方案，全面落实土地用途区管制制度。

5. 突出重点，统筹安排

根据经济社会发展对土地利用的非均衡性，解决土地利用主要矛盾，保证重点区域、重点项目的用地需求，统筹安排各类型、各区域用地。

6. 注重实施，高效利用

加强规划方案的具体化与针对性，确保其可操作性；严格保护土地资源，切实转变土地利用方式，提高农业综合生产能力和非农建设用地单位产值，建设旅游优势突出、特色鲜明的"绿色南岳"。

（二）规划期限与范围

1. 规划期限

本规划期限为 2010—2020 年，基期年为 2008 年，近期目标年为 2015 年，规划目标年为 2020 年。

2. 规划范围

规划范围为南岳区所辖全部行政区域，总面积 179.13 平方千米。下辖南岳镇、岳林乡、拜殿乡、龙凤乡 4 个乡镇及南岳林场、树木园和园艺场。

二、区域概况

南岳区是以"五岳独秀""文明奥区""宗教圣地""中华寿岳""洞天福地"为主要景观特色，以观光游览、宗教祭祀、文化探源、生态休闲为主要活动内容的综合性山岳型国家重点风景名胜区，也是以保护珍稀生物为主，同时保护各类植被和其他自然资源，进行资源管理和综合经营利用的孤立山系、亚热带中山森林生态系统的国家级自然保护区。

（一）地理区位概况

南岳区位于湖南省中部偏东南，衡阳市北部，地处东经 112°33′44″至 112°46′34″，北纬 27°11′29″至 27°20′5″之间，西部与衡阳县毗邻，东、南、北部皆与衡山县接壤。南岳区交通便利，北距长沙市 146 千米；南距衡阳市 51 千米，东离衡山火车站仅 15 千米，紧邻规划修建的南岳机场。107 国道及规划建设中的武广高速铁路客运专线自西南向东北从区内穿过，直通省会长沙市与衡阳市区。京广铁路、京珠高速傍南岳区东部而过，加强了与粤港地区的联系。南岳区位于衡阳、湘潭、株洲经济三角区的结合部，既是湖南离广州、香港、澳门较近的风景旅游区，又是湖南向沿海地区和港澳市场开放的重要"窗口"，区位优势十分明显。

（二）自然环境概况

南岳区地处衡山山脉中心，地形复杂，以山地、丘陵为主，兼有岗地。全区属中亚热带季风湿润气候，四季分明，常年主导风向为东北风，年平均气温为 17.5℃，无霜期平均为 283 天，年均降水量山脚为 1440 毫米，山顶为 2045.48 毫米。全区土地肥沃，气候湿润，物产丰富。区内生态环境优良，森林资源丰富，有广济寺、方广寺、藏经殿、龙池、上封寺、水口山、常在庵等原始次生林 7 处，总面积 1.73 平方千米，占全区总土地面积的 0.95%，占全区林地面积的 1.14%；全区森林覆盖率达 76.68%，中心景区森林覆盖率达 91%。有松、楠竹等自然植物 1200 多种，其中，金钱松、摇钱树、银杏等珍贵树种 150 多种。

（三）社会经济概况

2008 年末，南岳区辖祝融街道和南岳镇、岳林乡、拜殿乡、龙凤乡 4 个乡镇及南岳林场、树木园和园艺场；总人口 54027 人，其中非农人口 22406 人，占总人口的 41.47%，人口密度 302 人/平方千米。南岳区衡山作为中华"五岳名山"之一，是首批国家重点风景名胜区、全国首批 AAAAA 级旅游景区和国家级自然保护区，历史悠久，人文荟萃，是湖湘文化的发祥地，特别是佛教文化，源远流长，远近闻名。全区经济发展以旅游业为支柱产业，配套发展餐饮、住宿、交通、商贸等服务业。同时坚持旅游带动工业、反哺农业的发展方针，大力发展焚化品、寿文化、宗教文化、旅游工艺、僧道服装等旅游商品加工业；积极促进传统农业向旅游、观光、生态、高效农业转变，发展席草、花卉苗木、无公害蔬菜、云雾茶、生猪、黑山羊养殖等特色农业。2008 年，全区生产总值为 7.39 亿元，比上年增长 16.7%。其中，第一产业增加值 1.73 亿元，增长 9.5%；第二产业增加值 1.27 亿元，增长 2.2%；第三产业增加值 4.95 亿元，增长 23%。全区社会固定资产投资 2.28 亿元，增长 15%。人均生产总值 11824 元。

三、土地利用现状与潜力

2008 年末，全区总面积 179.13 平方千米，其中农用地 14.912 平方千米，建设用地 11.92 平方千米，未利用土地 17.18 平方千米，分别占土地总面积的 83.76%、6.66%、9.58%。农用地中，耕地面积 1967 公顷，林地面积 11701 公顷，分别占农用地总面积的 10.98% 和 65.32%。建设用地中，农村居民点用地 427 公顷，城镇工矿用地 540 公顷，分别占建设用地总面积的 35.79%、45.26%。

（一）土地利用现状特征

1. 风景旅游用地特色鲜明

南岳区衡山作为中华"五岳名山"之一，是首批国家重点风景名胜区、全国首批 AAAAA 级旅游景区和国家级自然保护区，目前正在申报世界自然和文化双遗产。风景名胜区的总面积 107.70 平方千米，占全区土地总面积的 59.73%，其中风景游览区域面积 48.50 平方千米，占风景名胜区总面积的 45.03%。

2. 土地利用类型多样，以农用地为主

南岳区农用地总面积为 149.12 平方千米，占全区土地总面积的 83.75%。农用地中，林地面积最大，其次为耕地，分别占土地总面积的 65.32% 和 10.98%，有利于农业和林业经济的综合开发。

3. 城镇用地规模小

南岳区是全省面积最小的县级行政区域，总面积仅 179.13 平方千米，人口只有 5.4 万人，中心城区建设用地面积仅 5.34 平方千米。

4. 土地利用结构地域差异明显

区内地势由西向东倾斜，土地利用结构地域差异明显。东部丘岗区约占全区总面积的三分之一，以耕地、建制镇用地、农村居民点用地为主，主要分布有南岳镇、园艺场；西部高山区约占全区总面积的三分之二，以林地、未利用地为主，主要分布有龙凤乡、拜殿乡、岳林乡以及南岳林场、树木园。

（二）土地利用存在的主要问题

1. 景区范围内农村居民点数量大、布局不合理

区内相当一部分农村居民点分布在祝融峰、禹王城、藏经殿、磨镜台、忠烈祠等景区以及海拔高、坡度大的不适宜居住山区，建设条件较差，布局调控难度大。全区 30 个行政村中位于景区范围的行政村有 14 个，村民组 221

个，占村民组总数 356 个的 62%，其中白龙、延寿等规模较大的行政村位于核心景区内。另外，位于坡度大于 25 度的村民组有 40 个，占村民组总数的 11.24%，位于海拔高于 800 米的村民组有 23 个，占村民组总数的 6.5%。

2. 建设用地扩张与农用地保护矛盾日益突出

随着经济社会发展与人口增加，城镇、工矿建设以及水利交通与能源等基础设施建设用地需求不断增加，城区周边用地扩张比较明显，土地的供需不平衡进一步扩大，造成建设用地扩张与农用地保护矛盾日益突出。全区人均耕地呈逐年下降趋势，据统计，2008 年南岳区人均耕地 0.031 公顷，比 1996 年的 0.037 公顷减少了 0.006 公顷，比衡阳市平均水平 0.051 公顷低 0.02 公顷。

3. 土地集约与节约利用水平不高，引导农居点集中建设难度大

1996—2008 年，随着城镇化水平的不断推进，全区城镇建设用地规模呈持续增长趋势，但城区周边用地方式比较粗放，分布格局不尽合理。与此同时，城镇内部依然存在一定的存量土地与低效用地，土地利用粗放程度比较高。农村居民点分布松散，农村居民点人均用地面积 160 平方米，存在一定整理空间。另外，受本地地形、农村传统生产生活方式、土地管理制度、居住习惯等因素制约，引导农居点集中建设的难度大。

4. 旅游经济发展对生态环境保护形成巨大压力

随着旅游开发强度日益增大，游客活动、景点开发以及交通、住宿、餐饮等基础与服务性设施建设，均对南岳区自然生态环境保护造成巨大压力。景区内"人工化、商业化"痕迹比较突出，原有自然生态景观、生物多样性遭到破坏，生态环境质量和土地生态安全受到威胁。

（三）土地利用潜力

1. 土地整理复垦开发新增耕地潜力

全区土地整理复垦开发补充耕地潜力为 3.24 平方千米，其中耕地整理新增耕地潜力 53 公顷，土地复垦新增耕地潜力 15 公顷，农村居民点整理新增耕地潜力 103 公顷，土地开发新增耕地潜力 153 公顷。

2. 建设用地集约利用潜力

全区建设用地集约节约利用潜力为 59 公顷，其中城镇建设用地集约利

用潜力 3 公顷，独立工矿及特殊用地集约利用潜力 3 公顷，农村居民点集约利用潜力 53 公顷。

四、土地利用规划目标

保障南岳区经济社会可持续发展，落实《衡阳市土地利用总体规划（2010—2020 年）》下达的任务，确保规划期内保护耕地与基本农田、合理控制建设用地、切实保护生态用地与风景旅游用地、逐步提高土地利用效率等规划目标的实现。

（一）耕地与基本农田保护目标

2008 年，全区耕地面积 1967 公顷。到 2010 年全区耕地保有量不低于 1833 公顷，到 2020 年不低于 1747 公顷。规划期间，基本农田保护面积不低于 957 公顷。

（二）建设用地控制目标

2008 年，全区建设用地总规模 1192 公顷，其中，城乡建设用地 966 公顷，城镇工矿用地 539 公顷，交通水利设施用地 115 公顷。到 2010 年，建设用地总规模不突破 1327 公顷，其中，城乡建设用地 1056 公顷，城镇工矿用地 685 公顷，交通水利设施用地 150 公顷。到 2020 年，建设用地总规模不突破 1588 公顷，其中，城乡建设用地 1265 公顷，城镇工矿用地 958 公顷，交通水利设施用地 175 公顷。

（三）土地整理复垦开发目标

2010—2012 年共补充耕地 24 公顷，其中，土地整理补充耕地 13 公顷，土地复垦补充耕地 1 公顷，土地开发补充耕地 10 公顷。2012—2020 年共补充耕地 50 公顷，其中，土地整理补充耕地 20 公顷，土地复垦补充耕地 5 公顷，土地开发补充耕地 25 公顷。

（四）土地生态保护目标

通过荒山绿化、巩固生态退耕成果等使林地面积逐步增加。到 2020 年，林地面积占土地总面积比重不低于 65%，森林覆盖率不低于 80%。对土地开发利用行为进行环境约束，重点保护生态公益林、饮用水源保护区、自然保护区、风景名胜区等，确保具有改善生态环境作用的耕地、园地、林地、牧草地、水域等地类面积占总面积比例的80%以上。

五、土地利用结构调整

按照经济社会发展的客观要求，合理调整各类用地结构，基本稳定农用地面积，科学保障建设用地规模，合理引导未利用地开发。

（一）农用地结构调整

加强对农用地结构调整的引导，确保不因农用地结构调整降低耕地保有量。整理废弃园地，加强生态公益林建设，稳定园地与林地面积。到2010年，全区农用地面积14828公顷，占土地总面积的82.73%，较2008年减少84公顷；到2020年，农用地面积14722公顷，占土地总面积的82.19%，较2008年减少190公顷。

1. 耕地

规划至2010年，全区耕地面积1833公顷，占土地总面积的10.23%，较2008年减少134公顷；到2020年，耕地面积1747公顷，占土地总面积的9.75%，较2008年减少220公顷。减少的耕地主要用于建设占用耕地以及生态退耕。

2. 园地

规划至2010年，全区园地面积190公顷，占土地总面积的1.06%，较2008年增加10公顷；到2020年，园地面积200公顷，占土地总面积的1.12%，较2008年增加20公顷。增加的园地面积主要来自农村居民点用地整理。

3. 林地

规划至2010年，全区林地面积11801公顷，占土地总面积的65.88%，较2008年增加100公顷；到2020年，林地面积11851公顷，占土地总面积的66.16%，较2008年增加150公顷。增加的林地面积主要来自农村居民点用地整理，生态退耕与未利用地开发。

4. 其他农用地

规划至2010年，全区其他农用地面积1004公顷，占土地总面积的5.6%，较2008年减少60公顷；到2020年，其他农用地面积924公顷，占土地总面积的 5.16%，较 2008 年减少 140 公顷。减少的其他农用地主要用于耕地整理与建设占用。

（二）建设用地结构调整

以实现人口、经济与建设用地协调增长，科学保障发展用地需求为目标，合理控制建设用地规模，优化建设用地结构。到 2010 年，建设用地总规模 1372 公顷，占土地总面积的 7.66%，较 2008 年增加 180 公顷；到 2020年，建设用地总规模 1588 公顷，占土地总面积的 8.87%，较 2008 年增加396 公顷。

1. 城镇工矿用地

规划至 2010 年，全区城镇工矿用地面积 685 公顷，占土地总面积的3.85%，较 2008 年增加 146 公顷；到 2020 年，城镇工矿用地面积 978 公顷，占土地总面积的 5.46%，较 2008 年增加 439 公顷。增加的城镇工矿用地主要来自建设占用耕地、农村居民点整理与未利用地开发。

2. 农村居民点用地

规划至 2010 年，全区农村居民点用地面积 371 公顷，占土地总面积的2.07%，较 2008 年减少 56 公顷；到 2020 年，农村居民点用地面积 287 公顷，占土地总面积的 1.60%，较 2008 年减少 140 公顷。减少的农村居民点用地一部分被整理为耕地、园地、林地等，一部分转化为城镇工矿用地及交通水利设施用地。

3. 交通水利用地

规划至 2010 年，全区交通水利用地面积 150 公顷，占土地总面积的0.84%，较 2008 年增加 35 公顷；到 2020 年，交通水利用地面积 175 公顷，占土地总面积的 0.98%，较 2008 年增加 60 公顷。增加的交通水利用地主要来自建设占用耕地与未利用地开发。

4. 其他建设用地

规划至 2010 年，全区其他建设用地面积 121 公顷，占土地总面积的0.68%，较 2008 年增加 10 公顷；到 2020 年，其他建设用地面积 148 公顷，占土地总面积的 0.83%，较 2008 年增加 37 公顷。增加的其他建设用地主要用于风景名胜设施用地安排。

（三）未利用地结构调整

规划至 2010 年，全区未利用地面积 1733 公顷，占土地总面积的 9.67%，较 2008 年减少 76 公顷；到 2020 年，未利用地面积 1603 公顷，占土地总面积的 8.95%，较 2008 年减少 206 公顷。减少的未利用地一部分被开发为耕地、园地、林地等，一部分被建设占用。

1. 水域

规划至 2010 年，全区水域面积 100 公顷，占土地总面积的 0.56%，较 2008 年减少 5 公顷；到 2020 年，水域面积 95 公顷，占土地总面积的 0.53%，较 2008 年减少 10 公顷。

2. 滩涂沼泽

规划至 2010 年，全区滩涂沼泽面积 10 公顷，占土地总面积的 0.06%，较 2008 年减少 2 公顷；到 2020 年，滩涂沼泽面积 10 公顷，占土地总面积的 0.06%，较 2008 年减少 2 公顷。

3. 自然保留地

规划至 2010 年，全区自然保留地面积 1623 公顷，占土地总面积的 9.06%，较 2008 年减少 69 公顷；到 2020 年，自然保留地面积 1498 公顷，占土地总面积的 8.36%，较 2008 年减少 194 公顷。

六、土地利用布局优化

土地利用布局是土地利用的空间呈现。其布局是否合理是土地利用效益评价的重要内容。以下从生态、农业、建设等方面进行说明。

（一）生态用地布局优化

维护和改善区域生态安全格局，形成基本的国土生态屏障。根据南岳区地貌特色，基于景观生态学"基质—斑块—廊道"结构模式，分析生态敏感性，充分发挥耕地、林地、园地以及水域生态功能，构建全区"一山八水十一田"的生态安全格局以及城区"斑块—廊道—节点"生态安全格局。

1. 构建"一山八水十一田"区域生态安全格局

一山：精心保护衡山山系，加大南岳衡山自然保护区与风景名胜区生态保护力度。

八水：重点保护丰收、银星、华严湖、兴隆、大禾田、水帘洞、白龙潭、运牛塘等水库，维系河道湖泊自然形态，确保水源安全。

十一田：积极建设十一片重点基本农田保护区。

2. 构建"斑块—廊道—节点"城区生态安全格局

斑块：加强天子山公园建设，鼓励在城区内保留连片、大面积农地、山体、水面作为城市永久绿地，禁止建设占用规划确定的永久性绿地。严格保护周边自然山体和基本农田，作为南岳的外围生态空间，结合星罗棋布的居住区内的中心绿地、组团绿地、宅前绿地、各单位绿地、防护绿地等构成一个遍布城市的绿色面。

廊道：严格保护城镇空间体系控制的生态走廊。利用祝融路、衡山路、黄金路、新107国道等沿路防护绿带，以及古镇沿河绿带，将外围自然环境连接到城区公共绿地和居住区庭院绿地，形成各类型的绿色走廊。

节点：保留现有绿化广场，利用文物古迹、标志性节点和保留山体等增设公园、街头绿地和绿化广场，共同构成串接在绿化网络上的若干绿核。

（二）农用地布局优化

充分考虑各乡（镇）受水文、土壤等自然因素影响的土地适应性，结合各乡（镇）发展定位、农业类型转变等经济社会因素，在有效保护现有耕地、确保粮食综合生产能力不降低的前提下优化农用地布局，提高农用地产出效率，形成"一圈一带三区"农用地空间格局。

1. "一圈"——城郊农业圈

充分发挥农用地尤其是耕地生产、生态、景观多重功能，在中心城区外围保留部分农用地尤其是耕地，形成城郊农业圈。圈内农业种植结构以城区消费市场为导向，主要种植蔬菜、水果、花卉、苗木等，发展城郊型农业。同时该农业圈可作为城郊绿色开敞空间体系，有效控制城镇"摊大饼"式外延。

2. "一带"——休闲观光农业带

以南岳镇黄竹农业观光园为依托，结合水帘洞景区开发，沿南水路建设南岳区休闲观光农业带。利用带内耕地、林地、水域等资源，以田园化的空间形态，安排设计林间狩猎、水面垂钓、采摘果实等休闲活动，形成可观、可游，并具有科普教育和较高参与性的旅游农业带。

3. "三区"—东部丘岗优质水稻耕作区、西北山地茶—药—笋特色农业区以及西南山地生态林业区

东部丘岗优质水稻耕作区：依托南岳镇东北与东南部耕地集中连片、地势低平的优势，形成基本农田保护区，严格执行基本农田保护制度，发展优质水稻种植业。

西北山地茶—药—笋特色农业区：依托西北山区龙凤乡、岳林乡高山地势与气候特征以及南岳旅游消费市场优势，扩大现有园地规模，开发区域内特有的名优产品，形成以高山云雾茶、黄连、雷笋等农产品为主导的特色农业区。

西南山地生态林业区：依托西南山区拜殿乡、岳林乡、南岳林场林地资源优势，结合南岳衡山国家级自然保护区建设需要，根据当地气候和环境特点，调整林业产业结构，使其日趋合理，以生态林建设为主，适度发展楠竹等生态、经济两用林，充分发挥林业生态、社会和经济效益。

（三）建设用地布局优化

优化全区建设用地布局，要结合经济社会发展规划，保障重点地区、重要项目用地，推进产业向园区集中、人口向城镇集中、住宅向社区集中，提高基础设施运行能力和效益，有效控制建设用地规模，充分体现各类用地的功能性和合理分区，体现不同区域的协调性。

1. 城镇建设用地布局优化

在不突破城镇用地规模的前提下，城镇建设用地采用紧凑式组团方式，形成"一核三区"的城镇用地布局结构："一核"指天子山生态公园，为整个城市的生态核；"三区"即古镇游览及旅游服务区、居民生活居住及公共服务区、旅游产品加工区。古镇游览及旅游服务区指城市中衡山路以北区域，面积2.8平方千米，该区是以古镇游览和旅游服务为主，以行政用地和居住为辅；生活居住及公共服务区指衡山路以南除工业和仓储物流用地的城市建设区域，面积4.5平方千米（包括天子山生态核），该区主要以居住和城市公共设施为主要功能；旅游产品加工区主要指黄金路南侧的旅游产品加工及与其配套的仓储物流区，总用地约2.3平方千米。

2. 工矿用地布局优化

根据产业集聚现状和基础以及产业发展特点，在衡岳高速公路连接线以东，广济南路以西，黄金路以南，新107国道以北，规划建设衡阳市南岳区民营经济集聚区。规划期内安排集聚区用地指标228公顷，近期控制用地规模70公顷，该指标纳入相应的城镇工矿用地总规模。鼓励旅游商品、农副产品、法物祭祀特殊商品生产、加工工厂与企业入园，形成规模效益，促进区域产业链形成。

3. 农村居民点用地布局优化

按照社会主义新农村建设与南岳风景名胜区核心景区整治规划的要求，逐步优化农村居民点用地布局。全区设发展村12个，包括南岳镇的荆田村、兴隆村、樟树桥村、新村村、枫木桥村、水濂村、红星村、双田村、谭家桥村，岳林乡的杉湾村，龙凤乡的水口村，拜殿乡的拜殿村；控制村8个，包括南岳镇的黄竹村、光明村、紫锋村、烧田村，岳林乡的石山村、莲塘村，龙凤乡的龙凤村，拜殿乡的龙潭村；缩并村8个，包括南岳镇有泗塘村、万福村、金月村、红光村、岳东村，拜殿乡的观音村，岳林乡的岳林村，龙凤乡的红旗村；搬迁村2个，包括南岳镇的关白龙村、延寿村。结合衡阳市南岳区太平示范片新农村建设规划，在枫木桥、樟树桥、黄竹、红星等村组结合部设1个村镇集中建设示范区。对西部山区高海拔地区及地质灾害高危险区有序组织生态移民，避免农村居民点用地布局在自然灾害高发区段。

4. 交通设施用地布局优化

加快对外交通网络建设，规划建设衡阳至南岳的高速公路；将南马公路改造升级，规划建设成为京珠西线高速公路至南岳城区的联络线；规划一条联络线与314省道线相连；在武广高速铁路客运线师古客运站附近规划新修一联络线与武广高速客运站场相连，形成以南岳镇为中心，向岳林乡、拜殿乡和龙凤乡辐射的放射状交通设施用地空间分布格局。

5. 风景旅游用地布局优化

风景旅游用地根据区内风景资源分布特征、自然地理空间特征，旅游业空间布局特征以及适宜的功能活动内容要求，采取"一体两翼一环"的空间发展战略。

"一体"指旅游发展控制区与旅游发展重点区：旅游发展控制区主要包括华严湖、忠烈祠、穿岩石林、半山亭、玄都观、财富山庄、邺侯书院、铁佛寺、湘南寺、祖师殿、芙蓉峰、皇帝岩、会仙桥、祝融峰等景点，该区是南岳申请世界自然与文化双遗产的重点保护区域，规划以资源保护和生态环境建设为主，形成南岳生态旅游的主要游览区域；旅游发展重点区主要包括南岳古镇及其山前地带，该区是南岳游客主要接待地，规划以旅游服务设施配套建设为主，形成南岳旅游、度假、休闲的主要接待和服务基地。

"两翼"包括西翼旅游发展区和东翼旅游发展区：西翼旅游发展区主要包括黄庭观、南台寺、麻姑仙境、方广寺、拜殿乡、藏经殿、民俗文化城、天柱峰、止观溪景区等景点，该区主要以宗教文化和生态资源为特色，形成南岳特色创新文化旅游区；东翼旅游发展区主要指水帘洞景区，包括水帘洞、丰收、银星等水库，该区是南岳水景资源最丰富的区域，规划形成南岳主要滨水休闲度假区。

"一环"即以环衡山的东部到北部山区以及该范围内的乡村为界形成的旅游发展限制区，规划以生态环境保护和可持续发展为主。

七、耕地保护和土地整理复垦开发

耕地保护是土地利用的重中之重，是社会稳定的重要基础。以下从耕地保护的目标、布局、措施、制度和复垦等方面进行说明。

（一）耕地保护目标

到 2010 年，耕地保有量不低于 1833 公顷；到 2020 年，耕地保有量不低于 1747 公顷。期内耕地减少不得超过 297 公顷，其中建设占用耕地控制在 200 公顷以下；耕地增加不得低于 74 公顷，其中土地整理增加耕地不得低于 33 公顷，土地复垦增加耕地不得低于 6 公顷，土地开发增加耕地不得低于 35 公顷。规划期内耕地净减少不得超过 220 公顷。

（二）基本农田布局调整

科学调整基本农田布局，合理分配基本农田指标。将景区内低等别、

质量较差以及生态脆弱地区、零星破碎、不易管理的基本农田调出；将南
岳镇北部高等别耕地、集中和连片耕地、已验收合格的土地整理复垦开发
新增优质耕地调入基本农田。中心城区、重点村镇扩展边界范围内以及南
岳林场、树木园不布置基本农田，主要在南岳镇枫木桥村、樟树桥村、红
光村、荆田村、烧田村、双田村、红星村，岳林乡石山村、莲塘村、龙凤
乡红旗村、龙凤村等地设置52片基本农田保护区。

（三）耕地与基本农田保护措施和制度

1. 加强建设项目选址和用地合理性评价与论证

从促进节约集约用地入手，通过严格供地政策，贯彻落实项目用地控
制指标等措施，减少非农业建设对耕地的占用。加强建设项目选址和用地
合理性评价与论证，把减少耕地占用作为选址方案评选的重要因素，确需
占用耕地的应尽量占用等级较低的耕地。提高占用耕地的经济成本，通过
加大投入等措施逐步减少单位投资和单位产出占用耕地量。

2. 贯彻落实耕地动态平衡制度

加强对各类非农建设占用耕地与补充耕地监管，确保建设单位切实履
行补充耕地的法定义务，组织、落实本行政区域内的耕地补充任务量。考
虑到生态环境保护的要求，规划期内补充耕地应以农用地和农村居民点整
理为主。执行对项目建设占用和补充耕地的质量评价制度，确保不因建设
占用造成耕地质量下降。鼓励剥离建设占用耕地的耕作层，并在符合水土
保持要求前提下，用于新开垦耕地和基本农田建设。

3. 加大耕地管护力度，强化耕地质量建设

按照数量、质量和生态全面管护的要求，依据耕地等级实施差别化管
护，对水田等优质耕地实行特殊保护。建设项目选址确需占用耕地的，应
尽量占用等级较低的耕地，扭转优质耕地过快减少的趋势。建立耕地保护
台账管理制度，明确保护耕地的责任人、面积、耕地等级等基本情况。加
大公共财政对农田基础设施建设的支持力度，整合资金进行高标准农田建
设和基本农田保护示范区建设。加大中低产田改造力度，实施节水灌溉工
程、小型农田水利工程、沃土工程等，全面提高耕地生产能力，提升耕地
质量等级。

4. 严格执行基本农田保护制度

严格执行《中华人民共和国土地管理法》和《基本农田保护条例》的有关规定，加强非农建设用地审查，严禁违法占用基本农田，依照法律规定，能源、交通、水利等基础设施项目因选址特殊、无法避让基本农田的，必须按有关规定报批。禁止占用基本农田进行绿色通道、绿化隔离带和防护林建设；禁止占用基本农田进行挖塘养鱼、畜禽养殖以及其他破坏耕作层的生产经营活动；禁止临时工程占地等各种土地利用活动对基本农田耕作层造成永久性破坏。加强基本农田保护基础性工作，完善基本农田保护档案，对基本农田保护图件实行备案管理。加强基本农田保护的动态监测和巡查，建立基本农田保护定期通报制度。

5. 加强基本农田质量建设与动态监管

加强基本农田地力与施肥效益长期定位监测网点建设，完善基本农田地力和环境污染的监测体系，建立定期发布制度。加大公共财政对农田基础设施建设的支持力度，继续大力开展基本农田综合整治工作，加大中低产田改造力度，完善农田基础设施，提高耕地综合生产能力。积极实施"沃土工程"，开展测土配方施肥，提升基本农田地力等级和生产能力。各乡（镇）政府要加强基本农田保护制度和基础建设，将基本农田落实到地块和农户，及时更新完善基本农田保护标志。按照国家统一规范，加强对耕地及基本农田的动态巡查和监测，在考核年向区国土资源局、农业局提交耕地、基本农田面积和等级情况监测调查资料，并对数据真实性负责。

（四）土地整理复垦开发

围绕耕地保护和新农村建设，全面推进土地整理、积极开展土地复垦，适度开发宜农后备土地资源，引导土地整理复垦开发专项投资向3个重点区域倾斜（东部丘陵区、基础田区和南岳—拜殿—龙凤），落实土地整理复垦开发项目，为实现耕地总量动态平衡提供保障，提高土地资源可持续利用能力。

1. 全面推进土地整理

（1）农用地整理

积极稳妥地开展田、水、路、林、村综合整治，重点建设高标准基本农田。东部丘陵区整理重点是填沟平壑，平整土地，加强防护林建设，防治水土流失，改善排灌条件，主要灌溉渠道硬化，田间实行地埋管浇灌；西部山地区整理方向主要是把坡耕地改为梯田，以利保水保肥。农用地整理资金要向基本农田保护区和土地整理重大工程倾斜，组织实施粮食主产镇基本农田整理工程。2008—2012 年规划耕地整理新增耕地 4 公顷；2012—2020 年规划耕地整理新增耕地 7 公顷。确定南岳—拜殿—龙凤耕地整理重点区域，主要包括南岳镇红星村、荆田村、樟树桥，拜殿乡观音村，龙凤乡红旗村 5 个村。

（2）居民点整理

大力推进农村居民点用地整理。按照依法依规、因地制宜、尊重民意、量力而行、循序渐进的要求，依据南岳区新农村发展规划，通过多种整治措施，稳步推进全区农村居民点用地整理，促进农村土地集约利用，使村容村貌得到极大改善。2008—2012 年规划农村居民点整理新增耕地 9 公顷；2012—2020 年规划农村居民点整理新增耕地 13 公顷。确定南岳—拜殿—岳林村庄整理重点区域，主要包括南岳镇泗塘、红光、樟树桥、紫峰、枫木桥，拜殿乡观音村，岳林乡岳林村 7 个村。

2. 积极开展土地复垦

加快闭坑矿山等废弃地的复垦，组织实施重点矿产基地土地复垦工程，推进矿山生态环境恢复治理。加强工矿废弃地复垦利用，及时、全面复垦新增工矿、水利和交通沿线废弃地。立足优先农业利用、鼓励多用途使用和改善生态环境，合理安排复垦土地的利用方向、规模和时序。推广先进的土地复垦工程、生物技术，提高土地的利用率和产出率，结合市、区重点工程建设，推进重点地区土地复垦。2008—2012 年规划土地复垦新增耕地 1 公顷；2012—2020 年规划土地复垦新增耕地 5 公顷。

3. 适度开发宜农后备土地资源

在保护生态环境的前提下，合理确定土地开发的用途和规模，稳步开发山坡地、荒草地，有计划、有步骤地推进后备土地资源开发利用。进一步规范宜农后备土地资源开发，加强土地开发调查评价，深化土地开发的经济、技术、生态可行性研究，严禁陡坡开垦、毁林开荒等行为。2008—

2012 年规划土地开发新增耕地 10 公顷；2012—2020 年规划土地开发新增耕地 25 公顷。确定南岳—拜殿土地整理开发综合重点区域，主要包括南岳镇水濂村、水口村、红旗村，拜殿乡观音村、龙潭村 5 个村。

八、建设用地节约集约利用与空间管制

建设用地的使用是土地利用的重要内容，建设用地资源比较紧张，必须对其进行节约和集约使用，并对其利用空间进行管制。

（一）建设用地节约集约利用目标

1. 城镇工矿建设用地

严格按照《城市用地分类与规划建设用地标准（GBJ137－90）》控制新增城镇工矿建设用地，人均城镇工矿用地规划期末控制在 105 平方米以内。严格按照国土资源部制定的《工业项目建设用地控制指标（试行）》标准中相关行业相关投资强度审定建设用地规模。规划期内，建筑密度不低于 35%，非生产性建设用地的比例控制在 30% 以内；工业集聚地单位面积土地投资强度达到 1500 万元/公顷以上，建筑密度不低于 30%；项目单位面积土地投资强度达到 1000 万元/公顷以上。

2. 农村居民点用地

规划期内，全区共安排农民新建房用地 32 公顷，对区内闲置及分布零散的农村居民点进行归并、拆迁，进一步加大农村居民点及其他集体建设用地整治力度。期内农村居民点用地净减少 140 公顷，到 2012 年和 2020 年，全区农村居民点用地规模分别为 371 公顷和 287 公顷；规划期内人均农村居民点建设用地指标参照《镇规划标准》（GB 50188—2007）控制在 125—140 平方米/人。

3. 交通运输用地

公路建设项目严格按照建设部、国土资源部《关于批准发布〈公路建设项目用地指标〉的通知》（建标〔1999〕278 号）的有关规定核定用地指标。铁路建设项目严格按照建设部、国土资源部《关于批准发布〈新建铁路工程项目建设用地指标〉的通知》（建标〔1996〕350 号）的有关规定核定用地指标。

（二）中心城区规模与布局控制

结合用地自然条件与建设条件评定结果，划定南岳镇中心城区用地规模边界。规模边界西、北部紧靠风景名胜区，东部抵南岳区行政边界，南部大致与新107国道重合，规模边界范围内面积960公顷，其中允许建设用地830公顷，占中心城区总用地面积的86.46%；生态用地130公顷，占中心城区总用地面积的13.54%；扩展边界北部至黄竹村、西部至兴隆水库、西南至烧田村、东南至红星村，其中有条件建设用地137公顷。规划近期，人均城镇建设用地控制在115平方米/人以下；规划远期，人均城镇建设用地控制在105平方米/人以下。中心城区采取紧凑组团布局方式，形成以天子山生态公园为城市生态核，以古镇游览及旅游服务区、居民生活居住及公共服务区、旅游产品加工区为主导功能分区的"一核三区"空间格局。组团内部以及组团之间保留东北与东南部部分优质耕地以及水域、林地作为城镇永久性绿地，加强天子山公园等公共绿地以及祝融路、衡山路、黄金路、新107国道等主要道路两侧防护绿地建设与保护，充分发挥农用地与未利用地的景观与生态功能，拓展城镇生态空间。

（三）建设用地节约集约利用措施

1. 城镇建设遵循"精明增长"理念，以填充式开发为主

南岳镇的建设与发展要用足城市存量空间，减少盲目扩张；加强对现有社区的重建，重新开发废弃、污染工业用地，以节约基础设施和公共服务成本；城市建设相对集中，密集组团，生活和就业单元尽量拉近距离，减少基础设施、房屋建设和使用成本。以合理的规划为先导，对市区内公用设施配套齐全的空闲地进行填充式开发，改变城市蔓延造成的低密度用地格局、复兴城镇经济。开发出的土地不仅可以用于建设用地，也可用于绿地、开敞空间等所有利于改善人们生活质量的用途。

2. 引导产业向园区集中，促进工矿用地集约化发展

对于南岳民营经济聚集园用地安排，建成区要内涵挖潜，盘活存量；发展区用地已纳入规划城镇工矿建设用地指标给予保障，控制区以调整好各类用地布局为主，将基本农田调出，为产业集聚区发展预留空间。严格限定开发园区非生产性用地；鼓励旅游商品、农副产品、法物祭祀特殊商

品生产、加工工厂与企业入园，形成规模效益，促进区域产业链形成。

3. 规范整合农村居民点用地

（1）加快城乡接合部农村居民点并入城区

规划期内，选择南岳镇中心城区的城乡接合部作为率先推进城乡一体化先行区。整合该区域行政村，推动集中居住，改变功能，建设新型社区。把原来农村人口逐步搬迁到社区内集中居住，由从事农业经营为主转变为从事非农业为主、兼营农业的新型社区居民。实施城乡接合部城中村改造，促进城乡一体化新社区建设，形成一批人口规模适中、基础设施配套、服务功能完善、有产业支撑的宜居型新社区。

（2）加大景区居民点整治力度，促进农村地区居民点向集中模式转变

结合祝融峰、禹王城、磨镜台、忠烈祠、藏经殿核心景区整治、村庄整理项目、新农村建设、基本农田保护区建设，逐步拆并搬迁村、缩减控制村用地规模，盘活农村居民点建设用地存量。以集中建设示范村庄为突破口、以中心村为重点、以基层村为纽带，在遵循农村传统生活、生产、居住规律的基础上，按照村民自愿的原则引导村民向中心村和基层村集中；在有条件的地方加快建设农村新社区，促进农民居住向社区集中。在村庄整理过程中，注意保留具有较高历史文化价值、特色鲜明的聚居点。

（3）推进城乡建设用地增减挂钩

对低效和废弃的农村建设用地、独立工矿废弃地进行整理。将整理新增的农用地、耕地面积，等量核定为建设占用的农用地、耕地指标，直接用于农村居民点和城镇建设。通过城乡建设用地增减挂钩，增加耕地有效面积，提高耕地质量，促进城乡建设用地结构优化和利用效益提高。

（四）建设用地空间管制分区及规则

根据资源环境承载能力、现有开发密度和发展潜力，统筹考虑未来全区人口分布、经济布局、土地利用和城镇化格局，从建设用地空间管制角度出发，将南岳区划分为允许建设、有条件建设、限制建设和禁止建设四个区，规范空间开发秩序，形成合理的空间开发结构。

1. 允许建设区

允许建设区即城乡建设用地区，指城乡建设用地规模边界所包含的范

围，是规划期内新增城镇、工矿、村庄建设用地规划选址的区域，也是规划确定的城乡建设用地指标落实到空间上的预期用地区。主要包括人口和经济开发密度已较大的中心城区以及重点村镇规模边界范围内用地，面积1413公顷，占全区总面积的7.89%。

管制规则：该区要进一步强化中心城区的建设，与"一核三区"的城市总体布局相协调，以"南移东拓西延"为重点，提高对周边城镇与地区的经济辐射作用。优先保障重点行业用地需求，加速以市场与旅游、休闲娱乐为主的第三产业的发展，抓好旅游产品加工为主的第二产业的发展。区内土地主导用途为城、镇、村或工矿建设发展空间，具体土地利用安排应与依法批准的相关规划相衔接；区内新增城乡建设用地受规划指标和年度计划指标约束，应统筹增量保障与存量挖潜，确保土地节约集约利用；规划实施过程中，在允许建设区面积不改变的前提下，其空间布局形态可调整，但不得突破建设用地扩展边界；允许建设区边界（规模边界）的调整，须报规划审批机关同级国土资源管理部门审查批准。

2. 有条件建设区

有条件建设区指城乡建设用地规模边界之外、扩展边界以内除生态保留用地以外的范围。主要包括中心城区规模边界外围西部、东南、西南、北部四片城镇建设扩展区，面积132公顷，占全区总面积的0.74%。

管制规则：在不突破规划建设用地规模控制指标前提下，区内土地可以用于规划建设用地区的布局调整；在特定条件下，区内土地可作为本级行政辖区范围内城乡建设用地增减挂钩的新建用地。区内土地符合规定的，可依程序办理建设用地审批手续，同时相应核减允许建设区用地规模。规划期内建设用地扩展边界原则上不得调整。如需调整按规划修改处理，严格论证，报规划审批机关批准。

3. 禁止建设区

禁止建设区指为了对区内具有较高生态保护价值、历史文化价值和安全保护作用的区域实施特殊保护，禁止各类建设开发而划定的区域。主要包括区内自然文化遗产保护区、水源保护区等，面积3344公顷，占全区总面积的18.67%。

管制规则：区内土地的主导用途为生态与环境保护空间，不得进行开发建设以及其他有损生态环境保护的任何活动，对已破坏的生态环境做好生态修复工作，对在该区已存在的工矿企业应予以搬迁，鼓励有计划、有针对性地建立自然保护区如水源保护区、生态保护区和自然公园以及中小学环境教育基地等。要严格保护华严湖、大禾田及即将兴建的兴隆水库库区。除法律法规另有规定外，规划期内禁止建设用地边界不得调整。

4. 限制建设区

限制建设区指辖区范围内除允许建设区、有条件建设区、禁止建设区外的其他区域，主要是指生态环境脆弱，不具备大规模开发条件的区域。主要包括邻近自然保护区的山体、水体，以及具有生态功能和经济功能的大片林地、园地、耕地等，面积13024公顷，占全区总面积的72.70%。管制规则：区内土地主导用途为农业生产空间，是开展土地整理复垦开发和基本农田建设的主要区域。区内禁止城、镇、村建设，严格控制线性基础设施和独立建设项目用地。

九、近期建设规划

从2010年起到2015年，积极引导土地高效集约利用，保障南岳镇重点地区和必要基础设施项目建设需要，严格控制建设用地规模，不断促进城区绿色空间建设和生态安全体系构建。2015年，将建设用地总规模控制在1327公顷以内；严格保护耕地和基本农田，耕地保有量不少于1833公顷；新增建设占用农用地不超过120公顷，其中占用耕地不超过60公顷。

（一）近期重大基础设施与生态建设项目安排

1. 保障能源建设重大工程用地

以节约集约用地为前提，以完善城乡电网结构为重点，加大能源建设力度。新建两个110kV变电所，10kV开闭所等电力设施，提高南岳经济社会发展的电力能源保障度。

2. 安排交通建设重大工程用地

铁路：建设武广高速客运专线。

公路：新建衡岳高速公路连接线、双南公路、武广高速铁路连接线；

扩建南水公路、南马公路。

场站：新建岳东客运站、金月货运站、城景区停车场。

3. 水利设施建设重大工程用地安排

按照水资源可持续利用和节水型社会建设的要求，以水资源保护和合理开发利用为重点。保障兴隆水库供水工程等重点水资源开发利用工程以及南岳人工湖和城镇景观河道等重点城市设施工程项目用地需求。

4. 积极安排土地生态建设工程与旅游开发项目

由天然林保护工程、水域湿地保护工程、风景名胜保护区建设工程等重大工程组成。天然林保护工程主要对南岳衡山林场的天然林地进行保护；水域湿地保护区主要对华严湖、大禾田及即将兴建的兴隆水库等水库水源地进行保护；风景名胜保护区建设工程有：新建天子山生态公园、树木园生态旅游基地、南岳老年公寓、南岳娱乐休闲区、南岳抗战烈士纪念馆。

（二）近期土地整理开发项目安排

规划近期组织实施南岳区 5 个土地整理与开发工程，包括 3 个耕地整理区、2 个村庄整理区以及 2 个土地开发整理综合区。土地整理重大项目主要包括南岳镇、拜殿乡、龙凤乡耕地整理与村庄整理项目；土地开发项目主要包括南岳镇与拜殿乡土地开发整理综合项目。规划近期通过实施土地整理开发重大工程，可以补充耕地 24 公顷。

十、规划实施保障措施

规划的实施是规划统筹安排的内容落实。规划保障措施的制定是保障规划实施的重要一环。以下从法律法规、行政管理、经济调控、社会监督和科技管理等方面来阐述。

1. 法律法规措施

根据新的土地规划管理理念和体制的要求，尽快整理和修编已有的或制定新的南岳衡山风景名胜区保护、管理与开发的法规、管理办法和规章制度；强调统一管理和分级分区管理相协调的指导思想。通过建立以保障规划实施基本法律为核心、专项法规和地方法规相配套的法律体系，把规划实施工作纳入法治化轨道，保障规划的顺利实施。同时加大执法力度，要把经常性的监督与开展执法检查结合起来，严肃查处有法不依、执法不严和以言代法、以权代法的违法行为。违反土地利用总体规划、破坏耕地等构成犯罪的，要按照《刑法》追究刑事责任。

2. 行政管理措施

依据土地利用总体规划编制基本农田保护、土地整理复垦开发等专项规划和乡级土地利用总体规划，重点把规划下达的各项用地指标具体落实到地块。经批准的土地利用总体规划应当公告。依据土地利用总体规划审核城镇体系规划和村镇体系规划的用地规模，以及其他行业规划的用地规模。城镇体系规划、村镇体系规划应当与土地利用总体规划相衔接，用地规模不得突破土地利用总体规划，行业用地规模应当符合土地利用总体规划。实施严格的用途管制，依据土地利用总体规划和建设用地有关规定，对建设项目用地进行预审，对符合土地利用规划、用地节约、耕地占补平衡落实的建设项目，方可办理土地用途转用许可；不符合规划而又确需转用的，根据有关法律规定修改规划并获批准后，方可办理土地用途转用规划许可。

3. 经济调控措施

培育完善的地产市场，实行土地有偿使用，逐步建立盘活存量，控制非农建设用地增量的用地约束机制；非农业建设占用耕地，要按《中华人民共和国土地管理法》的规定，足额收缴耕地开垦费和新增建设用地有偿使用费；区、乡（镇）政府要按照"取之于土、用之于土"的原则，利用各种土地收益建立土地利用专项基金，用于耕地保护、土地整理、土地复垦和土地开发，并向重点区域倾斜。

4. 社会监督措施

逐步建立和完善规划听证、公众参与及公示制度，明确规划程序中公众的职责与权益、参与的渠道与途径，通过集思广益，比较准确地表达社会需求，调整土地利用的整体利益和个体利益，减少决策失误。

5. 科技管理措施

加强地理信息系统（GIS）、遥感系统（RS）、全球定位系统（GPS）以及土地管理信息系统（LIS）等现代科技手段在土地资源管理中的广泛运用，逐步建立土地利用规划实施、耕地保护、土地市场以及建设用地扩张的动态监测体系；提高乡级规划人员的素质，推广先进技术和方法的应用，扩展动态监测的内容，建立动态监测的管理制度；加快规划数据库和规划管理信息系统的建设，建立统一的网络管理体系；加强规划机构资质建设。

规划文本评析：

在《土地利用规划》课程实习期间，2010级的刘孟良、陈茜、田华南、杨浴、李清、郭娜鸿、赵若海、陈行8位同学组成的实习小组，选取了衡阳市南岳区土地利用总体规划进行模拟，从规划总则、区域概况、土地利用现状与潜力、土地利用规划目标、土地利用结构调整、土地利用布局优化、耕地保护和土地整理复垦开发、建设用地节约集约利用与空间管制、近期建设规划、规划实施保障措施10个部分进行编制。总体来看，基本学会了编制县级土地利用总体规划的基本流程、基本内容和基本规则。文字表达通畅，思路清晰，层次结构合理。不足之处：规划分析稍显不足、规划论证逻辑性较弱；语言表达上还有改进空间。综合来看，这是一个比较优秀的课程作业。

第十四章
感知乡土文化的古镇景观调查

2018 年 11 月 8 日，在杨立国老师的指导下，2017 级人文地理与城乡规划专业 1 班第一小组（崔璨、李欣芳、宋薇、王佩珍、阮丽萍、曾庆菲、徐明珠、贺雯雯、刘跳跳）通过对南岳古镇现存的主体景观建筑和民居建筑的观察记录，了解古镇建筑方面的文化景观特征；对古镇十字街核心区和外围商业区的业态分析，了解古镇的经济发展方向以及对文化基因的传承；对本地与外来居民、经营者以及政府管理人员的访谈了解到他们对南岳古镇的印象与情感，以此调查结果对南岳古镇文化景观的保护传承提出参考性意见。本专题主要采用文献查阅、实地访谈、实地勘探、拍照、标图等方法进行资料和数据的采集。

一、实习区域概况

南岳古镇是湖南省的历史文化古镇，位于五岳独秀的南岳衡山脚下，从地理位置看，南岳古镇位于湖南省中部偏东南，湘西之西北的湘中丘陵地区；从行政区划上看，南岳古镇位于湖南省衡阳市南岳区的中心位置。古镇景区以南岳古镇为中心，南起衡山路、北至朝阳峰、东起茶亭子、西至白龙潭，面积 1.8 平方千米。以岳庙建筑、古镇老街为主要景观特色。

（一）历史沿革

南岳古镇又称岳市四街，是由香市发展而成的一个古集镇，从唐宋时期开始粗具规模。南岳古镇的不断发展，1984 年，在古镇的基础上成立了南岳区，隶属衡阳市。根据南岳古镇发展历程图，我们可以清晰地看到南岳古镇规模的扩大和古镇的发展主要是以南岳大庙为中心，以东街、西街、南街、北街四条街道为构架，不断向四周扩展，从而形成了当今"南湖—中镇—北庙"的三段式空间布局形式局面。南岳古镇历史悠久、人才荟萃、是中华民族文化艺术的宝库之一，是一座承载衡山4000年历史文化、展现南方民俗风情的大观园，有恰当体现江南民居风格的建筑群，南岳古镇是目前中国南方唯一人文始祖的宗教祭祀古镇，至今仍保留着许多珍贵的宗教建筑、民居建筑、文物古迹、民间习俗、典籍等，吸引了众多来自世界各地的"香客"。显然，南岳古镇有着独特的地理区位、悠久的古镇历史、深厚的文化底蕴和丰富的文化景观等特点，在本研究领域中作为个案区独具代表性。为了方便调查分析，报告所研究的南岳古镇是以十字街为核心的建筑文化区和向四周扩散的外围商业区，具体来说，是以南岳大庙前面东、西、南、北四街的核心区以及以方广路以东、金沙路以南、衡山路以北、鑫盛路以西这一片的范围。

（二）调查体系

南岳文化景观的形成和发展主要受地理环境和文化因素的影响，同时，不同要素的识别分析是促进文化景观发展和传承的前提，将南岳古镇文化景观特征按照布局形态、标志性建筑、民居建筑、文化因子等角度进行细致分析，以南岳古镇的十字街为核心区向外扩展到商业区进行业态分析，并通过对南岳的人员深度访谈进行情感联系上的了解，建立了5大类13小类的南岳古镇文化景观特征的调查体系（见图14-1）。

（三）文化景观概述

文化景观是指居住在其土地上的人的集团，为满足某种需要，利用自然界所提供的材料，有意识地在自然景观之上叠加了自己所创造的景观，反映文化体系的特征和一个地区的地理特征。文化景观分为物质性和非物质性，物质文化景观是在大自然提供的物质基础上，创造出来的那些看得见，摸得着的文化凝聚物，与人类的生产、生活是密切相关的，如农田、道路、城市、乡村、建筑、园林等，其主要的特征是可视性。非物质文化景观是在客观物质环境的作用下，人的文化行为所创造的那些虽看不见、却可以感知的文化创造物，如语言、法律、道德、宗教、价值观、某些艺

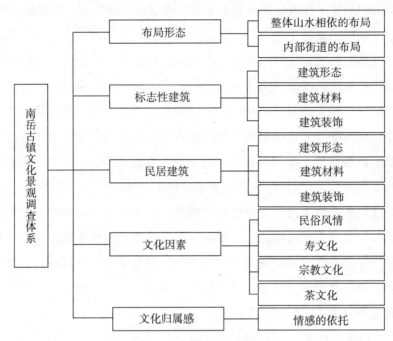

图 14-1　文化景观特征调查体系

术等，它所形成的独特的文化氛围，如同文化区的个性一样，是一种通过联想实现的抽象而真切的感觉。

在对文化景观的研究中，引入了基因的概念，将文化景观基因定义为文化"遗传"的基本单位，即某种与其他文化景观相区别的代代相传的文化因子，它肩负着促进文化景观形成和识别文化景观的双重使命，但文化的本身在传承的过程中会受外在因素的影响而产生一定的变异，可见，对文化景观的分析不仅可以掌握内在因子，也对文化的传承和后续的演变更为清晰准确。从标志性建筑、民居建筑特征、建筑与道路的布局形态、建筑装饰、文化因子等方面对南岳古镇进行内在和外在文化景观特征分析并提出传承建议。

二、调查结果分析

对南岳古镇的景观进行调查分析，主要从街道布局、建筑文化、地域文化、商业业态和情感归属等方面进行。

（一）南岳古镇整体与街道布局

1. 南岳古镇整体呈山水相依的布局

因受自然地形及旅游经济的发展、生活因素的影响，南岳古镇傍山而建，大庙以及其他建筑多为坐北朝南，按照风水学观念建造，空间功能分区明确、布局丰富。建筑布局多以宗祠为中心向四周辐射，从而形成内聚向心式的布局，由于旅游业等因素的联系，形成了自由分散又各有联系的布局。南岳古镇方圆1.8平方千米，傍山而居，合理利用"一湖二溪"的风景，自然景观及人文景观相互融合，在外围抬头可见南岳衡山，山上的福寿湖成瀑布状落下，形成了水帘洞的著名景观，镇内随处可见亭子、寺庙、古民居建筑，使山脚下的建筑群与巍峨的山脉相互映衬，充分体现了山水相依的空间格局。古镇规划充分利用了穿越古镇的河流，沿小溪进行景观及民居的建设，在繁华的街道中溪水流过，将居民生活与江河、崇山紧密联系起来，使人们充分享受自然之美。

2. 南岳古镇内部街道呈十字形布局

南岳古镇的整体道路布局以南岳大庙为中心，主要按照五纵三横的道路为分布区进行网格状街巷分布，内部街道的特色布局主要体现在南岳大庙的正门的十字街区，以南街、东街、西街、御街、御福街、御寿街、仁和街、如意街和民居在大庙的正门基本形成左右对称的格局，与大庙内部的中轴对称相呼应，体现了宗教文化的礼制思想，并且对称的街道在视觉上简洁清晰，容易识别，置身其中，街道的空间不断呈现出小幅度的收放，街道整体是一个直线，其中透露出均匀的韵律感和连续性[81]。

（二）景观建筑文化特征分析

南岳古镇的标志性建筑为南岳大庙，南岳古镇寺庙众多，现有"一庙三寺"即南岳大庙、祝圣寺、大善寺和香山寺，三个主要寺庙围南岳大庙分布。位于镇北的南岳大庙是我国五岳庙中规模最大、总体布局最完美的建筑群，而大庙佛道共存的格局在国内外更属罕见，南岳古镇的建筑多以宗教建筑为主，其宗教氛围十分浓厚。图14-2为古镇内主体建筑分布。

图14-2　南岳古镇主体建筑分布图

1. 宗教建筑建造遵循礼制制度

宗教建筑严谨有度，以祝圣寺的布局为例，其中轴线由山门、天王殿（关帝殿）、大雄宝殿、说法堂（藏经阁）、方丈室等建筑组成，共五进。中轴线左侧从前至后分别是地藏殿、客堂、斋堂、香积厨、小餐厅、药师殿和祖师殿。中轴线右侧从前至后依次为观音阁、禅堂、僧寮、万古不磨及罗汉堂。宗教建筑大多沿山门南北中轴线，保持一定距离修建若干殿堂，大致按山门殿—弥勒佛殿—大雄宝殿—本寺主供佛殿—法堂—藏经阁的顺序进行排列。沿南北深纵轴线组织空间，对称稳重且整饬严谨。在中轴线东西两侧对称建造次要建筑，各自按内东外西有序安排。整体平面方形，对称稳重，中轴对称，方正统一。平面方形的核心建筑——大雄宝殿，坐落于建筑群的正中方位，周围有其他附属的建筑围绕，呈现了"众星拱月"的格局，其方位选择体现了它的主体性质和威严，体现了礼制建筑的尊中风格。由于古代"天圆地方"宇宙观的影响，礼制建筑等以方形结构为主，祝圣寺的建造则沿袭了这种方形结构。体现了礼制建筑为中心，体现了崇尚秩序、稳定的周礼体制（如图14-3）。

图 14-3　祝圣寺天王殿

2. 特色建筑色彩明丽，结构精巧

寺庙建筑以柱、梁、额、椽、拱等进行表现。寺庙建筑以宫殿为蓝本进行建造，因此在建筑用色上大胆浓重，配以朱漆、黄琉璃瓦，采用斗拱和庑殿顶，配以宽厚的墙体和台基，极大程度表现了建筑的恢宏气势。而在屋顶造型上使用飞檐，饰以小兽，增强了建筑的整体美感。以南岳大庙为例，于清光绪年间仿照北京故宫的宫殿式古建筑群进行重建，运用了大量蛟龙纹饰，壁画、浮雕的题材多为动物祥云或诗词经咒，间或有梅兰竹菊及宗教典故。用色鲜艳明丽，细节精美绝伦。朱墙金瓦，翠柏森森。古镇寺庙建筑在采用仿宫殿的建筑样式的同时，还采用了园林式建筑格局，白墙灰瓦，红柱映衬，利用半侧开的殿堂、门窗、亭榭及天井等制造视觉上的通透效果，在结构上别具匠心。檐柱装饰则体现了南岳古镇特有的宗教文化和寿文化，使整体风格既具有庙堂的威严庄重，又兼具意境和自然情趣（如图 14-4、图 14-5）。

图14-4　南岳大庙

图14-5　祝圣寺正门浮雕

（三）民居建筑文化特征分析

1. 民居建筑整体为仿古的砖木结构

为了与宗教建筑相协调，在南岳古镇的核心区，基本上所有的民居建筑都是以白墙灰瓦的色彩构造的，美观、防水，房屋外部加以黑褐色木窗与木门修饰，与白墙体相映，色调雅素明净。民居的整体排列为方正的组合排列，沿着主要街道呈对称分布，只是一般民居布置紧凑，院落占地面积较小，以适应当地较高的人口密度（见图14-6）。

图 14-6　民居建筑

2. 民居建筑保留了骑楼的特点

在街道的两侧，骑廊是主要的突出特色，骑廊上面的板和楼板整体的浇注，下面无维护结构，只有墙或柱子做承重构件，墙和楼板下部形成的空间称为骑廊。在街巷内，居民为商铺挡雨而延伸出一部分的屋檐，这一结构主要做了街道外部和室内空间的柔化边界作用，并且为街道两侧人的户外活动提供了良好的条件，它的空间序列依次是：街道外部空间—骑廊过渡空间—室内空间。骑廊的空间界限是以地界面起至屋顶结束，其竖向尺度因每幢建筑的高度不同而有差异，在 3.6—5 米之间不等。在竖向尺度上，骑廊和室内室外的空间形成了一个"放—收—降"的空间序列。南岳古镇民居的骑廊多以现代式为主，并且整齐地排列成一条直线，但也有少部分的建筑为仿巴洛克式，两种形式的骑廊在古镇中相互错落分布，别有一番景象，而骑廊的目的主要是为了街道上行人的户外活动提供遮风挡雨的条件。

3. 民居建筑保留了传统装饰

民居建筑装饰，是传统民居文化中的一朵奇葩，是其地域文化的体现，有着较高的研究价值。南岳居民建筑的民居建筑装饰主要体现为悬山顶、马头墙、木格门窗、雕栏、屋脊兽和飞檐等方面（见表 14-1）。

表 14-1　南岳民居建筑装饰表

传统装饰	主要描述
悬山顶	悬山顶只用于民间建筑，是一般建筑中最常见的一种形式。其特点是不仅有前后檐，而且两端还有与前后檐尺寸相同的檐，于是其两山部分便处于悬空状态，在民居建筑区，多为此类屋顶但加上了其他的装饰，使其看上去更加美观
马头墙	错落有致、黑白辉映的马头墙，使人得到一种明朗素雅和层次分明的韵律美的享受。在该区以香业为主，民居建筑密度较大，容易发生火灾，而在居宅的两山墙顶部砌筑有高出屋面的马头墙，则可以应村落房屋密集防火、防风之需，在相邻民居发生火灾的情况下，起着隔断火源的作用，也起到了一定的装饰作用
木格门窗	木门上的莲荷及山水装饰、植物形象的象征意义也普遍地被用在建筑装饰里。门窗都用简洁朴素的细部装饰建筑
雕栏	调查区域民居的雕栏一般以镂空木栏为主，由立杆、扶手组成，有的加设横档或花饰部件，几乎设置在二楼，其目的为安全、美观和节省空间
屋脊兽	除了标志性建筑有不同大小和类型的屋脊兽，民居建筑也存在着不同的神兽，其目的借这些神兽的能力，达到祈福、警戒、消灾的作用
飞檐	民居的飞檐并没有宫殿、庙宇的飞檐的复杂华丽，只是屋角简单地向外翘出去，无任何复杂装饰，实用性较强，但也一定程度上传承了古建筑的文化装饰

（四）特色文化要素分析

1. 民俗风情有特色，地方传统色彩浓厚

一是正月的岳庙"抢头香"。大年三十零点一过，南岳城区，人流如潮，万人空巷，但有一明显特征，那就是在给南岳圣帝拜年之前，都不说一句话，这就是南岳一怪"熟人见面不理睬"；二是正月十五闹元宵。等到十五这天，"百龙朝圣"，所有舞龙队伍都汇集到南岳大庙，给圣帝贺年后再分赴各街舞龙。三是"赶八月"。说是赶八月，实则是农历七、八、九3个月。省内及邻近省份香客，统一着装，成群结队，浩浩荡荡来朝拜圣帝。四是黄道吉日的宗教朝圣。每年的"观音圣诞""圣帝生日"等吉日，八方信众，不远千里，云集南岳参与宗教朝拜。

2. 寿文化的地域特色

寿文化可谓南岳古镇的标志，火神祝融是南岳衡山的主神，他掌管着人间福、禄、寿之神，人们对祝融氏很是崇拜。自汉朝起，南岳就有"寿岳"之称，并且早就被世人所公认。历史上有不少文人骚客慕名而来，留下众多关于南岳寿文化的诗词歌赋。寿文化的发展和传承也是中国传统文化的表现，寿文化所倡导的敬老爱老传统，将中华民族历来的传统文化美德展现得淋漓尽致。南岳大庙是集南岳寿岳文化之成的建筑，屋檐上、装饰架上到处都能看到"寿"字，御碑亭上的100个形态各异的篆体"寿"字，故又名"百寿亭"（见图14-7）。

图14-7　万寿大鼎

3. 三教共存的宗教文化

佛、道、儒三教共存是南岳古镇典型的文化特色，道教和佛教先后传入南岳并得到了一定的发展，道观、寺院林立。儒家的礼制思想等级有序、尊卑有别在不同的建筑中体现出来，建筑的设计和布局都是沿中轴对称，顺应地势，又体现了"天人合一"思想，南岳大庙佛道共存，东侧为8个道观，西侧为8个佛寺，儒、释、道三教共存一庙，这是我国乃至世界庙宇中绝无仅有的，因此，不管是本市居民还是外来游客，来南岳之时都会前来朝拜。

4. 茶文化为宗教文化衍生的产物

南岳茶文化节展"非遗"风采，传承千年历史，南岳作为中华茶寿文化之乡，在国内甚至国际上都具有广泛的影响，在茶文化节之时，各省人员慕名而来，一起庆贺。茶文化的形成与宗教文化密切相关，品茶与修禅相结合，形成了"茶禅一味"之说。

（五）南岳古镇核心区业态调查结果

1. 十字街核心区商业分布集中

南岳古镇针对特定消费者的特定需求，按照一定的战略目标，有选择地运用商品经营结构、店铺位置、店铺规模、店铺形态、价格政策、销售方式、销售服务等经营手段，提供销售和服务的类型化服务形态。核心区的商家众多，商业密集程度高。御街的一半由旅游纪念品店铺占据，其余均分布着密集的香业商户。而酒店及餐饮零售等店铺则零星的散落在核心区内。图14-8为核心区业态分布。

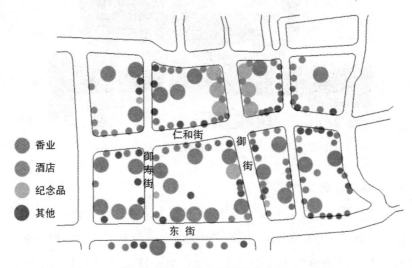

图14-8 核心区业态分布

2. 核心区香业发展兴旺

本次调研，小组成员通过记录位于南岳古镇中心商业区的各家商铺的分布及数量，来做出对南岳古镇的核心区域业态分布分析。由记录的数据表明，在南岳大庙前的业态分布密集区域内，含有多条极具文化特色的商业街，总共存在 287 家商户，统一规划经营香火、工艺木雕、旅游纪念品等，主营香行的商铺占比 51%，主营纪念礼品的商铺有 15%，餐饮与住宿的商铺共占比 24%，剩下由不同商品类别的商铺组成，但大部分商家在经营主打商品时都会在店内留有一片空间来经营香业。由此可以看出，香火是南岳古镇的主要经济来源，纪念品、工艺木雕等次之。图 14-9 为核心区商铺数量，图 14-10 为核心区商铺占比。

3. 南岳古镇核心区宗教氛围浓厚

由于商业主街正对着南岳大庙的正门，宗教祭祀文化氛围较为浓厚，全国各地游客对礼佛和寺庙建筑都比较敬畏，游客在南岳大庙拜佛祭祀之前，都会选择购买祭祀用品来朝拜祭祀，由此南岳古镇贩卖宗教祭祀用品的商铺得以繁荣发展。南岳古镇是目前中国南方唯一人文先祖的宗教祭祀古镇，至今仍保留着许多珍贵的宗教建筑、居民建筑、文物古迹、民间习俗、典籍等。南岳古镇有着独特的地理区位、悠久的古镇历史、深厚的文化底蕴和丰富的文化景观等特点。由此也吸引了大批喜爱人文景观与历史文化的游客。

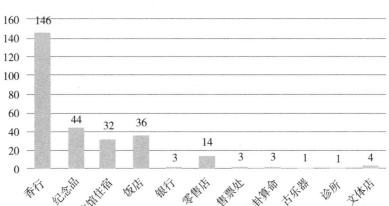

图 14-9　核心区业态分布

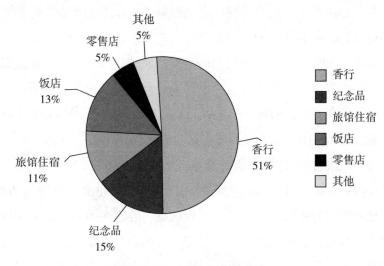

图 14-10　核心区商铺占比

（六）外围商业区业态调查结果

1. 香业等特色产业由中心向外围逐渐递减

由表 14-2 可知，在远离南岳古镇核心区的外围区域，旅游商品店面数量较少，仅有 66 家，而相对而言距离南岳古镇核心区较近的金沙路路段就占了 37 家。餐饮类店面多为游客提供服务，因此在 112 家餐饮店面中，游客通行量较大的金沙路分布有 87 家餐饮类店面，食宿类店面的分布同样为金沙路最多，其余两条路持平。茶业在外围区域分布较少，但店面一般规模较大，在金沙路路段可见茶业与香业穿插的店面排列。由于南岳古镇香业发展蓬勃，因此即便在南岳古镇外围依旧存在较多的香业店铺，从事香业的店铺高达 149 家。可见香业作为南岳古镇的特色产业，在当地商业占有非常大的比重。古镇外围的店面分布很大程度地受到与古镇核心区距离、游客数量、居民区位置等因素的影响，旅游商品、香、茶等与游客密切的商业相关基本上呈现由核心区向外围减少的趋势（见图 14-11）。

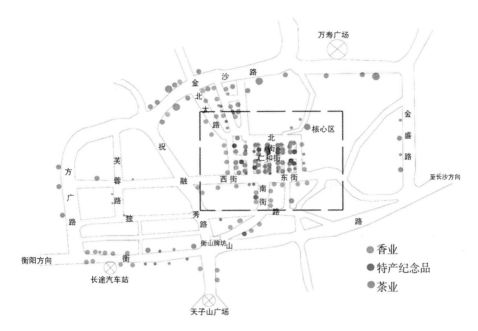

图 14-11　特色产业分布趋势

2. 生活性产业逐渐增多

据数据分析：衡山路、方广路、金沙路、芙蓉路、祝融路均为离居民区较近的主要道路，主要商业为服务配套类，包括生活用品、家居装潢、医疗教育、红白事用品、汽修配件等，总数达到181家，离居民区集中区域较近的衡山路路段有90家，祝融路有53家，其余道路分布基本持平，这些配套服务类设施，能够为居民的生活和出行提供相应服务。可以看出，生活性服务店铺还是占了大部分的比例的，而且生活性产业是从中心区向外围呈逐渐增多的趋势（见表14-2）。

表 14-2　南岳古镇外围沿交通线的各类商业店面数目表

道路名称	旅游商品类	餐饮类	食宿类	休闲娱乐类	服务配套类	香业	茶业
衡山路	3	7	5	2	90	5	0
方广路	1	10	5	4	15	31	0
金沙路	37	87	16	10	15	70	5
芙蓉路	12	3	6	8	8	22	1
祝融路	13	22	19	8	53	21	1

（七）南岳古镇情感、归属感调查结果

为了加深对长期居住居民、经营主体、政府人员对南岳古镇的印象和情感，我们对不同阶层的人进行了深度访谈，访谈结果与分析如下：

1. 多数居民对古镇表现出积极的情感

调研小组采取随机抽样方法，针对在古镇景区居住一年以上的本地居民或外来居民进行了面对面的访谈，共访谈居民 32 人，其中本地居民 20 人，外来居民 12 人，采用了开放式编码分析方法进行结果分析（见表 14-3）。

表 14-3　居民情感分析

选择式编码	主轴式编码	开放性编码示例
地方依恋	生活离不开南岳	住这么久了，对这附近环境都很熟悉了，肯定舍不得离开
	出门在外会想念南岳	虽然不是土生土长，待久了，去其他地方又想，就回来发展了
	对南岳的认同感	南岳现在发展挺好的，也很有特色。
	过自己想过的生活	既可以欣赏风景，也可以感受香火文化，是我喜欢的生活方式
	适合居住	这里环境好，可以做点小生意，不用外出打工，可以陪家人
归属感	喜欢南岳	南岳很好，现在都发展起来了，我们的生活也好起来了
	社区人际关系广	在这住了十几年了，附近的人都认识，我们没事就聚在一起聊天
	希望长居于此	南岳是我生长的地方，已经离不开了，我的根在这里
	为南岳发展感到自豪	现在南岳旅游搞起来了，很多游客来旅游，名气也越来越大了
生活幸福感	物质生活得到满足	现在的基本生活都能满足，衣食住行都不愁了，生活水平比以前好
	社区关系和睦，相处愉快	我们邻居关系都很好，平时有什么困难都互帮互助，经常串门

续表

选择式编码	主轴式编码	开放性编码示例
旅游发展满意感	旅游发展总体满意	大体来说，南岳发展挺好的，很多游客都来这里，名气也挺大的
	期望中的旅游发展	跟我想象相比，南岳还有较大的发展空间，希望南岳越来越好
	与以前相比旅游满意度	以前没发展旅游时，都是做些小买卖、打零工、做农活之类的，生活水平比较低。发展旅游后，机会比以前多了，生活也比以前好多了

从表 14-3 中可以看出，大部分居民习惯于古镇的生活氛围，对古镇传统文化以及长期以来生活环境产生了地方依恋和较为清晰的归属感。多数居民比较认同旅游业的发展对古镇发展主要产生的是正面效应，提高了生活水平和质量，让生活更加幸福，同时他们也认为南岳古镇游客多就代表着其知名度越来越高、发展得越来越好，在一定程度上增强了一种作为本地人的自豪感。

2. 经营者对南岳古镇会产生一定的归属感

调研小组共访谈经营者 16 人，其中本地居民 4 人，外来经营者 12 人，对经营者的访谈大致涉及 5 大部分的内容：经营者的基本信息、店铺的经营情况、店主的开店动机和发展计划、店主对南岳古镇归属感和依恋程度的大小，对南岳古镇旅游发展的态度和影响感知，最后采用了主轴式编码分析方法进行结果分析（见表 14-4）。

表 14-4　经营者情感分析

编号	概念化	范畴化
1	主要的经济来源	经营收入的依赖
2	创业机会和经济收入	
3	生活的经济需要	
4	政府的组织管理	政府组织依赖
5	制度和管理保障	

续表

编号	概念化	范畴化
6	商业氛围	商业环境依赖
7	旅游市场潜力	
8	提高经济收入	
9	地域文化效应	传统文化认同
10	传统文化的发展	
11	现代文化传承传统文化	
12	旅游保护传统文化	旅游发展依赖
13	旅游基础设施	

从调查结果来看，南岳古镇在进行旅游开发的过程中，不管是本地居民还是外来经营者，都通过不同方式从旅游地索取一定的经济收益，这是普遍现象，但这其中，外来经营者通过商业活动的发展，会对旅游地自然而然产生出一种经济依赖关系，这表现为经营收益。随着经营者通过与所在地区商业环境的持续互动，自然而然地会产生一种情感认同，不管是对物质基础还是文化方面，也就是归属感。

3. 政府人员对古镇文化的保护与传承极为看重

调研小组共访谈政府人员 3 人，分别为管委会人员、居委会人员，访谈大致涉及两部分的内容：政府对古镇的政策扶持、古镇的发展现状是否符合预期。对于访谈的结果分析，发现他们对于协调古镇文化传承、经济发展与环境保护的关系是极为看重的，维持与保护古镇良好的文化资源是进行旅游发展的必要条件。

政府举办的文化会展通过保护环境，传承古镇文化，促进古镇经济发展，并从古镇经济发展中获得更多的文化支持，以加强环境保护与文化传承，从而实现古镇文化、经济、环境的协调可持续发展。

三、南岳古镇文化景观的传承现状及对策分析

在对南岳古镇文化景观进行调查的基础上，从景观特色、风貌协调和非遗宣传等方面分析其文化景观传承现状，并提出一些对策。

（一）南岳古镇文化景观传承现状

1. 古镇特色景观缺乏保护

大多数人都是在新的建设中对城市原有的文化价值缺乏应有的认识，于是便会形成建设性破坏。如南岳御街格局在宋代已经形成，但今天御街已日渐堵塞，两条御溪已成为两条排水沟，景观文化特色正在逐渐消失。另外，从建筑风貌来看，古镇除景观建筑与十字街的民居建筑具有一定的传统地方特征外，其余建筑基本没有体现南岳地区的传统建筑风格；从建筑质量来看，古镇中一些民房破损情况严重。

2. 传统建筑风貌与现代建筑不协调

随着经济的发展，生活在现代的人们必然与古老的传统方式以及生活设施产生诸多不适应，现代功能对建筑空间、城市空间的要求使得传统的建筑形式、历史环境难以适应，因此许多居民对老房进行重建甚至建造与周围环境格格不入的建筑，使古镇原有的古香古色的风貌大打折扣，现状建筑整体风貌不尽如人意。

3. 古镇非物质文化宣传力度不足

南岳古镇的灵魂在于蕴藏着丰富的非物质文化。在当前古镇文化中非物质文化遗产正在逐渐消失，特有的民俗风情正在日益淡化，一些传统工艺品和技艺不断失传，从调查中我们发现，游客来南岳游览的主要景点就是衡山与南岳大庙，并且他们并不关注甚至不了解当地的茶文化、寿文化、抗战文化，由此看出，古镇对非物质文化遗产的宣传力度不够，导致人们不能将传统文化传承下来。

4. 特色产业发展不均衡

由 119 页图 14-12 特色产业分布图可以看出，由于旅游业的不断发展，在经济的驱使下，香业的规模不断扩大，同为特色产业的茶业在古镇中规模却十分的弱小，不管在核心区或在外围商业区仅仅存在着十几家店铺，香业的发展挤占了其他特色产业的发展，这样的商业发展十分不合理。

（二）南岳古镇文化景观传承对策

1. 从整体上对景观文化进行全方位的保护

古镇景观已经成了古镇整体环境的重要组成部分，密切联系着人们的生产生活，从古镇景观保护与提升的角度来看，政府应该加强对每一处文化景观的保护措施，加强区域管理，对现有的特色景观进行保护，对部分毁损程度较高，开发困难的景观进行合理改造。使之与古镇景观相适应，增强整体协调性。在政府的统一管理下，通过提高居民的自发保护，管理商贾提高对特色景观的保护与开发。

2. 兼顾特色保护与整体开发相协调

在古镇的发展过程中避免不了现代因素的加入，对此我们无法完全排斥，因此，我们应该找出现代文化与传统文化差异性使之相融合，特色即是古镇文化底蕴之所在，失去特色就会失去古镇的真正的文化内涵和价值；整体即是在古镇新的建设中产生的建筑物要与原有风貌相协调，这样才能使古镇在历史与现代的统一中既有良好保护又有开发创新，以形成浓郁的古镇文化氛围。当然，对于古镇中非常不协调的现代建筑还是需要进行改建或者拆除，从而建造一个具有文化传承的整体景观特色。

3. 加强宣传，提升非物质文化活力

政府部门应组织有关专业人员根据当地的非物质文化以图文并茂的方式编写出宣传手册，发放给当地居民和外来游客，并通过广播、电视、网络等手段进行广泛的宣传，积极普及当地的传统文化知识，培养大家对传统文化的了解认知，另外，要在传统文化内容上进行不断地改革创新，在原有的特色基础上为传统文化注入活力，加大对传承载体的建设，可以利用节庆活动及艺术表演的机遇，进行传统文化的整理、展示、发展与传承，也可以通过旅游业的平台进行传承与弘扬。

4. 调整产业结构，均衡发展特色产业

古镇的香业作为主要支撑产业，应该大力发展，但是作为特色文化产业的茶业与手工小商品业也应该作为文化的传承发展起来，政府应该加强引导和规范，对其他特色产业加以政策、资金、技术上的支持，根据现状调整产业结构，进而打造出一系列的文化产品，对于文化的传承与发展是十分有益的。

研究南岳古镇就是为了传承和发扬其优秀的历史文化，保护地方文化的根基。南岳古镇历史悠久，至今已有长达四千余年的历史，古镇有着深刻的审美价值、艺术价值、旅游文化价值，其宗教文化旅游资源更是丰富，南岳古镇在形成与发展中，具有自己独特的历史和发展方向，只有保护并充分开发利用好古镇景观文化、历史遗存、古建筑、古街、古巷特色风貌和非物质文化，依托历史，立足现实，面向未来，才能使历史文脉得以延续，传统文化得以弘扬，凸显古镇个性特色，促进城市经济、社会和文化的可持续发展，提升古镇文化品质。研究成果对于加强南岳古镇的特色景观文化资源的保护传承与合理开发利用具有一定的参考价值。

调查报告评析：

选择文化景观传承话题进行探讨，选题较为新颖，通过阅读文化景观和文化传承的相关文献，然后对南岳古镇文化景观进行实地考察，并分析其存在的问题及不足，对其提出一些对策。报告内容详细，调查数据可靠，问题分析较为全面和深入。思路清晰，层次结构合理。表达形式多样，图文并茂。对策部分提出了一些具有针对性的解决办法，值得肯定。不足之处：有些对策缺乏针对性；问题分析部分要注意论证的逻辑性；语言表达上还有改进空间。综合来看，是一个非常优秀的调查报告。

第十五章
感知乡土文化的古典园林调查

2014 年 11 月 15 日，在杨立国老师的指导下，2013 级人文地理与城乡规划专业 1 班第一小组（王宇桐、董滕滕、房芳、范艳妮、王敏、陈伟杨、白雪、赵生祥、周勇君、章天成）通过对广州市余荫山房的实地调查与分析，了解余荫山房的空间布局与造景风格，观察分析余荫山房的景观要素以及建筑特点对新式古典园林的造景手法与审美意蕴，借鉴与规划等。使新园林在功能上满足现代游览之需，同时又能够在新、老区域在风格和文化内涵上找到平衡。使我们更加深入的了解古典园林的特色，为今后的规划能力打下结实的基础。主要采用文献查阅、实地调查、现场踏勘、手绘图法、CAD 制图法、拍照等方法。其中，余荫山房的空间布局及造景风格采用实地调查与分析法；采用现场踏勘、拍照和测量等方法调查余荫山房特色建筑的基本信息；采用手绘图法进行特色建筑的绘制；用 CAD 绘制当前布局及未来构想的古典园林整体布局。

一、区域概况

广州市地处华南，位于广东省的东南部，是中国南方最大、历史最悠久的对外通商口岸，世界著名的港口城市之一，中国历史文化名城。本专题选择广州市余荫山房进行调查，了解岭南古典园林的造景风格及景观特色。余荫山房位于广州市番禺区南村镇，始建于清同治六年（1867），同治十年（1871）竣工，历时 5 年。此园占地面积为 1598 平方米，为清代广东四大名园之一。该园是一座布局精美小巧、玲珑剔透为特色的岭南园林[82]。

二、调查结果分析

古典园林调查包括空间布局、景观要素和古典园林建筑三个方面，因此古典园林的调查也从这三个方面展开。

（一）古典园林的空间布局分析

1. 余荫山房灵巧精致、分区明显

余荫山房总体坐北朝南，以廊桥为界，将园林分为东、西两个部分。园林中有深柳堂、榄核厅、临池别馆、玲珑水榭、来薰亭、孔雀亭和廊桥等景观。西半部以长方形余荫山房石砌荷池为中心，池南有造型简洁的临池别馆；池北为主厅深柳堂，深柳堂是园中主题建筑。东半部的中央为一八角形水池，池中有八角亭一座名"玲珑水榭"。东西两半部的景物，与廊桥有机地结合在一起。此外，余荫山房南面还紧邻着一座稍小的瑜园。

2. 景点布局以西为主，东边为辅

余荫山房园林的景观大多位于轴线以东，由园林大门进入，可以清楚看到景点分布的疏密情况，在视觉上可以让人感到该园在空间上的大气感。园林房屋建筑与山水景观相间分布。该园林有多处人造水池，除了外围的鬼灵池以外，其他的厅堂都是前面有小巧的假山和水池，附上各色植物，这样的景观布局使得房屋建筑更加贴近自然，景观的搭配更加合理。

（二）古典园林景观要素分析

1. 假山结构层次感较强

余荫山房中假山和植物之间的层次感强，突出整个山房中假山塑造的艺术美，能够大大地提高游客对山房的观赏价值。山房中的假山与周围其他的环境搭配，第一层为地面，第二层是花坛，里面种植了一些竹子，第三层是假山。增加了假山与周围环境协调性，从人们观赏的价值上，给人一种山房中有山、有植物的印象。

2. 水体景观深浅曲折，峰回路转

整个水体集中在偏北处和东南处。建筑物分布于水池周边，纵向由东至西水池两口。水池穿当中有一个八角形水池，是整个余荫山房最佳观赏处。水池中可观赏鱼类多，水面漂浮垃圾较少。

3. 植物种类丰富, 百年古树数量多

余荫山房为岭南私家园林的典范, 园内植物种类丰富, 共有54科93种 (图15-1), 其中, 百年古树有13棵, 如凤凰木 (100年)、洋紫荆 (103年)、萍婆 (130年)。走进园林, 即可见到数十棵排列有致的树木, 其中就有荔枝 (115年)、龙眼 (137年), 其余的11棵古树分布于园中各处。园中的标志性树木为榆树, 取"余荫"之意。

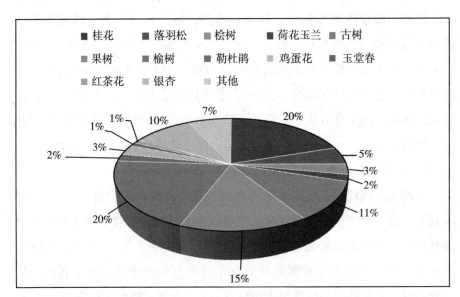

图15-1　余荫山房植物种类饼状图

4. 余荫山房园林道路曲折有致

图15-2　余荫山房的景观图

余荫山房道路设计与中国其他古典园林有着很大的相似，传承中国园林道路在有限的空间内忌直求曲，以曲为妙的特点。余荫山房两栋建筑之间有巷道隔开，园内道路依水而建，道路曲折有致，水体与建筑之间有廊桥相连，这样的格局增加了园林可供玩赏的地方，使一幅幅画景不断地展现在游人面前（图15-2）。

5. 景观小品的布置别具一格

余荫山房内亭、台、楼、阁、馆、轩皆具，以临池别馆、玲珑水榭、浣红跨绿桥廊最为著名。浣红跨绿桥廊全长20米，将园区分隔成东西两部分，西部"红雨"，东部"绿云"，故名"浣红跨绿"，被誉为岭南园林最经典的造型，成为园内标志性景观（图15-3）。

图15-3 浣红跨绿桥廊实图及手绘图

临池别馆是园主人寻诗觅句、即席挥毫的书斋。此建筑外观精美素雅，装饰朴实无华，前廊紧贴池边，长栏依傍，属硬山顶建筑。玲珑水榭形如其名，水榭呈八角形，四周环水，八面全是明亮的细密花格长窗，使整座建筑显得玲珑剔透，启窗向外观赏四周景物，清晰可见。

6. 园林景致空间层次感强

园林空间布局分为三部分：底部河流池水、中部建筑、高处树木。河流迂回，池水之上设置廊桥、石桥，曲折幽深，亭廊相接，高处嘉树浓荫，与天空交接处界限高低起伏，富有韵律感。从低到高色彩变化为：深绿色、黑色、碧绿色，色彩具有跳跃性。建筑与景致一动一静，建筑处于静态，池水波光粼粼、树木枝叶摇曳，花木景致处于动态，动态美与静态美相合，层次感丰富。

（三）古典园林的建筑分析

1. 园林以建筑为主，水石花木为辅

余荫山房为私家园林，功能以适应日常生活起居要求为主，注重其实用性，水石花木是为了增加其观赏价值。东区主体建筑玲珑水榭又称八角亭，八面环水，廊桥相接，丹桂、杨柳、蜡梅、假山环绕其间，交相穿插，错落有致。深柳堂与临池别馆、一泓池水相隔，一繁一简，相互映衬，深柳堂前庭院盘绕着两株炮仗花古藤，池中荷叶匍匐。亭、廊、阁、榭，皆前部架空挑出水上，将曲折的池岸加以掩映，水犹似自其下流出，用以打破岸边的视线局限造成池水无边的视角印象。

2. 园林建筑局部特色鲜明

飞檐类型多种多样，形状各异，并各有其特殊寓意，寓意多为保佑生活安康幸福，吞云吐雨防火防灾。窗户采用进口彩色玻璃，此称"四季窗"，可透过彩色窗户看见一年四季不同的景色，是当时少有采用的建筑材料。房顶采用硬山顶建筑形式，屋面平缓，这种形式巧妙的因地制宜，是很好的防台风设计（如图15-4）。

图15-4　余荫山房的飞檐实图与手绘

3. 园林堂、厅、楼、阁功能多样、搭配手法丰富

深柳堂为余荫山房主要建筑，其名取自诗句"深柳读书堂"。其正厅为主人提供邀集骚人墨客、新朋旧友把酒言欢、吟诗作对的场所。正厅后有

两间小书房，布局相同，都为一书桌、一座椅、一较高储物衣柜，氛围静谧，适合个人安心研究学问。厅堂里一动、一静相结合，完美地体现了园林厅堂功能的多样性与丰富的搭配手法。孔雀亭在岭南园林中较为少见，其主要为观赏性建筑（如图15-5）。孔雀亭体现园主对官场充满遐想，反映出园主人望子成龙、望女成凤的愿望。另外旧时官帽上所用翎毛是孔雀的羽毛，极大地体现出园主对官场的留恋。

图15-5　孔雀亭现景及手绘图

（四）保护现状分析

1. 余荫山房周边水体污染严重，生态环境恶劣

余荫山房外门口有两个水池，臭味难闻。水中有很多杂物，水体可见度低，水中观赏的景物少。水面漂浮大量垃圾，漂浮的物质和发出的臭味，影响游客对余荫山房的观赏（图15-6）。为了给旅客提供良好氛围，应给山房门口水池增加活水面积，可以增加些岸边溪流，动静结合，从环境心理学的角度看，流水声能使人更加亲近自然[83]。

2. 余荫山房墙体破坏较为严重，没有对其进行良好的修复

余荫山房建成时间较久等原因造成墙体受损、植物遭破坏等现象。在我们的考察中这些状况并非由于人为原因，而是自然原因。余荫山房建筑大都以砖木结构居多，因此受岭南地区潮湿等自然天气的毁损、风化使得不少墙体出现脱落等现象。文物保护单位应注重对山房的日常修复，并根据当地情况保护建筑。

图15-6　余荫山房门口水池

3. 游客数量增加，为余荫山房增加了较大压力

余荫山房已成为全国重点文物保护单位，外地游客慕名而来，为余荫山房增加了较大压力，游客众多，造成较多环境问题。文物保护单位除了应注重对山房的日常修复外，还应该通过限制游客数、提高票价等措施保护余荫山房。

4. 瑜园翻修现代元素众多，传统元素稀缺

调查过程中发现余荫山房的瑜园正在翻修，其中搬运工人正在搬新购置的桌椅，这些桌椅依然很新，除桌椅为木质外，毫无美感。而楼下工人也在清理钢筋水泥等现代建筑所需用品。

调查报告评析：

选择园林景观话题进行探讨，选题较为新颖，通过阅读园林景观和空间布局的相关文献，然后对余荫山房园林景观进行实地考察，并分析其存在的问题及不足，对其提出一些对策。报告内容全面，调查数据丰富，问题分析较为深入，图文并茂。思路清晰，层次结构合理。对策部分提出了一些建设性意见，值得肯定。不足之处：有些对策缺乏针对性；问题分析部分要注意结合可行性；语言表达上还有改进空间。综合来看，是一个比较优秀的调查报告。

第十六章
感知乡土文化的村寨景观调查

2013 年 11 月 15 日，在杨立国老师的指导下，2011 级人文地理与城乡规划专业 1 班（喻媚、胡景强、杨浩）通过对通道芋头侗族村寨的实地调查与分析，了解居民的景观感知与认同情况。关于"景观"的研究国外开展得比较早。19 世纪初，德国地理学家、地植物学家 Von.Humboldt 将景观作为一个科学名词引入到地理学中，并解释为"一个区域的总体特征"（Naveh and Lieberman，1984）。随后，美国地理学家索尔（Carl.O.Sauer）在 1925 年提出了景观的概念。然而，最早将"基因"的概念引进文化景观的研究中来的是我国学者刘沛林。他利用生物学上的"基因"概念，提出了文化景观基因的概念。并建立了区域聚落景观的识别原则，成功地进行了传统古村落景观的基因识别。此后，多名学者借助"景观"或"景观基因"的概念对社区及不同的传统聚落景观基因进行识别。如王爱平、周尚意等人，从居民的环境感知和心理认同的角度考察居民对社区地标景观感知和认同[84]。辛福森、黄成林运用"景观基因"这一概念，通过六个识别性要素对徽州传统聚落进行识别[85]。主要参考王爱平等人的《关于社区地标景观感知和认同研究》一文，以通道县芋头侗寨作为研究区域，分别对其鼓楼、风雨桥、寨门、萨坛、民居特征、道路特征、整体布局形态、图腾标志、环境因子等几个景观基因，从居民的环境感知（如颜色、造型、体积、位置等）和心理认同的角度（功能、意义和情感等的认同）考察了居民对其接受程度。

一、区域概况与研究方法

芋头侗寨始建于明洪武年间，位于通道县双江镇西南 9 千米处的芋头村，由下寨、中寨、牙上三个寨组成，占地约 11.6 万平方米，约 150 户 800 人。该村落坐落于丘陵谷地之中，芋头溪自西向东流过谷地。海拔 560—1100 米山坡的植被以松、杉、油茶树为主。历经明清两代续建，后遭火灾，几经复建，形成今天的格局。芋头侗寨至今仍完整地保留着明朝建筑格局和清代中期建筑实物，其中有鼓楼 4 座，风雨桥 3 座，侗族吊脚楼 78 座，具有较高的历史价值和研究价值，被专家称为侗族建筑的"实物博物馆"，已被列入第 5 批全国重点文物保护名录。通道县芋头侗寨区域内景观基因识别为鼓楼、风雨桥、寨门、萨坛、民居特征、道路特征、整体布局形态、图腾标志、环境因子 9 个，以此开展居民感知与认同的调查。

（一）问卷调查样本和数据信度分析

调查以湖南省怀化市通道县双江镇芋头侗寨的居民为抽样全集，抽样方法是类型随机抽样，剔出无效问卷后，抽取了当地居民 57 人作为被试。抽样的不足之处是对比指标比较多，在调查过程中无法使得每个指标信息提取时都达到均衡。以居民对该村寨地标环境感知和心理认同为两大主线，共设 59 题，感知部分有 32 题，从对地标的环境感知层面了解芋头侗族居民对它的感知，它包括颜色、造型、体积、位置等几个维度；认同部分有 27 题，从心理认知角度考察当地居民对该村寨地标和文化的认同，它包括功能、意义和情感三个维度（表 16-1、表 16-2）。

表 16-1　芋头侗寨景观基因感知与认同调查表

主要问题	详细内容
基本信息	年龄、性别、职业、教育程度、家族姓氏、居住时间、居住寨子
景观基因感知	鼓楼（颜色、体积、造型、位置）　　风雨桥（颜色、体积、造型、位置） 寨门（颜色、体积、造型、位置）　　萨坛（颜色、体积、造型、位置） 民居特征（颜色、体积、造型）　　道路特征（材质、宽度、长度、位置） 整体布局形态感知（沿等高线布局、以鼓楼为中心布局、沿河布局、整体形态） 图腾标志（一神或多神图腾、萨岁庙供奉的神、杉树+太阳鸟） 环境因子［山间河谷（盆地），村口（中）杉树］
景观基因认同	功能、意义、情感

表 16-2　调查人群结构特征

项目	调查内容	所占比重	项目	调查内容	所占比重
年龄	15 岁以下 15—24 岁 24—35 岁 35—60 岁 60 岁以上	2% 9% 33% 35% 21%	居住时间	10 年以上 10—20 年 20—40 年 40—60 年 60 年以上	19% 5% 28% 29% 19%
职业	无 务农 兼业 服务业 建筑业 学生 其他	9% 51% 16% 14% 3% 3% 4%	性别	男 女	49% 51%
			家族姓氏	杨 粟 龙 吴 其他	65% 9% 12% 7% 7%
教育程度	无 小学 初中 初中以上	14% 36% 38% 12%	居住寨子	上 中 下	37% 30% 33%

（二）数据分析方法

研究抽取了"非常清楚"一项的数据，以调查对象的属性差异作为自变量，将景观基因作为因变量，从感知与认同两个方面考察，旨在找出不同属性调查对象对景观基因感知与认同的差异。

数据处理公式为：$P = X \times U / Y$　其中，P 表示感知或者认同的强度，P 值越大，强度越强。X 表示感知或认同"非常清楚"的总人数，Y 为景观基因感知所包含的因素个数，如鼓楼感知包含颜色、造型、体积、位置 4 项，则 Y 取值 4。U 表示频数，是该属性人数与调查总人数的比值，用以削弱不同居民属性、被调查人数不一的影响。

二、调查结果分析

传统村落景观感知调查主要从总体和分指标两个方面进行，主要揭示传统村落景观感知的总体特征和感知主体（年龄、职业、性别）差异。

（一）总体结果分析

随着年龄的增长，居民感知度逐渐增强，但 60 岁以后，感知度则有下降趋势。在表 16-3 中可以看出，35—60 岁的感知度平均值最高为 24.45，15—24 岁的最低为 6.33，差异较大。而认同度则与年龄成正相关，年龄越大，对景观基因的认同度越高。由于老年人身体机能下降，行动不便，且感官逐渐衰弱，感知度故有所下降。但年龄越大，意味着居住时间越长，乡土情结就越深，越认同侗寨这片土地。这与考量居民居住时间属性所体现的规律一致，居住时间越长，居民对景观基因的认同度就越高。

表 16-3　不同年龄组间在感知上的差异分析

	15—24 岁	24—35 岁	35—60 岁	60 岁以上	均值
鼓　　楼	11.20	22.84	25.20	19.83	19.77
风雨桥	11.20	24.32	28.70	19.83	21.01
寨　　门	19.60	27.26	21.00	25.67	23.38
萨　　坛	8.40	27.26	31.50	28.00	23.79
民居特征	0.00	27.50	19.60	14.00	15.28
道路特征	2.80	28.00	31.50	25.67	21.99
整体布局形态	3.73	20.63	30.80	32.67	21.96
图腾标志	0.00	5.89	17.73	23.33	11.74
环境因子	0.00	16.21	14.00	18.67	12.22
均　　值	6.33	22.21	24.45	23.07	

（二）分组结果分析

分组结果分析从表 16-4 可以看出，男性居民感知度与认同度均高于女性居民，且居民对萨坛的感知度与认同度最高，而对图腾标志和环境因子的感知度与认同度很低。其中，男性感知度为 24.81，认同度为 27.75，均高于女性 19.60 的感知度和 19.66 的认同度。在调查中，无论调查对象属性如何，萨坛都是感知与认同度同比最高的。因为萨坛是侗族文化中核心的景观，承载着祭祀、崇拜的功能，至今全族人仍会定期祭拜，所以它的崇高地位得以延续。而图腾标志和环境因子的感知与认同度则非常低，这也说明了随着时代的变迁，图腾所蕴含的神话、环境所蕴含的风水理论渐渐不被人接受，也没有得到很好的传承，逐渐被人遗忘。

表 16-4　不同性别组间在认同上的差异分析

	男	女	均值
鼓　楼	38.00	31.45	34.73
风雨桥	34.61	24.90	29.76
寨　门	33.25	21.62	27.44
萨　坛	43.43	34.07	38.75
民居特征	29.18	20.31	24.75
道路特征	31.90	29.48	30.69
整体布局形态	12.21	5.9	9.06
图腾标志	14.25	5.90	10.08
环境因子	12.90	3.28	8.09
均　　值	27.75	19.66	

不同特征人群对景观基因的认同差异性高于其感知差异。如下表 16-5，以年龄、性别、职业、教育程度、家族姓氏、居住时间、居住寨子 7 个因子为特征划分标准，7 个特征因子的感知与认同的方差值差异明显。

表 16-5　不同特征的人群感知与认同的方差比较

项目	调查内容	方差		项目	调查内容	方差	
		感知	认同			感知	认同
年龄	15 岁以下	—	—	居住时间	10 年以上	8.44	9.49
	15—24 岁	6.39	14.19		10—20 年	9.90	10.25
	24—35 岁	6.82	9.92		20—40 年	8.80	11.69
	35—60 岁	3.22	12.22		40—60 年	5.36	13.53
	60 岁以上	5.30	12.78		60 年以上	5.27	12.72
职业	无	6.92	7.81	性别	男	6.259	11.01
	务农	5.44	14.11		女	4.22	11.16
	兼业	12.62	13.97	家族姓氏	杨	4.89	12.13
	服务业	6.06	11.03		粟	10.45	11.14
	建筑业	11.89	14.16		龙	9.32	7.27
	学生	13.90	14.93		吴	6.95	9.35
	其他	14.25	12.75		其他	6.65	13.79

项目	调查内容	方差		项目	调查内容	方差	
		感知	认同			感知	认同
教育程度	无 小学 初中 初中以上	6.15 5.43 7.39 6.74	12.74 13.63 10.27 10.32	居住寨子	上 中 下	6.56 5.03 5.04	11.45 10.59 10.47

不同职业组的感知和认同的差异比较大。由图 16-1 可得：不同职业组的感知和认同方差值均超过了 5，其数值波动比较大，突出了不同职业的居民的感知和认同存在巨大的差异。其中不同职业居民的认同差异更为突出，其方差值均达到 7.5 以上。

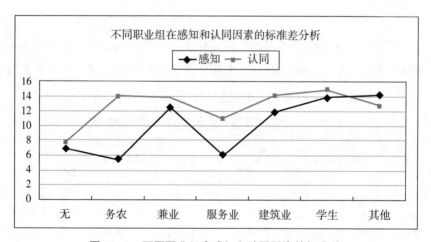

图 16-1 不同职业组在感知和认同因素的标准差

从事建筑业的居民对景观基因的感知度与认同度最高，从事服务业的居民则最低。学生的感知度较强，但认同度却很低。图 16-1 和表 16-6 中，建筑业的感知度明显较高，达到 42.70，而服务业则为 15.23。因为侗寨从事建筑业者主要是木工，景观基因基本由他们建造。从事服务业者则常年在外，侗寨内服务业极少，故对侗寨的感知与认同度不强。学生群体感官灵敏，感知度高，为 22.70，而初中之后就外出读书，很少回寨子，导致对侗寨的感情不深，认同度较低，为 13.72。其中务农的居民内部感知度差异较小，为 5.44，远低于标准差平均值 10.15，而内部认同度差异较大，为 14.11，高于标准差平均值 12.68。学生的内部感知度与认同度差异均较大，分别为 13.90 和 14.93。这种现象也与考量居民教育程度属性所体现的结论吻合，居民受教育程度越高，感知度越强，但初中出门读书后，有所减弱。而教育程度高，有表现出较低的认同度。

表 16-6　不同职业组间在感知上的差异分析

	无	务农	兼业	服务业	建筑业	学生	其他	均值
鼓　楼	28.50	19.66	34.83	14.25	57.00	21.38	7.13	26.11
风雨桥	22.80	22.60	41.17	11.16	44.63	21.38	7.13	24.41
寨　门	28.50	22.60	28.50	16.03	49.88	42.75	14.25	28.93
萨　坛	19.95	27.52	41.17	16.03	57.00	42.75	28.50	33.27
民居特征	19.00	16.38	35.89	11.88	47.50	9.50	19.00	22.74
道路特征	19.95	25.06	41.17	28.50	42.75	28.50	21.38	29.62
整体布局形态	22.80	23.59	25.33	21.38	38.00	28.50	28.50	26.87
图腾标志	3.80	19.66	6.33	7.13	19.00	9.50	19.00	12.06
环境因子	17.10	7.86	9.50	10.69	28.50	0.00	57.00	18.66
均　值	20.27	20.55	29.32	15.23	42.70	22.70	22.43	

居民感知度与教育程度呈正相关，教育程度越高，感知度越强，而认同度随着学历升高有减弱的趋势。但其中，初中以上学历居民感知度有所减弱，这是由于侗寨居民学历主要集中于无和小学，读初中的均为年轻一代，附近没有中学，需要离开侗寨外出求学，导致感知度减弱。从内部差异看，居民内部感知度差异越小，内部认同度差异越大，而内部感知度差异越大，内部认同度越小。其中，小学学历居民的内部感知度差异最小为 5.43，内部认同度差异最大为 13.63（图 16-2）。

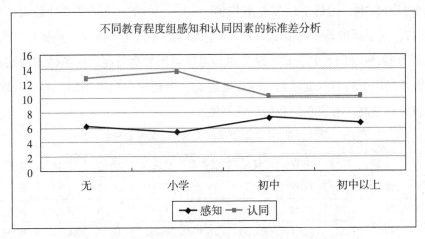

图 16-2   不同教育程度组在感知和认同因素的标准差

不同居住时间的居民对本村寨景观基因的感知和认同随着居住时间的增长而不断发生变化。其中，居住时间在 20 年以下的居民对村寨景观基因的感知和认同的差异不大，且这种差异随着居住时间的增长而不断缩小。这主要是由于居住时间越长，人们对周边的环境和事物越熟悉，认同度也随感知的增加而提高。然而，当居民的居住时间超过了 20 年后，由于居民对村寨的景观基因的感知不只是停留在事物的表面，而是对其有一个深层次的认识，所以其对事物的感知和认同出现了偏差。时间越长，差异越大。直到居民步入老年时期，对周边的事物感知减弱，这种感知与认同的差异变化逐步减弱（图 16-3）。

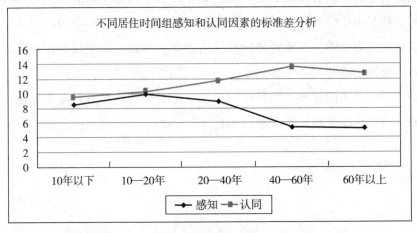

图 16-3   不同居住时间组在感知和认同因素的标准差

居住在中寨的居民感知与认同度最高，分别为 25.49 和 27.57。居住在上寨的居民感知与认同度最低，分别为 19.60 和 20.71（见表 16-8）。同时家族姓氏的不同对景观基因的感知与认同程度也有所不同，其中粟姓最高，分别为 27.34 和 28.64。杨姓其次，分别为 24.18 和 25.62。而龙姓、吴姓较弱，感知度人认同度均低于 20（见表 16-7）。在侗寨中往往聚族而居，以鼓楼为布局中心，一个鼓楼，一个姓氏，这造成居民的家族观念重，同一姓氏居民保持着相似的感知与认同水平，而不同姓氏间则存在差异。而家族的聚居也对寨子的区域进行了划分，龙姓集中在上寨，粟姓、杨姓则集中在中寨或下寨，因此上寨感知与认同度较低。此外，由于中寨位置优越，寨子的每一处都很容易到达，而上寨则出行不便，这也导致了上、中、下寨子居民感知与认同度的差异。

表 16-7　不同姓氏组间在感知上的差异分析

	杨	粟	龙	吴	其他	均值
鼓　　楼	25.03	22.80	22.39	14.25	14.25	19.74
风 雨 桥	25.80	34.20	29.86	19.00	19.00	25.57
寨　　门	24.26	31.35	20.36	14.25	32.06	24.46
萨　　坛	30.04	37.05	28.50	10.88	28.50	26.99
民居特征	20.54	22.80	27.94	24.94	24.94	24.23
道路特征	29.27	42.75	20.36	10.69	32.06	27.03
整体布局形态	29.27	30.40	21.71	28.50	19.00	25.78
图腾标志	16.43	19.00	0.00	4.75	19.00	11.84
环境因子	16.95	5.70	8.14	14.25	14.25	11.86
均　　值	24.18	27.34	19.92	15.72	22.56	

表 16-8　不同居住寨子组间在感知上的差异分析

	上	中	下	均值
鼓　　楼	19.68	25.15	24.75	23.19
风 雨 桥	23.07	25.99	24.57	24.54
寨　　门	19.68	25.99	27.75	24.47
萨　　坛	27.14	32.69	27.75	29.19

续表

	上	中	下	均值
民居特征	19.90	20.12	19.00	19.67
道路特征	25.75	28.50	30.75	28.33
整体布局形态	24.43	32.41	27.00	27.95
图腾标志	9.95	16.76	16.00	14.24
环境因子	6.79	21.79	16.50	15.03
均　值	19.60	25.49	23.79	

此外，居民对景观基因体积的感知最弱为 13.94，对位置的感知最强为 42.92。对景观基因的功能认同最弱为 16.21，对情感的认同最强为 28.26。由此可知，直观的位置、颜色因素易被感知，而体积和造型这类需要主观推测的因素不易被感知。并且，随着社会发展，事物的功能产生了变化，景观基因早先承载的功能已经被赋予新的功能，而旧的功能则不被使用，不被认同。但是，整体而言，侗寨居民对自己的寨子还是很喜欢的，情感上很认同（见图16-4）。

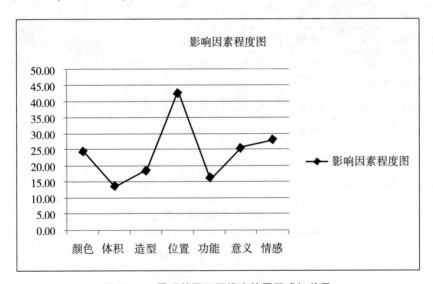

图 16-4　景观基因不同维度的居民感知差异

调查报告评析：

选择村寨景观话题进行探讨，选题较为新颖，通过阅读村寨景观和感知认同的相关文献，然后对芋头侗寨景观基因进行实地考察，并分析其存在的问题及不足，对其提出一些对策。报告内容丰富，调查数据可靠，图文并茂，问题分析较为深入。思路清晰，层次结构合理。不足之处：结果分析还不够深入；缺少芋头侗寨景观基因不足部分的调查分析；语言表达上还有改进空间。综合来看，是一个比较优秀的调查报告。

第十七章
感知乡土文化的文化遗产评价

随着世界经济全球化的发展和社会现代化进程的加快，世界文化的多样性和丰富性受到了极大的挑战。在这个快节奏的社会里，越来越多的人忽视了对非物质文化遗产等传统文化的保护。Peter. J. Nas 的 *Masterpiece of oral and Intangible heritage*（《人类口头和非物质遗产的杰作》），介绍了与非物质文化遗产相关的定义和概念；Adobe Acrobat 的 *Tangible and Intangible Heritage*（《物质与非物质遗产》）[86]，对比了物质和非物质文化遗产的定义、表现形式以及在保护中应该注意的问题；Harriet Deacon 的 *Intangible heritage in Conservation Management Planning*（《非物质文化遗产的保护管理规划》）[87]，重点指出了非物质文化遗产保护的重要性，认为非物质文化遗产必须和物质文化遗产一样得到重视，制定保护管理规划并严格遵守；Kenji Yoshida 的 *The Museum and the intangible cultural heritage*（《博物馆和非物质文化遗产》）[88]，提出通过在博物馆这个物质载体来展示非物质文化遗产的价值和重要性，以增强群众的保护意识。可见，外国学者更多的是注重对非物质文化遗产的概念表述、保护和管理措施等研究，而并未涉及对非物质文化遗产活态度方面的研究。国内学者吴文科在《论"非物质文化遗产"保护的根本性原则》[89]中提出了保护非物质文化遗产相关性的原则；刘魁立在《非物质文化遗产及其保护的整体性原则》[90]中介绍了联合国关于文化遗产整体性保护的原则，并结合非物质文化遗产的特性展开如何保护的论述；乌丙安的《非物质文化遗产保护中文化圈理论的应用》[91]、詹正发的《非物质文化遗产的法律保护》[92]和贺学君的《关于非物质文化遗产保护的理论思考》[93]则从理论上丰富了非物质文化遗产保护的研究；苑潇卜的《非物质文化遗产的活态传承路径探索》[94]及沈栖的《非物质文化遗产的"活态传承"》[95]中都提到了"活态传承"这个概念，但他们更多的是对非物质文化遗产活态传承方面的研究而没有涉及非物质文化遗产活态度评价这方面的研究。可见国内学者更多的是注重对非物质文化遗产保护及活态传承方面的研究，较少地涉及对非物质文化遗产活态度评价方面的研究。国内外学者对非物质文化遗产保护管理和活态传承方面的研究颇多，而对非物质文化遗产活态度评价缺乏科学细致的研究。通过构建非物质文化遗产的活态度指标体系，以江苏省进行实例分析，对江苏省非物质文化遗产活态度进行评价分析，并且提出有利于非物质文化遗产活态传承的可行性策略，以此来完善非物质文化遗产的理论体系。

一、研究区概况与研究方法

江苏省跨江滨海，湖泊众多，地势平坦，地跨长江、淮河两大水系，是长江三角洲地区的重要组成部分。江苏省作为非物质文化遗产集聚高地，其非物质文化遗产项目类型齐全、等级和品位较高。依据中国非物质文化遗产官网、江苏省非物质文化遗产官网数据，最后整理出江苏省国家级非物质文化遗产项目包括扩展项目共 146 项①，其中江苏省国家级非物质文化遗产推荐项目整理出 90 项[96]。

（一）数据来源

所运用的数据主要包括两大部分：通过文献资料法和实地访谈法来确定指标构建的原则和要素及同级指标的相对重要程度，然后采用层次分析法来计算权重，得到相关数据构建指标体系；通过对各项指标释义，从而确定各非物质文化遗产项目各指标的分值，最终得到江苏省国家级各项非物质文化遗产项目的总得分值。

（二）研究方法和思路

（1）文献资料法（Documentation Method）：运用文献资料法，通过参考

---

① 参见苏州非物质文化遗产信息网，http：//www.szfwzwh.gov.cn/

各个文献中构建指标体系的原则来比较判断适合构建活态度指标体系的原则。参考各指标体系中的各个要素，提取其中符合构建活态度指标体系的要素并思考分析其他相关要素。同时通过各网站查询江苏省的非物质文化遗产活态传承现状。

（2）层次分析法（Analytic Hierarchy Process）：运用层次分析法，通过对指标的定量与定性分析统计，得出评价体系中各评价指标的相对权重，从而对江苏省非物质文化遗产的活态度做出评价。

（3）实地访谈法（Field interviews）：实地访谈法是调查法中最常用的方法之一。对江苏省部分地区人民进行实地访谈，以此来大致确定江苏省非物质文化遗产活态度的大体情况。

二、非物质文化遗产活态度指标体系构建

指标体系构建是进行评价的基础，主要从指标构建的意义、原则、指标释义和评价标准几个方面展开。

（一）指标体系构建的意义

1. 掌握活态度现状，比较优势劣势

通过对非物质文化遗产的活态度构建全面、系统的指标体系，认清阻碍非物质文化遗产活态传承的因素。比较非物质文化遗产活态度中各个因素间的优势与劣势，进而对各地区的非物质文化遗产活态度现状更好地改善，促进非物质文化遗产活态传承能够健康可持续发展[97]。

2. 清楚活态传承责任，科学纠正偏差

非物质文化遗产活态度指标体系的构建能够使群众清楚非物质文化遗产活态传承的责任，知道非物质文化遗产活态传承的问题所在。并且使群众可以通过采取力所能及的措施来活态传承非物质文化遗产，科学纠正以前对活态传承非物质文化遗产存在的错误观点，自觉开展自身力所能及的非物质文化遗产活态传承活动[97]。

3. 提供监督依据，促进协调保护

非物质文化遗产活态度指标体系的构建能够为非物质文化遗产管理机构、媒体以及大众对非物质文化遗产活态传承保护的监督提供依据。同时

也为各活态传承保护人员间的合作交流提供了一个基础平台。社会大众可以清楚地对照指标体系来看到各地区非物质文化遗产活态度在哪些方面存在不足，哪些方面值得继续保持，以此来促进非物质文化遗产能够协调地活态传承下去。

（二）指标体系构建的原则

1. 系统性和独立性原则

影响非物质文化遗产活态度的因素多样，路径更是纷繁，而非物质文化遗产活态度中各个因素与路径之间相互影响构成了复杂的机体。所以对于构建非物质文化遗产活态度的指标体系必须遵循系统设计、系统评价的原则，系统考虑各因素的方方面面，保证构建的指标体系的完整性。同时构建指标体系时还要遵循独立性原则，同一层次指标之间要内涵清晰，相对独立，注意不要有内涵重复和交叉现象，做到整个指标体系层次清晰[98]。

2. 可操作性和指导性原则

在构建指标体系时不仅要全面考虑影响非物质文化遗产活态度的各种因素，同时还应该考虑各项指标的数据来源是否容易获取，执行起来是否具有可操作性。构建起科学性的指标体系可以让各个地区了解自己在对非物质文化遗产活态传承上面的优势与不足。从而对各地区科学有效地活态传承非物质文化遗产具有指导性作用。

3. 定性与定量相结合原则

非物质文化遗产的活态度涉及经济、社会、教育、政策等各个层面，其具体内涵很难全部通过定量的指标进行阐释，所以在构建指标体系时要采取定性与定量相结合的方法，运用层次分析法来确定评价指标的权重和评价指标的评价值，以此来构建科学合理的非物质文化遗产活态度指标体系[99]。

（三）理想指标体系的构建

非物质文化遗产活态度指标体系是一个复杂且具有层次的系统，总目标可分解为多个目标或准则，进而分解为多指标的若干层次。而层次分析法是将决策问题按总目标、各层子目标、评价准则分解为不同的层次结构，然后用求解判断矩阵特征向量的办法，求得每一层次的各元素对上一层次某元素的优先权重。因此，构建理想的指标体系需采用层次分析法[100]。

1. 指标权重的计算方法

步骤 1 建立层次结构模型。目标层为非物质文化遗产活态度评价，目标层下面有五个一级指标（B1—B5），每一个一级指标下面都有不同数目的二级指标，共有 14 个（C1—C14），从而构成非物质文化遗产活态度评价的层次结构模型（见表 17-1）[98]。

表 17-1　非物质文化遗产活态度评价的层次结构模型

目标	一级指标	二级指标
非物质文化遗产活态度评价指标 A	B1 传承人规模结构	C1 传承人年龄结构
		C2 代表性传承人数量
		C3 非代表性传承人群体规模
	B2 传承人培养与管理	C4 传承人的物质与精神支持
		C5 传承人的监督考核
		C6 传承人的培养与管理机制
	B3 非物质文化遗产保护的政策法规	C7 非物质文化遗产保护法律法规的执行力度
		C8 非物质文化遗产保护法律法规的完善程度
	B4 非物质文化遗产传承社会环境	C9 学校教育效果
		C10 民间团体组织的数量及保护活动
		C11 对非物质文化遗产投入情况
	B5 非物质文化遗产依附环境	C12 民众对非物质文化遗产传承的意愿
		C13 非物质文化遗产地区生产和生活方式的变革
		C14 社区非物质文化遗产传承相关组织的生存状况

步骤 2 构建判断矩阵。AHP 法在对指标的相对重要性进行评判时，引入了九分位的比例标度，见表 17-2。判断矩阵 A 中各元素 a_{ij} 为 i 行的指标相对于 j 列的指标进行重要性两两比较的值。在判断矩阵 A 中，$a_{ij}>0$，$a_{ii}=1$，$a_{ij}=1/a_{ji}$（其中 i，j＝1，2，…，n）。因此，判断矩阵 A 是一个正交矩阵，左上至右下，对角线位置上的元素为 1，其两侧对称位置上的元素互为倒数。每次判断时，只需要做 n（n-1）／2 次比较即可。表 17-3 是一个 5 阶的判断矩阵，是按照非物质文化遗产活态度评价的一级各指标相对重要性建立的。表 17-4 是一个 14 阶的判断矩阵，是按照非物质文化遗产活态度评价的二级各指标相对重要性建立的[101]。

表 17-2　相对重要性的比例标度

甲指标比乙指标	极重要	很重要	重要	略为重要	同等	略次要	次要	很次要	极次要
甲指标评价值	9	7	5	3	1	1/3	1/5	1/7	1/9
备注	取 8、6、4、2、1/2、1/4、1/6、1/8 为上述评价值的中间值								

表 17-3　比较矩阵 1

指标	B1	B2	B3	B4	B5
B1 传承人规模结构	1	1/3	3	7	5
B2 传承人培养与管理	3	1	5	3	3
B3 非物质文化遗产保护的政策法规	1/3	1/5	1	1/3	1/5
B4 非物质文化遗产传承社会环境	1/7	1/3	3	1	3
B5 非物质文化遗产依附环境	1/5	1/3	5	1/3	1

表 17-4　比较矩阵 2

指标	C1	C2	C3	C5	C6	C7	C8	C9	C10	C11	C12	C13	C14
C1 传承人年龄结构	1	1/3	1/3	1/5	1/5	1/5	1/3	1/5	1/5	1/3	1/3	1/5	1/5
C2 代表性传承人数量	3	1	3	3	1/3	5	3	5	1/3	3	5	7	7
C3 非代表性传承人群体规模	3	1/3	1	1/3	1/5	3	5	1/5	1/7	3	1/3	3	3
C4 传承人的物质与精神支持	3	1/5	1/3	3	1/3	3	5	1/5	1/5	3	3	5	3
C5 传承人的监督考核	5	1/3	3	1	1/3	3	5	3	1/5	3	1/3	3	1/5

续表

指标	C1	C2	C3	C5	C6	C7	C8	C9	C10	C11	C12	C13	C14
C6 传承人的培养与管理机制	5	3	5	3	1	5	3	3	1/3	3	1/3	3	1/3
C7 非物质文化遗产保护法律法规的执行力度	5	1/5	1/3	1/3	1/5	1	3	1/3	1/5	1/3	1/7	1/5	1/3
C8 非物质文化遗产保护法律法规的完善程度	3	1/3	1/5	1/5	1/3	1/3	1	1/3	1/5	1/3	1/5	1/3	1/5
C9 学校教育效果	5	1/5	5	1/3	1/3	3	3	1	1/7	1/3	1/5	1/3	1/5
C10 民间团体组织的数量及保护活动	5	3	7	5	3	5	5	7	1	5	1/3	5	3
C11 对非物质文化遗产投入情况	3	1/3	1/3	1/3	1/3	3	3	3	1/5	1	1/5	1/3	1/3
C12 民众对非物质文化遗产传承的意愿	3	1/5	3	3	3	7	5	5	3	5	1	5	3
C13 非物质文化遗产地区生产和生活方式的变革	5	1/7	1/3	1/3	1/3	5	3	3	1/5	3	1/5	1	3
C14 社区非物质文化遗产传承相关组织的生存状况	5	1/7	1/3	5	3	3	5	5	1/3	3	1/3	1/3	1

步骤 3　权重及一致性检验的计算。将矩阵 Ad 的各行向量进行几何平均然后归一化，得到的行向量就是权重向量。设 A 的最大特征根为 λ_{max}，其相应的特征向量为 W，则 $AW = \lambda_{max} W$。AHP 法的计算过程如下：

（1）λ_{max} 和 W 的方根法计算步骤

运用公式 $w = \sqrt[n]{ai1 \, ai2 \cdots\cdots ain}$（$i = 1, 2, 3, \cdots\cdots 14$），求出矩阵每行判断值的几何平均值，然后通过公式 $Wi = \bar{w} / \sum_{i=1}^{n} Wi$（$i = 1, 2, 3 \cdots\cdots 14$）将向量 $\bar{w} = (\bar{w}_1, \bar{w}_2, \bar{w}_3 \cdots\cdots \bar{w}_{14})$ 归一化处理；之后根据 $\lambda_{max} = 1/14 \sum_{i=1}^{14} \frac{(Aw)i}{Wi}$（$i = 1, 2, 3 \cdots 14$），计算 λ_{max} 的特征向量，即可以得到相应指标的权向量。

（2）矩阵一致性检验

由于 AHP 法包含了人们许多主观因素，为了逐步除去主观因素对指标体系客观性的影响，对矩阵做一致性检验必不可少。一致性指标为 $CI = (\lambda_{max-n}) / (n-1)$，RI 则为矩阵的平均一致性指标，通过公式 $CR = CI/RI$ 来计算矩阵的一致性程度，当 CR 小于 0.1 且不为负数时，则说明矩阵 A 的一致性程度可以接受，此时的权向量可以作为非物质文化遗产活态评价各指标的权重。

2. 指标权重的确定

按照上述操作流程，本论文将通过文献查阅法和实地访谈法，对同一层级的指标进行两两比较，对照相对重要性的比例标度进行打分，从而构建判断矩阵。通过 Excel 软件处理，最终形成各指标的权重（见表 17-5）。

表 17-5　非物质文化遗产活态传承评价指标权重

一级指标	权重	二级指标	权重
B1 传承人规模结构	0.229	C1 传承人年龄结构	0.076
		C2 代表性传承人数量	0.087
		C3 非代表性传承人群体规模	0.066

续表

一级指标	权重	二级指标	权重
B2 传承人培养与管理	0.218	C4 传承人的物质与精神支持	0.074
		C5 传承人的监督考核	0.068
		C6 传承人的培养与管理机制	0.076
B3 非物质文化遗产保护的政策法规	0.146	C7 非物质文化遗产保护法律法规的执行力度	0.068
		C8 非物质文化遗产保护法律法规的完善程度	0.078
B4 非物质文化遗产传承社会环境	0.230	C9 学校教育效果	0.075
		C10 民间团体组织的数量及保护活动	0.073
		C11 对非物质文化遗产投入情况	0.082
B5 非物质文化遗产依附环境	0.177	C12 民众对非物质文化遗产传承的意愿	0.065
		C13 非物质文化遗产地区生产和生活方式的变革	0.051
		C14 社区非物质文化遗产传承相关组织的生存状况	0.061

（四）指标释义

（1）C1 传承人年龄结构。非物质文化遗产传承人的年龄普遍偏大，但也有少数青年和中年传承人。于是可将非物质文化遗产传承人年龄结构分为四个层次：第一层为 30 岁以下，第二层为 30—50 岁，第三层为 50—65 岁，第四层为 65 岁以上，并给其赋予相应的分值。30 岁以下的传承人为青年人群，富有活力与无限潜力，按照一个青年传承人赋予 30 分，两个以上青年传承人赋予 40 分；30—50 岁的传承人为中年传承人，其经验较为丰富并且还有上升空间，按照一个中年传承人赋予 20 分，两个以上中年传承人赋予 25 分；50—65 岁的传承人处于中年与老年人的过渡阶段，这一阶段的传承人群富有经验但是活力不足，按照一个这个过渡阶段的传承人赋予 15 分，两个以上赋予 20 分；65 岁以上的传承人为老年人群，其有足够丰富的经验，有超高的技艺但是其年龄太大，可能会使非物质文化遗产陷入失传境地，按照一个老年传承人赋予 10 分，两个以上老年传承人赋予 15 分，进行对传承人的年龄结构按照要求评定分值。

（2）C2 代表性传承人数量。非物质文化遗产代表性传承人可分为国家级代表性传承人、省级代表性传承人、地方代表性传承人三类[102]。按照 1

个国家级代表性传承人赋予 30 分，2—5 个国家级代表性传承人赋予 50 分，6 个以上国家级代表性传承人赋予 70 分[103]；一个省级代表性传承人赋予 20 分，2—5 个省级代表性传承人赋予 30 分，6 个以上省级代表性传承人赋予 50 分；1 个地方代表性传承人赋予 10 分，2—5 个地方代表性传承人赋予 20 分，6 个以上地方级代表性传承人赋予 30 分。按照以上要求来为代表性传承人数量这一指标评定分值。

（3）C3 非代表性传承人群体规模。非物质文化遗产传承人可分为代表性传承人和非代表性传承人两类，非代表性传承人大都是民间自发组织的团体。可以按照非代表性传承人数量来对非代表性传承人群体规模进行评分，对拥有 3—5 个非代表性传承人的群体规模赋予 30 分；对拥有 6—10 个的非代表性传承人群体规模赋予 50 分；对拥有 11—20 个的非代表性传承人群体规模赋予 70 分；对拥有 20 个以上的非代表性传承人群体规模赋予 100 分。

（4）C4 传承人的物质与精神支持。非物质文化遗产传承人的物质与精神支持可大致分为补助类型的物质支持与荣誉证书、荣誉称号类型的精神支持。物质支持方面可按照补助额度进行评分，即 5000 元以下的补助赋予其 30 分，5000—10000 元的补助赋予其 50 分，10000 元以上的补助赋予其 70 分；精神支持方面可按照荣誉证书等级进行评分，即拥有国家级的荣誉证书或称号赋予其 70 分，拥有省级的荣誉证书或称号赋予其 50 分，拥有地方级的荣誉证书或称号赋予其 30 分。分别对传承人的物质和精神支持进行评分后再进行相加，最后得到每个项目传承人的物质与精神支持分值。

（5）C5 传承人的监督考核。传承人的监督考核可以按照代表性传承人或该非物质文化遗产项目的培训机构对传承人定期考核情况的优良进行评分[104]。传承人的监督考核应该对传承人实施动态跟踪监督考核，主要从传承人的技能掌握情况、传承人平时对非物质文化遗产项目投入的时间精力等方面来进行考核。对拥有定期考核情况优异的传承人的项目赋予 100 分，对拥有定期考核情况良好的传承人的项目赋予 70 分，对只拥有定期考核情况合格的传承人的项目赋予 50 分，按照以上要求来对每个项目传承人的监督考核这一指标进行评分。

（6）C6 传承人的培养与管理机制。非物质文化遗产传承人的培养与管理机制可以从是否建立健全非物质文化遗产代表性传承人的个人档案，包括传承人的基本情况、项目传承的展开工作、传承人的代表作品等以及后继人才的培养情况等进行评分。赋予已经建立健全非物质文化遗产代表性传承人的个人档案的管理机制 60 分，赋予非物质文化遗产代表性传承人的个人档案已经建立但尚不完善，例如，传承人的基本情况不完善等管理机制 30 分，赋予尚未建立非物质文化遗产代表性传承人的个人档案的管理机制但已有开展传承项目的管理机制 10 分。在培养后继人才方面来看，赋予拥有对非物质文化遗产项目传承优异的后继人才的项目 40 分，赋予拥有对非物质文化遗产项目传承良好的后继人才的项目 20 分，赋予拥有对非物质文化遗产项目传承一般性的后继人才的项目 10 分。分别对传承人的培养与管理机制进行评分后再进行相加，最后得到每个项目的传承人的培养与管理机制的分值。

（7）C7 非物质文化遗产保护法律法规的执行力度。对现有传承人保护的法律法规的执行力度进行评分，即可以对每个非物质文化遗产项目从《非物质文化遗产法》《江苏省非物质文化遗产保护条例》两部法律的执行力度情况方面进行评分。赋予法律制度，包括调查制度、代表性项目名录制度、传承与传播制度等执行力度优异的项目 100 分，对调查制度执行力度不够的项目倒扣 30 分，对代表性项目名录制度执行力度不够的项目倒扣 20 分，对传承与传播制度执行力度不够的项目倒扣 20 分，最后得到每个项目非物质文化遗产保护法律法规的执行力度的分值。

（8）C8 非物质文化遗产保护法律法规的完善程度。对非物质文化遗产保护法律法规的完善程度这一指标进行评分，可以对各市地方非物质文化遗产相关的法律法规的完善程度进行评分。赋予地方非物质文化遗产法律法规与其他法律之间衔接协调并且法律责任落实具体到位的项目 100 分；赋予地方非物质文化遗产法律法规与其他法律之间衔接协调但存在法律责任过轻，处罚力度较弱问题的项目 70 分；赋予地方非物质文化遗产法律法规与民法、刑法、物权法、行政处罚法、治安管理处罚法等之间存在不衔接、不协调问题但法律责任落实具体到位的项目 50 分。

（9）C9 学校教育效果。对学校教育效果这一指标进行评分，可以从是否将非物质文化遗产的保护传承纳入各级党校和行政学院的教学内容；教育部门是否将优秀非物质文化遗产内容和非物质文化遗产保护知识编入教材，纳入教学计划；培训类学校对部分非物质文化遗产项目的教学成果等方面来进行评分。赋予培训类学校培训非物质文化遗产项目但成效不突出的项目 20 分，将三项分值累加起来即为学校教育效果这一指标的分值；赋予将非物质文化遗产的保护传承纳入各级党校和行政学院的教学内容的项目 30 分；赋予将优秀非物质文化遗产内容和非物质文化遗产保护知识编入教材，纳入教学计划的项目 30 分；赋予培训类学校培训非物质文化遗产项目并取得优异成果的项目 40 分，成效不突出的项目 20 分，将三项分值累加起来即为学校教育效果这一指标的分值。

（10）C10 民间团体组织的数量及保护活动。对民间团体组织的数量及保护活动这一指标进行评分，非物质文化遗产的民间团体组织一般是志愿性的民间组织，主要分为两类：一类为研究协会，另一类为行业协会。分别对其协会规模数量以及举办活动的次数来评分，即赋予协会规模多达 30 人以上并且年举办活动次数超过 5 次的项目 100 分，年举办活动次数为 3—5 次的项目 70 分，年举办活动次数为 1—2 次的项目 40 分；赋予协会规模 10—30 人并且年举办活动次数超过 5 次的项目 60 分，年举办活动次数 1—5 次的项目 30 分。

（11）C11 对非物质文化遗产投入情况。对非物质文化遗产投入情况这一指标进行评分，可以从各项非物质文化遗产补助资金的额度进行评分。赋予获得非物质文化遗产补助资金额度大于 30 万元的项目 100 分；赋予获得非物质文化遗产补助资金额度 15—30 万元的项目 70 分；赋予获得非物质文化遗产补助资金额度 5—15 万元的项目 50 分；赋予获得非物质文化遗产补助资金额度 5 万元以下的项目 30 分。

（12）C12 民众对非物质文化遗产项目传承的意愿。对民众对非物质文化遗产项目传承的意愿这一指标进行评分，可以通过分发网络问卷，让江苏省居民对各非物质文化遗产项目传承的意愿进行打分，满分 10 分。8—10 分划分为传承意愿强烈层，赋予问卷统计后这类层次人数最多的项目 100

分；6—8 分划分为传承意愿较高一层，赋予问卷统计后这类层次人数最多的项目 60 分；3—5 分划分为传承意愿较为薄弱一层，赋予问卷统计后这类层次人数最多的项目 30 分；1—3 分划分为传承意愿极其薄弱一层，赋予问卷统计后这类层次人数最多的项目 10 分。

（13）C13 非物质文化遗产地区生产和生活方式的变革。对非物质文化遗产地区生产和生活方式的变革这一指标进行评分即对非物质文化遗产地区生产和生活方式的变革对非物质文化遗产项目传承产生的影响来进行评分。赋予由于非物质文化遗产地区生产和生活方式的变革而促使非物质文化遗产项目被更多人熟知并传承的非物质文化遗产项目 100 分；赋予由于非物质文化遗产地区生产和生活方式的变革而促使非物质文化遗产项目虽被更多人熟知，但是传承人数减少的非物质文化遗产项目 60 分；赋予由于非物质文化遗产地区生产和生活方式的变革而使得非物质文化遗产项目被越来越少的人了解，并且传承人数稀少的非物质文化遗产项目 30 分。

（14）C14 社区非物质文化遗产传承相关组织的生存状况。对社区非物质文化遗产传承相关组织的生存状况这一指标进行评分，可以针对拥有非物质文化遗产项目地区的社区进行调查，赋予拥有 3 个以上社区非物质文化遗产传承相关组织并有利于非物质文化遗产项目传承的项目 100 分；赋予拥有 1—2 个社区非物质文化遗产传承相关组织并有利于非物质文化遗产项目传承的项目 70 分；赋予没有社区非物质文化遗产传承相关组织的项目 30 分。

（五）评价标准确定

在一般定性分级（差、一般、好）的基础上，为了将"差"和"好"进行细分以便更好地分析非物质文化遗产活态度情况，将"差"区分为"差"和"较差"两个等级；将"好"区分为"较好"和"良好"两个等级。根据江苏省国家级非物质文化遗产活态度的综合评价得分值，将非物质文化遗产活态度情况划分为活态度良好、活态度较好、活态度一般、活态度较差、活态度差五个活态级别（五种类型）（见表 17-6）。从非物质文化遗产活态度评价指标体系来看，非物质文化遗产活态度差是指传承人规模结构小、传承人培养与管理差、非物质文化遗产传承社会环境差和非物质文化遗产依附环境差；非物质文化遗产活态度较差是指传承人规模结构较小、传承人培养与管理较差、非物质文化遗产传承社会环境较差和非物质文化遗产依附环境较差；非物质文化遗产活态度一般是指传承人规模结构一般、传承人培养与管理一般、非物质文化遗产传承社会环境一般和非物质文化遗产依附环境一般；非物质文化遗产活态度较好是指传承人规模结构较合理、传承人培养与管理较合理、非物质文化遗产传承社会环境较好和非物质文化遗产依附环境较好；非物质文化遗产活态度良好是指传承人规模结构较大、传承人培养与管理合理、非物质文化遗产传承社会环境良好和非物质文化遗产依附环境良好。

表 17-6　江苏省国家级非物质文化遗产活态度评价标准

评价分值	<20	20—40	40—60	60—80	80—100
活态级别	活态度差	活态度较差	活态度一般	活态度较好	活态度良好

三、江苏省非物质文化遗产活态度评价

非物质文化遗产活态度评价，在评价结果的基础上，从总体情况、项目情况和指标情况分别进行分析。

（一）江苏省非物质文化遗产活态度评价结果

通过查阅江苏省非物质文化遗产官网的相关数据，结合上述指标释义和权重值，进行江苏省国家级非物质文化遗产活态度的综合评价，得到江苏省非物质文化遗产活态度的综合得分（表 17-7）。

表 17-7　江苏省国家级非物质文化遗产活态度综合得分表

一级指标	B1			B2			B3		B4			B5			
二级指标 项目	C1	C2	C3	C4	C5	C6	C7	C8	C9	C10	C11	C12	C13	C14	总分
邵伯锣鼓小牌子	4.56	5.22	1.98	4.44	2.04	1.52	4.08	5.46	1.50	2.19	4.10	1.95	1.53	1.83	42.4
楚州十番锣鼓	4.18	4.35	1.98	5.92	2.04	1.52	4.08	5.46	1.50	2.19	4.10	1.95	1.53	1.83	42.6
虞山琴派	4.56	5.22	1.98	4.44	3.40	3.04	4.08	5.46	5.25	2.19	2.46	3.90	1.53	1.83	49.3
梅庵琴派	3.80	8.70	1.98	5.92	3.40	3.04	6.80	7.80	5.25	2.92	4.10	3.90	1.53	1.83	61.0
金陵琴派	3.80	6.09	1.98	5.92	3.40	3.04	4.08	7.80	5.25	2.92	2.46	3.90	1.53	1.83	54.0

项目＼指标	B1			B2			B3		B4			B5			
	C1	C2	C3	C4	C5	C6	C7	C8	C9	C10	C11	C12	C13	C14	总分
广陵琴派	3.80	6.09	1.98	4.44	3.40	3.04	4.08	5.46	5.25	2.92	2.46	3.90	1.53	1.83	50.2
无锡道教音乐	6.46	6.09	4.62	5.92	4.76	3.80	4.08	5.46	5.25	4.38	2.46	3.90	1.53	4.27	63.0
海门山歌	4.56	4.35	3.30	4.44	4.76	3.80	4.08	3.90	5.25	2.19	2.46	3.90	1.53	1.83	50.4
高邮民歌	3.80	4.35	4.62	4.44	4.76	3.04	4.08	3.90	5.25	2.19	2.46	3.90	1.53	1.83	50.2
苏州玄妙观道教音乐	4.56	6.09	4.62	4.44	4.76	3.80	4.08	5.46	5.25	2.92	4.10	3.90	1.53	4.27	59.8
海州五大宫调	4.56	7.83	4.62	4.44	4.76	6.08	6.80	7.80	5.25	2.92	2.46	3.90	1.53	1.83	64.8
江南丝竹	4.56	3.48	4.62	4.44	4.76	3.04	2.04	3.90	2.25	2.92	2.46	3.90	1.53	1.83	45.7
苏州泥塑	6.46	4.35	4.62	2.22	4.76	3.80	4.08	3.90	3.75	2.19	4.10	3.90	1.53	1.83	51.5
常州留青竹刻	4.56	6.96	4.62	2.22	3.40	6.08	4.08	5.46	5.25	2.92	4.10	1.95	1.53	1.83	55.0
无锡留青竹刻	4.18	6.96	3.30	2.22	3.40	6.08	4.08	5.46	3.75	2.92	2.46	1.95	1.53	1.83	50.1
金坛刻纸	4.18	6.96	1.98	2.22	3.40	3.80	4.08	5.46	5.25	2.92	2.46	1.95	1.53	1.83	48.0
徐州剪纸	4.18	6.09	1.98	2.22	3.40	3.80	4.08	5.46	3.75	2.19	2.46	1.95	1.53	1.83	44.9
南京剪纸	4.56	6.96	3.30	2.22	3.40	6.08	4.08	5.46	5.25	2.92	2.46	1.95	1.53	1.83	52.0
邳州纸塑狮子头	2.66	6.09	1.98	4.44	3.40	3.80	4.08	5.46	5.25	2.92	2.46	1.95	1.53	1.83	47.9
苏州光福核雕	2.66	1.74	1.98	4.44	3.40	3.80	4.08	3.90	2.25	2.92	2.46	1.95	1.53	1.83	38.9
苏州玉雕	4.18	6.96	1.98	2.22	3.40	3.80	4.08	5.46	5.25	2.92	2.46	1.95	1.53	1.83	48.0
扬州玉雕	2.66	8.70	1.98	4.44	3.40	6.08	6.80	7.80	5.25	4.38	4.10	1.95	1.53	1.83	60.9
苏州桃花坞木版年画	4.56	1.74	3.30	4.44	3.40	1.52	2.04	3.90	2.25	2.92	2.46	3.90	1.53	1.83	39.8
无锡惠山泥人	6.46	2.61	4.62	4.44	4.76	1.52	2.04	3.90	1.50	2.92	4.10	3.90	1.53	4.27	48.6
扬州剪纸	4.56	6.96	3.30	4.44	3.40	3.04	4.08	5.46	5.25	2.92	4.10	3.90	1.53	1.83	54.8
苏绣	4.56	8.70	6.60	7.40	4.76	7.60	6.80	5.46	7.50	4.38	2.46	3.90	3.06	4.27	77.5
苏州灯彩	4.18	5.22	3.30	4.44	3.04	4.08	5.46	3.75	2.19	2.46	1.95	1.53	1.83	46.8
秦淮灯彩	4.18	6.96	3.30	4.44	3.40	3.80	4.08	5.46	5.25	2.92	2.46	1.95	1.53	1.83	51.6
南通仿真绣	4.18	6.96	1.98	4.44	3.40	3.80	4.08	5.46	3.75	2.92	2.46	1.95	1.53	1.83	48.7
徐州香包	4.18	4.35	3.30	2.22	3.40	3.04	2.04	3.90	3.75	2.19	4.10	1.95	1.53	1.83	41.8
无锡精微绣	4.18	6.09	3.30	2.22	3.40	3.04	4.08	5.46	3.75	2.92	4.10	1.95	1.53	1.83	47.9
扬派盆景艺术	2.66	1.74	1.98	4.44	3.40	1.52	2.04	3.90	3.75	2.19	2.46	1.95	1.53	1.83	35.4

| 项目\指标 | B1 | | | B2 | | | B3 | | B4 | | | B5 | | | |
	C1	C2	C3	C4	C5	C6	C7	C8	C9	C10	C11	C12	C13	C14	总分
丰县糖人贡	2.66	3.48	3.30	4.44	3.40	1.52	2.04	3.90	3.75	2.19	2.46	1.95	1.53	1.83	38.5
常州梳篦	4.18	6.09	1.98	4.44	3.40	3.80	4.08	5.46	3.75	2.19	2.46	1.95	1.53	1.83	47.1
靖江宝卷	4.18	6.09	4.62	5.92	4.76	3.80	4.08	5.46	5.25	2.92	2.46	3.90	3.06	1.83	58.3
吴歌	4.56	8.70	4.62	5.92	4.76	6.08	6.80	5.46	5.25	2.92	2.46	3.90	3.06	1.83	66.3
董永传说	7.60	2.61	6.60	2.22	6.80	1.52	4.08	3.90	7.50	2.92	2.46	3.90	3.06	4.27	59.4
白蛇传说	7.60	2.61	6.60	2.22	6.80	1.52	4.08	3.90	7.50	2.92	2.46	3.90	3.06	4.27	59.4
梁祝传说	7.60	2.61	6.60	2.22	6.80	1.52	4.08	3.90	7.50	2.92	2.46	3.90	1.53	4.27	57.9
建湖杂技	2.66	6.09	1.98	5.92	3.40	3.80	4.08	3.90	3.75	2.19	2.46	1.95	1.53	1.83	47.1
骆山大龙	2.66	6.09	1.98	5.92	3.40	3.80	4.08	5.46	3.75	2.19	4.10	1.95	1.53	1.83	48.7
邳州跑竹马	4.18	6.09	1.98	2.22	3.40	3.80	4.08	5.46	3.75	2.19	2.46	1.95	1.53	1.83	46.6
雷允上六神丸制作技艺	2.66	4.35	3.30	4.44	3.40	1.52	2.04	3.90	2.25	2.19	4.10	1.95	1.53	1.83	39.5
高淳东坝大马灯	4.56	2.61	1.98	4.44	3.40	1.52	2.04	3.90	1.50	2.19	4.10	1.95	1.53	1.83	37.6
丹阳封缸酒酿造技艺	4.56	2.61	3.30	4.44	3.40	1.52	2.04	3.90	2.25	2.19	5.74	3.90	1.53	1.83	43.2
镇江恒顺香醋酿造技艺	6.46	4.35	1.98	5.92	3.40	3.80	4.08	5.46	2.25	2.19	4.10	3.90	1.53	1.83	51.3
宜兴紫砂陶制作技艺	4.56	8.70	3.30	5.92	3.40	3.04	6.80	7.80	2.25	2.19	4.10	3.90	1.53	1.83	59.3
金坛封缸酒酿造技艺	4.56	1.74	3.30	5.92	3.40	1.52	2.04	3.90	2.25	2.19	4.10	3.90	1.53	1.83	42.2
扬州富春茶点制作技艺	4.56	1.74	3.30	4.44	3.40	1.52	2.04	3.90	2.25	2.19	4.10	1.95	1.53	1.83	38.8
兴化传统木船制造技艺	3.80	1.74	1.98	4.44	3.40	3.04	2.04	3.90	3.75	2.19	4.10	1.95	1.53	1.83	39.7
苏州民族乐器制作技艺	3.80	4.35	1.98	4.44	3.40	3.04	2.04	3.90	3.75	2.92	4.10	1.95	1.53	1.83	43.0
南京宝庆银楼金银细工制作	2.28	1.74	1.98	5.92	3.40	1.52	2.04	3.90	3.75	2.92	4.10	1.95	1.53	1.83	38.9

项目\指标	B1			B2			B3		B4			B5			总分
	C1	C2	C3	C4	C5	C6	C7	C8	C9	C10	C11	C12	C13	C14	总分
江都传统金银细工制作技艺	2.66	1.74	1.98	5.92	3.40	1.52	2.04	3.90	2.25	2.19	4.10	1.95	1.53	1.83	37.0
扬州漆器髹饰技艺	2.66	8.70	1.98	4.44	3.40	7.60	6.80	7.80	5.25	2.19	2.46	1.95	1.53	1.83	58.6
扬州雕版印刷技艺	2.66	1.74	1.98	4.44	3.40	1.52	2.04	3.90	3.75	2.19	4.10	1.95	1.53	1.83	37.0
苏州制扇技艺	4.18	1.74	1.98	4.44	3.40	1.52	2.04	3.90	2.25	2.19	5.74	1.95	1.53	1.83	38.7
苏州御窑金砖制作技艺	2.66	4.35	1.98	4.44	3.40	3.04	4.08	3.90	1.50	2.19	5.74	1.95	1.53	1.83	42.6
香山帮传统建筑营造技艺	4.18	8.70	1.98	4.44	3.40	6.08	6.80	7.80	5.25	2.19	5.74	1.95	1.53	1.83	61.9
苏州剧装戏剧制作技艺	2.66	1.74	1.98	4.44	3.40	1.52	2.04	3.90	2.25	2.19	5.74	1.95	1.53	1.83	37.2
苏州缂丝	4.18	6.09	3.30	4.44	4.76	3.80	4.08	5.46	3.75	2.19	4.10	1.95	1.53	1.83	51.5
宋锦	2.66	6.09	3.30	5.92	4.76	3.80	4.08	5.46	3.75	2.19	2.46	3.90	1.53	1.83	51.7
南通蓝印花布印染技艺	4.18	6.09	3.30	4.44	3.40	3.80	4.08	5.46	3.75	2.19	2.46	1.95	1.53	1.83	48.5
南通板鹞风筝	2.66	6.96	1.98	2.22	3.40	6.08	4.08	5.46	5.25	2.92	4.10	1.95	1.53	1.83	50.4
明式家具制作技艺	2.66	6.96	1.98	4.44	3.40	6.08	4.08	5.46	5.25	2.92	4.10	1.95	1.53	1.83	52.6
南京金箔锻制技艺	2.66	5.22	1.98	4.44	3.40	3.04	4.08	5.46	1.50	2.92	4.10	1.95	1.53	1.83	44.1
南京云锦木机妆花手工织造	2.66	7.83	1.98	4.44	3.40	6.08	6.80	5.46	5.25	2.92	4.10	1.95	1.53	1.83	56.2
扬剧	6.46	8.70	6.60	5.92	4.76	7.60	6.80	7.80	7.50	4.38	4.10	3.90	3.06	1.83	79.4
苏剧	6.46	8.70	6.60	7.40	4.76	7.60	6.80	7.80	7.50	5.11	5.74	3.90	3.06	4.27	85.7
昆剧	6.46	2.61	6.60	5.92	4.76	1.52	4.08	3.90	5.25	4.38	4.10	3.90	3.06	4.27	60.8
童子戏	4.56	6.96	6.60	5.92	4.76	3.80	4.08	5.46	5.25	4.38	2.46	3.90	1.53	4.27	63.9
徐州梆子	4.56	6.96	3.30	2.22	3.40	3.80	4.08	5.46	3.75	4.38	4.10	1.95	1.53	1.83	51.3
杖头木偶戏	4.18	8.70	4.62	4.44	3.40	7.60	4.08	5.46	5.25	2.92	2.46	1.95	1.53	1.83	58.4

续表

指标\项目	B1			B2			B3		B4			B5			总分
	C1	C2	C3	C4	C5	C6	C7	C8	C9	C10	C11	C12	C13	C14	
柳琴戏	4.18	6.96	3.30	5.92	3.40	3.80	4.08	5.46	5.25	2.19	4.10	1.95	1.53	1.83	54.0
锡剧	6.46	8.70	6.60	7.40	4.76	6.08	6.80	5.46	7.50	4.38	4.10	3.90	3.06	4.27	79.5
淮海戏	4.56	8.70	6.60	4.44	4.76	6.08	4.08	7.80	7.50	4.38	4.10	3.90	3.06	4.27	74.2
苏州评弹	6.46	8.70	6.60	7.40	4.76	7.60	6.80	5.46	7.50	2.19	2.46	3.90	3.06	1.83	74.7
南京白局	4.56	6.96	1.98	5.92	3.40	3.80	4.08	5.46	3.75	2.19	2.46	1.95	1.53	1.83	49.9
徐州琴书	4.56	8.70	6.60	5.92	4.76	6.08	4.08	5.46	5.25	2.92	3.90	1.95	1.53	1.83	64.3
扬州弹词	4.56	6.96	4.62	5.92	4.76	6.08	4.08	5.46	5.25	2.92	4.10	3.90	1.53	1.83	62.0
扬州清曲	4.56	5.22	4.62	5.92	3.40	3.80	4.08	5.46	5.25	2.92	4.10	1.95	1.53	1.83	58.0
扬州评话	4.56	8.70	4.62	5.92	4.76	6.08	4.08	5.46	7.50	2.92	4.10	3.90	1.53	4.27	68.4
溱潼会船	4.18	1.74	1.98	4.44	3.40	1.52	2.04	3.90	2.25	2.19	4.10	1.95	1.53	1.83	37.1
金坛抬阁	2.66	6.09	1.98	5.92	3.40	3.80	4.08	5.46	3.75	2.19	2.46	1.95	1.53	1.83	48.7
苏州甪直水乡妇女服饰	4.18	2.61	3.30	4.44	3.40	1.52	2.04	3.90	2.25	2.19	4.10	1.95	1.53	1.83	39.2
苏州端午节	4.56	1.74	3.30	2.22	4.76	1.52	2.04	3.90	2.25	2.19	2.46	3.90	1.53	4.27	40.6
平均值	4.28	5.43	3.42	4.58	3.89	3.71	3.97	5.17	4.34	2.75	3.48	2.80	1.72	2.22	51.8

备注：C1 传承人年龄结构　　　　　　　　　C8 非物质文化遗产保护法律法规的完善程度
　　　C2 代表性传承人数量　　　　　　　　C9 学校教育效果
　　　C3 非代表性传承人群体规模　　　　　C10 民间团体组织的数量及保护活动
　　　C4 传承人的物质与精神神奖励　　　　C11 对非物质文化遗产的投入情况
　　　C5 传承人的监督考核　　　　　　　　C12 民众对非物质文化遗产项目传承的意愿
　　　C6 传承人的培养与管理机制　　　　　C13 非物质文化遗产地区生产和生活方式的变革
　　　C7 非物质文化遗产保护法律法规的执行力度　C14 社区非物质文化遗产传承相关组织的生存状况

（二）江苏省非物质文化遗产活态评价结果分析

1. 项目类型分析

传统美术和传统技艺的现存情况比较良好（图 17-1）。例如，镇江恒顺香醋酿造技艺、无锡惠山泥人、苏绣等传统美术与传统技艺相比于其他非物质文化遗产项目而言，传承效果良好。此三个项目还分别成了镇江、无锡、苏州的一大特色。而传统医药、传统舞蹈和传统体育游艺与杂技的现存情况却不太乐观。传统医药仅存雷允上六神丸制作技艺，传统舞蹈仅存骆山大龙、邳州跑竹马、高淳东坝大马灯，传统体育游艺与杂技仅存建湖杂技。由于这三种类型的非物质文化遗产项目受众较少，其传承人也十分稀少，现存情况十分不乐观。

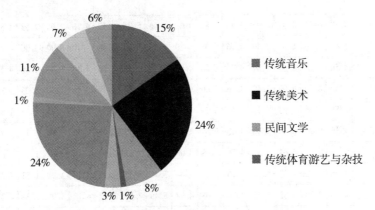

图 17-1　江苏省国家级非物质文化遗产类型分析

2. 总体特征分析

总体上看（图 17-2），江苏省国家级非物质文化遗产活态度的综合的分值在 40—60 分间，平均分为 51.8 分，说明江苏省非物质文化遗产活态度总体情况一般，这与实际情况较吻合。其中得分最高的为苏剧（85.7 分），属于活态度良好级别，最低的是扬派盆景艺术（35.4 分），属于活态度较差级别。苏剧活态度良好的原因是因为非代表性传承人对这类型的非物质文化遗产项目传承的意愿高于其他项目，并且由于这些项目本身的趣味性远高于像传统技艺这类项目，在许多地方，当地的民间团体组织对这些项目也充满了热情，其传承情况当然要好得多。而扬派盆景艺术之所以活态度较差，其中一部分原因是因为这些传统技艺需要复杂体力劳动，学习周期长，劳动投入大，经济收益低，许多年轻人无意涉及其中，导致江苏省传统技艺许多行业出现后继无人的情况。

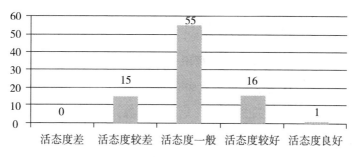

图 17-2　江苏省非遗活态度总体情况图

3. 指标层特征分析

从 14 项指标来看，江苏省非物质文化遗产活态度指标值平均分得分最高的是代表性传承人数量（5.43），说明对非物质文化遗产的保护方面比较看重代表性传承人的保护。而非遗地区生产和生活方式的变革这一指标值的平均得分最低（1.72），说明非遗地区生产和生活方式的变革对非物质文化遗产的活态传承没有太大帮助。从整体上看，江苏省非物质文化遗产活态度在非物质文化遗产保护的法律法规及非物质文化遗产传承社会环境方面情况比较良好，主要体现在学校的教育、代表性传承人数量、传承人的物质与精神支持、非物质文化遗产保护法律法规的完善程度、非物质文化遗产投入情况等指标的分值都较高。然而民间团体组织的数量及保护活动、非代表性传承人群体规模这两个评价指标分值却较低，说明民间团体组织对非物质文化遗产活态传承的帮助不大，非代表性传承人群体规模还应该持续扩大（图 17-3）。

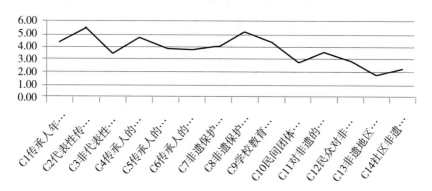

图 17-3　指标平均值走向图

四、提高非物质文化遗产活态传承的策略

(一) 提高认识，培养保护意识

非物质文化遗产是中华民族优秀传统文化的重要一支，我国有 56 个民族，不同民族拥有不同的非物质文化遗产资源，加强对非物质文化遗产资源的活态传承有利于促进民族团结。提高认识、培养保护意识对于促进非物质文化遗产活态传承至关重要。学校可以多开展有关宣传非物质文化遗产活态传承重要性的活动来从小培养青少年对非物质文化遗产的保护意识；社区也可以多开展有关本土非物质文化遗产的宣传活动，激发居民对本土非物质文化遗产的兴趣，从而能够自觉活态保护非物质文化遗产。同时，要提高非代表性传承人奉献精神，削弱其利益至上的价值观，促使其为了非物质文化遗产活态传承的事业而无私奋斗。

(二) 加强立法，提供保护依据

政策措施是加强政府宏观管理职能的重要手段。有了行之有效的政策措施作保证，非物质文化遗产的活态传承才能更加科学合理。民间群体等各种社会组织对非物质文化遗产活态传承才会有依据。同时对于阻碍非物质文化遗产活态传承的单位、民众组织，可以利用相关法律依据去规劝其自觉推进非物质文化遗产活态传承步伐。因此，不仅要制定非物质文化遗产的相关法律，还要根据不同类型的非物质文化遗产项目的传承现状制定符合其保护的法律。同时，各地政府要保证各项非物质文化遗产法律法规须严格实行，对破坏非物质文化遗产传承的人要坚决予以处罚，为非物质文化遗产活态传承提供一个清朗的法律氛围。

(三) 筹措资金，提供物质支持

要努力形成一条政府投入为主，社会公众共同参与的资金链，为非物质文化遗产活态传承提供物质支持。只有拥有充分的资金，各地政府才能加大对各非物质文化遗产项目的扶持保护力度。尤其是对于传承人稀少的非物质文化遗产项目，充足的资金才能给予传承人更多的物质保障。只有这样才会有更多的人愿意投身于非物质文化遗产传承事业中，非物质文化遗产活态传承才能和谐健康发展。

（四）适当开设课程，提供培训

政府加大资金投入，让非物质文化遗产各项目的社会代表性传承人能够勇挑非物质文化遗产活态传承重担。首先，通过适当开设课程来加大非物质文化遗产传承人规模；通过对传承人提供培训，提高非物质文化遗产传承人的技能。以此来更好地扩大代表性传承人的数量和非代表性传承人的群体规模。其次，可以组织各非物质文化遗产的专家和各技艺人员组成不同的非物质文化遗产研究会，共同制定和实施相关非物质文化遗产的传承保护计划，促进非物质文化遗产更长远地进行活态传承。

迄今为止，已有相关学者对非物质文化遗产的传承保护进行了大量研究，但对非物质文化遗产活态度评价缺乏科学细致的研究。本论文主要是对非物质文化遗产的活态度评价进行科学细致的研究，从传承人规模结构、传承人培养与管理、非物质文化遗产保护的政策法规、非物质文化遗产传承的社会环境、非物质文化遗产依附环境五个方面构建了全面科学的非物质文化遗产活态度评价体系。并且以江苏省为例进行深入研究，分析得出了江苏省国家级非物质文化遗产活态度的总体情况，发现其在活态传承方面的问题并提出了合理可行的改进策略，从而给非物质文化遗产活态传承提供参考性的意见。论文仍然存在许多不足之处。一方面，在构建非物质文化遗产活态度指标体系时，确定的指标还不够全面。如若时间安排得当，则可以确定更多的指标，从而使构建的活态度指标体系更为合理，使本论文的论述更有说服力。另一方面，对于江苏省非物质文化遗产活态度的评价分析还应该更深入细致，但由于笔者知识能力有限，对其分析的较为浅显。

论文评析：

非物质文化遗产是人们丰富的精神文化资源，"活态传承"是如今保护非物质文化遗产传承下去的最为有效的方法。但当今社会更多的是对非物质文化遗产传承保护的研究，对非物质文化遗产活态度评价缺乏科学细致的研究。2015级的陆乃同学毕业论文选择了非物质文化遗产话题进行探讨，选题较为新颖，在我的指导下，通过阅读非物质文化遗产的相关文献，采取文献资料法、层次分析法和实地访谈法，从传承人规模结构、传承人培养与管理、非物质文化遗产保护的政策法规、非物质文化遗产传承社会环境和非物质文化遗产依附环境五个方面构建非物质文化遗产活态度评价体系，通过对指标的定量与定性分析统计，得出评价体系中各评价指标的相对权重。以江苏省为实例进行分析，得出了一些有益的结论。论文内容翔实，调查数据可靠，问题分析较为深入，研究思路清晰，层次结构合理，图文并茂。不足之处：研究数据量化处理方法还较粗略，影响非物质文化遗产的因素分析还不够深入，语言表达上还有改进空间。综合来看，是一个比较优秀的研究性论文。

第十八章
感知乡土文化的文化遗产传承

文化传承是指在推动社会进步、创造物质财富的活动中，通过精神文明的生产和再生产，不间断地把人类已获得的知识、价值、信息等文化传递给新的社会成员，通过这种文化传承机制，人类社会才能不间断地向前发展[105]。湖南刺绣是中国刺绣大家族旗下的一支刺绣流派，湘绣是湖湘文化的瑰宝。它起源于民间刺绣，已有 2100 多年的历史。经过历代湘绣艺术家的努力，形成了特有的艺术风格，成为湘湖文化的重要组成部分。其灿烂而深刻的文化内涵使其成为湖南的艺术名片。湘绣作为一项非物质文化遗产，它承载着人类的优秀文化传统，是民族文化的结晶。非物质文化遗产的载体是活人，保护非物质文化遗产，关键在于保护传承人。所以湘绣的延续关键在于传承人，传承人的生存状况和传承意识是其关键所在。由于湘绣技艺的特殊要求，女性是湘绣技艺保护与传承重要的一部分，而男性却缺乏传承湘绣的意识。在性别问题上，人们会不自觉地把一些事情进行男女分类，对很多岗位有明确的男女分工。如警察大家可能就会觉得是男性的工作，幼师人们普遍认为是女性来担任，湘绣也不例外，自古以来就有女红文化，在古代是要求女性必须会的一类技能，但对男性没有要求，而且人们认为女性比较细腻温柔，男性比较粗犷，刺绣是一件精细的活，认为女性更加适合，再加上用来刺绣的丝线都是非常脆弱的东西，容不得坚硬的东西来磕磨，男性因经常在外干活，手比较粗糙，更加让人们形成了刺绣是女性的事情这一刻板印象。随着时代的进步，人们的思想也变得没有以前保守，而且男女平等的观念已经深入人心，很多事情已经体现出男女平等，但像刺绣这一类性别偏见比较大的技艺文化，在传承人性别上还是更偏向女性。克服性别歧视和偏见，强调提升和尊重湘绣传承人的主体位置，发展湘绣文化，对改善文化传承性别偏见有重要的意义。而本论文是以性别视角切入，来研究湘绣传承人在性别视角下的传承状况。湘绣手工艺中，女性是其传承的主体，但女性缺乏传承文化的自觉意识。湘绣自古以来就是一种女性活动的思想已经在人们的心中扎根，导致湘绣传承人的性别严重失衡，存在严重的职业性别偏见，而且湘绣传承人老龄化、传承断层问题也十分严重，湘绣的保护传承问题和传承人性别失衡问题亟待解决。

一、非物质文化遗产与社会性别

非物质文化遗产的传承，很多情况下多依靠手口相传，在传承的过程中，往往受到传承主体的很大影响，有些事依靠男性传承，而有些则主要依靠女性进行。

（一）非物质文化遗产

"非物质文化遗产"一词第一次出现是在 1972 年，联合国教科文组织第十七届大会在通过《保护世界文化和自然遗产公约》提交的关于非物质文化遗产的提案[106]。2003 年，联合国教科文组织在《保护非物质文化遗产公约》中这样定义"非物质文化遗产"："指被各社区、群体，有时是个人，视为其文化遗产组成部分的各种社会实践、观念表述、表现形式、知识、技能以及相关的工具、实物、手工艺品和文化场所①。2005 年中华人民共和国国务院《关于加强文化遗产保护工作的通知》中对其定义：指各种以非物质形式存在的与群众生活密切相关、世代相承的传统文化表现形式，包括口头传统、传统表演艺术、民俗活动和礼仪与节庆、有关自然界和宇宙的民间传统知识和实践、传统手工艺技能等以及上述传统文化表现形式相关的文化空间[107]。随着联合国教科文组织《保护非物质文化遗产公约》的发布，世界各国对非物质文化遗产的保护与传承更加重视起来，中国在

---

① 参见《保护非物质文化遗产公约》，联合国教科文组织，2003。

2004 年加入的《保护非物质文化遗产公约》，并且列出了一部分非物质文化遗产名录和非物质文化遗产传承人名录。由于非物质文化是各民族人们日常生活中的技艺或者习以为常的东西，正是因为习以为常，所以没有受到人们的重视，导致到现在很多优秀的文化已经消失在人们的生活中。

（二）保护非物质文化遗产的重要性

中国有着五千年的灿烂历史，其文明享誉世界，在文明的进程中，产生了丰富多彩的文化遗产。非物质文化遗产是一个国家一个民族的标志和灵魂，它承载着一个国家与民族的过去与未来；非物质文化遗产蕴含着一个民族的思维方式和精神价值，它是一个民族情感和民族凝聚力的载体。更是最有说服力、最珍贵的文化信息来源，也是历史最真实的见证；是落实科学发展观，实现中华民族伟大复兴的重要组成部分。要发展就要不断吸取养分然后创新。传统文化是创新的根，要不断地从根吸收"营养"。保护好非物质文化遗产能给本民族人民带来自信，让我们在和其他民族和国家交流文化时，能挺直腰杆。非物质文化遗产能发展旅游业带动地方经济，是一种经济的传承方式，它也进一步体现了非物质文化遗产的经济价值。随着科学技术的进步，非物质文化在信息机械时代也受到了很大的冲击，很多依靠口授或行为传承手工技艺的文化已经快濒临灭绝，加强保护我国非物质文化遗产已经刻不容缓。

（三）社会性别

在心理学研究领域，性别角色已有大量研究可做参考。一些学者认为"性别角色即在人的生理性别前提下，由社会给人的一种行为规范。即一套男性该如何做和女性该如何做的或者男性就应该做什么和女性就应该做什么的标准"[108]。这就是社会性别，也是本论文研究的重要视角。社会性别和生理性别不同，生理性别是与生俱来的，是人们最早划分男女的一种标准。而社会性别指社会文化中形成的男女气质和性别角色，以及男女在经济、社会文化等方面的角色和机会差异[109]。它是文化的产物，是社会的组成部分，社会和文化给男女一套性别观念、行为模式和评价标准，它也是一个文化体系和分析范畴。性别强调社会的构成性，即社会实践中男女在角色、行为、思想、情感特征等方面的差异[110]。它更是社会对人的性别的一种构建，容易受到外界的影响让人们对一些事物形成固定的性别认知，在这种固定的思维模式下判定男性或女性适合做的事情。众所周知，性别的文化含义决定着个人的文化身份。费孝通先生曾说"乡土社会是一个男女有别的社会，也是个安稳的社会"。中国民间社会历来就有从性别上确定传承内涵和形式的传统，特定的社会性别制度把不同的个体组织到规范好的"男性"或"女性"民俗活动中。男、女性传承人的传承行为因此也呈现出一定的性别差异，所承载的民俗内涵、传承方式和传承行为等有所不同。

在当前非物质文化遗产保护实践中，传承人的传承行为在外部促进和内部变化的动态交织中呈现出复杂的特征，其保护效果也受到历史记忆、主客观、民族主义和权力话语等因素的影响。此外，如果我们从性别视角来看待它，我们还会发现，性别及其所建立的不同文化规范也是影响传承人传承的重要因素之一。"社会文化导致两性之间的各种气质差异"[111]。在原始社会形成的男女分工格局，虽然通过先进的文明社会的继承和转型，但我国传统的道德礼仪制度仍然在男女角色上有所不同，使得社会给予男女两性的教育和成长等不一样，对其从业也会有不同的评价标准。人们习惯性把刺绣、舞蹈、编制、剪纸等柔软细腻的传统技艺视作女性的"家教"。习惯把骑马、摔跤、舞狮、雕刻这类力量性的技艺视作男性的技能。应该说，在一般的非物质文化传承上，普遍都有用性别来区分传承技艺的特点。例如，"闺阁的女子把学好刺绣当成妇德，技艺不好就会遭到他人的嘲笑""草原上的男子就一定要学会骑马，如果不会，那就会被人嘲笑为懦夫"。严重的性别角色刻板印象，造成人们思想的禁锢。

二、研究对象与研究方法

非物质文化遗产很多，以下主要从湘绣的例子进行研究，研究主要采用文献资料和实地访谈等方法进行。

（一）湘绣的历史演绎

湘绣是湖南一带以长沙为中心的，带有鲜明湘楚文化特色的湖南刺绣一类产品的总称[112]，是湖湘劳动人民在源远流长的人类文明历史长河的发展过程中，精心磨炼创造出的一种具有湘楚文化特色的民间特色工艺[113]。明末清初，长沙城内出现了一些刺绣作坊。辛亥革命后，相继开办了各种规模的绣庄。湘绣在清代后期形成了具有独特风格的刺绣体系[114]。光绪末年，湖南的民间刺绣发展成为一种独特的刺绣工艺系统，成为一种具有独立风格和浓厚地方色彩的手工艺商品走进市场[115]。这时"湘绣"才成为一个专门的称谓。刺绣题材大都是传统的花、鸟、鱼、虫、兽、蝶、人物肖像等[116]。新中国成立初期，湘绣得到了政府的大力扶持，湘绣在这一时期的发展很快。传统的湘绣题材在人们的生活中贯穿，如被套、枕头、坐垫、旗袍、手绢、各种刺绣画等[117]，有的还畅销海外，湘绣已经从国内走到了国际上。"文革"时期，湘绣也受到了沉重的一击，"文化大革命"使湘绣的题材受到很大局限。

改革开放后，湘绣的题材已经不受限制了，而且随着科技的发展，技术的进步更是让湘绣美得让人惊艳，一些双面绣的超级绣品如《杨玉环》《西施》《花木兰》等作品让人们发出惊叹的声音。这些绣品比绘画更形象生动，更栩栩如生[118]。（见表18-1）

表18-1　湘绣的历史发展

时期	湘绣发展状况
1898 年	成立了第一家绣庄"吴彩霞"绣庄，湘绣成为一门专门的产业发展，走上了商业化发展道路
1898—1910 年	湘绣市场基本完善，由原来的 1 家绣庄发展到 8 家绣庄。湘绣的产业链已经完整了，这个时期从事湘绣的人也越来越多，以农村妇女为主
1910—1926 年	湘绣稳步发展，绣庄已经由 8 家发展到 26 家绣庄，绣品多达 2 万件。绣品多以日用品为主，绣有少量的高端工艺品
1926—1933 年	由于革命运动的影响，湘绣 30 年来第一次出现了衰退现象
1933—1937 年	国内局势稳定，湘绣发展回归正轨并逐步上升，绣庄由原来的 26 家发展至 45 家。而且绣品饮誉海外，送至美国展览会上的"罗斯福总统绣像"引起轰动，获奖和好评不断
1937—1945 年	湘绣发展受到抗日战争全面爆发的影响，在这期间大多数绣庄被迫关闭，发展受到了阻碍

时期	湘绣发展状况
1945—1949 年	受战争影响发展停滞，1949 年战争结束，国内经济百废待兴，经济落后，近 80%的绣工失业
1949—1966 年	政府重建国营湘绣厂，在这期间还成立了湖南省湘绣研究所，以前有基础的湘绣在环境和政策都适合的条件下迅速发展。5 大类 72 针法体系已经完善了。
1966—1976 年	"文革"时期湘绣发展停滞，一些精美的绣品图案被视为有政治隐喻而被烧毁，期间破坏了大量的优秀绣品。湘绣的题材受到限制，多以毛泽东绣像和事迹为主
20 世纪 80 年代	湘绣的发展形势渐佳。被限制的题材回归到湘绣
20 世纪 90 年代	改革和市场经济体制的改变，国营企业的发展有所退步，私营小企业、家庭小作坊发展起来。
2000 年以后	随着湘绣被列入非物质文化遗产，国家和政府也加大了保护和支持，私营企业和家庭作坊发展迅速，但是没有规范的制度和法律约束，很多人为了利益，把一些粗制滥造的绣品投入市场，使湘绣的品牌受到打击。而更大的危机是湘绣人才的流失，不管是民营还是国企，绣工的工资普遍偏低，而且时代的发展让女性职业的选择越来越多。

注：数据来源于李湘树《湘绣史话》和李立方、李湘树《湖湘刺绣（二）：湘绣卷》

（二）湘绣的技艺

湘绣是结合湖湘文化的一种优秀手工艺。湘绣主要是在丝绸上用真丝丝线绣制图案。主要品种有丝网、屏风、双面绣、单面绣、床罩、被套、手绢、坐垫以及服装、围巾、扇子、鞋子和其他各种类的日用品。每个物品都可以绣上风景、花卉、鸟类、动物以及人物肖像。

1. 绣稿

绣稿就是湘绣的蓝本，但在早期并没有绣稿这么一说，刺绣上的图案只是妇女对美好生活向往的一种装饰，把这种美好的向往或者祝愿绣在手帕上、被套上、坐垫上、荷包上、服饰上等，然后一代传给一代[119]。图案大都是百花、百鸟、百鱼、蝶兽等，这些图案都带有相应的寓意，如牡丹代表富贵、荷花代表高洁、凤凰代表吉祥与和平、鲤鱼代表向上与收获、虎狮代表勇猛威武、喜鹊代表好运和福气等等。这些都是人们的心里愿望和美好祝愿，传递的是一种健康向上的精神面貌。而随着书画的兴起，促进了湘绣的发展，湘绣开始以中国画和书法为蓝本[120]，绣稿的种类也变得越来越丰富了，相继而来的是油画和摄影作品，湘绣的题材迅速地拓宽，题材的拓宽使湘绣人的技艺也必须跟上，这也为湘绣的技艺提升起到了促进的作用。

2. 针法

湘绣的针法以掺针为主。这种针法最早是由李仪徽在清末发明的。线可以比头发还细。将不同颜色和颜色等级的缝线配合，一针一线的掺进去，画面颜色自然转换。这种掺针的方法是通过胡莲仙和她的门徒传播的。湘绣以狮虎为题材的绣法而闻名。其中，平绣绣法中鬅毛针法来表现得尤为重要。鬅毛绣主要运用于猫科动物的绣制上，通过与不同厚度和不同颜色的线混合，可以表达出毛发的纹理和质感[121]。旋针针法也是通过瞳孔为中心，针脚相互隐藏，在圆心周围绣开。能很好地表现出狮眼的晶莹透亮；绣禽类的羽毛用毛针，头部齐针，根据毛势一针针往尾部绣，针路随毛势行走，就能绣出鸟类羽毛具有的蓬松感；绣风景和天空时用铺针；绣人物肖像时用直掺针。因为这些丰富的针法，湘绣可以有很多奇妙的变化，用掺针方法将丝线色彩混合，已经达到了刺绣与自然衔接的艺术风格（见表18-2）。

表18-2　湘绣部分针法

平绣（直针、铺针、帘针）	平绣（松针、钉针、珠针、柳针、打眼针）	平绣（离缝针、齐边针、掺针、分筋针）	平绣（滚针、盖针、刻鳞针、毛针）	织绣（平织、对织、交织、隐格针）	扭绣（三套结针、连环结针、滚筒针、挽针）	交叉绣

注：来源：国家非物质文化遗产·湘绣

3. 绣裱

绣裱是一个完整的绣品最后的一道工艺，湘绣要成为一件精致的艺术品，那精心的装裱就非常重要了。装裱的选择要考虑和绣品的内容和颜色的搭配，这样才能使绣品看起来舒适。目前市面上有实木绣裱、仿羊皮绣裱、水晶绣裱和金属绣裱。实木绣裱做工精细，备受喜欢。特别是原木色，更贴近自然色，营造一种田园自然的味道。仿羊皮绣裱仿照羊皮外观设置的，而且现在提倡环保，仿羊皮绣裱就有很大的发展前景。精致仿羊皮适合装裱动物类的绣品，二者搭配非常有尺寸，有氛围。水晶绣裱这种装裱可以表现出真正现代简约的风格，很上档次。金属绣裱这种相框外表颜色通常为金黄色或者古铜色，主要打造一种辉煌的色彩，带来吉祥如意的感觉。

（三）湘绣的价值

湘绣 2006 年入选了第一批国家非物质文化遗产名录。对于湘绣，大家可能知道得多的是它的图案，它在日常生活中用在哪些地方，但对于湘绣有哪些价值，好像还不太了解。要想清晰的了解一项文化，那就要从横向和纵向一起深入剖析。

1. 湘绣的科学价值

在科学研究方面，湘绣有 5 大类 72 种 150 多个针法，是一项很成熟的技艺，劈丝更是湘绣技艺中独创的工艺。湘绣的针法更是精湛，以针代笔在织丝上绘制各式各样的图案，这些图案并不是普通绘画作品，它是一种比绘画作品更生动形象的立体图，它有触感，有纹理。它是绘制在二维图上的三维艺术品。经过长期的发展创造，至今湘绣已经成为湖湘地区不可或缺的艺术结晶，也是湖湘的一张名片。

2. 湘绣的文学价值

湘绣在文学方面也具有非常高的价值，一是在文学欣赏方面，湘绣最开始的时候是以中国画为绣稿，后来把诗、书一起带入了湘绣。所以在湘绣的作品中，有很多是诗和画的结合，用诗书来表达画的情感，用画来表达诗书的意境，这比单纯的中国画绣品更多了一丝温度，多了几分深度。二是在文学创作源的方面，绣女的形象给了众多文学家创作灵感，在很多诗、散文、小说中多次出现。如《湘绣旗袍》《湘绣女》《孔雀东南风》等文学作品中都描述了绣女的形象[122]，或容貌美丽品格高贵，或多灾多难多情多贞，或性格饱满自然清秀。

3. 湘绣的艺术价值

湘绣的艺术内涵十分丰富，这种最为纯真的艺术形式也最具有感染力，这种原生态的艺术精神也保留至今。湘绣不仅仅是一种文字图画，更是一种精神财富。它用针线在丝绸上绣出栩栩如生的精灵，它有质感、有纹理、有灵魂。绣出来的作品不但有画的神韵，而且还增添了立体感、真实感，仿佛是给画注入了血液，让它有了生命，这就是湘绣，用一针一线来表达它的和谐美、形态美、色彩美、原始美以及意蕴美。

4. 湘绣的历史价值

湘绣的历史悠久，至今已经 2500 多年了。根据出土的湘绣文物就可以证明，西汉的时候湖南的湘绣水平就已经相当高了，随着时间的年轮一圈圈增加，湘绣也经历了不同的历练，有起有落，直至李仪徽首创了掺针法，湘绣的发展才逐渐稳步上升，延绵至今。通过出土的湘绣，可以真实的还原湖南古代的农耕面貌，通过湘绣了解历史。湘绣不仅在国内是有名的刺绣，在国际上也非常著名，湘绣还经常作为国礼赠给外国来宾，现已有很多优秀的绣品在世界各国展出，享誉世界。

（四）研究方法

1. 文献研究法。通过查阅历史文献、中国知网数据和校内图书馆系统等。查找有关非物质文化遗产、湘绣以及性别视角有关的论文、专著等，通过阅读他人的文献，找到自己论文的支撑和指导点。也能通过他人的文献，了解目前论文内容的研究空缺，就能够在自己的论文中增加亮点。

2. 实地调研。通过前往长沙市开福区沙坪镇进行调查获取相关统计数据资料，了解当地的人文环境、经济发展、传承人现状、湘绣产业发展现状等状况。

3. 问卷调查法。问卷调查的对象是沙坪镇的妇女、绣工和路人，进行抽样调查。问卷调查总共发放问卷 146 份，回收问卷 132 份，回收率为90.4%。去沙坪镇调研的时间是 2018 年 12 月和 2019 年 3 到 4 月。调查对象的性别构成为男性 86 人，女性 60 人，男性调查对象年龄分布基本均匀，女性年龄基本在 30—60 岁左右。通过问卷得到了一些有关湘绣的有效数据来支撑本论文的相关观点和提升论文的有效性。

4. 个案访谈法。所谓个案访谈的就是与受访者个人直接面对面的访问。受访谈的对象主要有湘绣研究所的刺绣骨干、设计大师，还有沙坪镇的妇女绣工。通过对湘绣工艺传承人的访谈能够了解到资料上没有的、不具体的内容和随着社会发展湘绣传承人的心态变化，还可以收集到问卷调查不能深入的情况。

5. 综合分析法。通过整理问卷调查、实地调研、文献和个案访谈的资料，综合分析，得出相应的结论。

三、性别视角下湘绣的传承现状与问题

湘绣在非物质文化遗产中，相对来说在女性中的得到了比较好的传承，然而也存在一些问题。

（一）性别视角下湘绣的传承现状

湘绣是湖湘文化的瑰宝，通过了解目前湘绣的发展现状、湘绣发展的困境和缺点，对湘绣更好的延续下去和更好的发展具有十分重要的意义。

1. 女性肩负传承重任

湘绣文化以其技艺讲究，精工细作著称，主要包括：湘绣定制品、湘绣收藏品、旅游纪念品等。由于"男耕女织"分工模式及文化传统的决定。表 18-3 是对湖南省湘绣研究所的刺绣名手进行了调查，可以看出，女性一直是湘绣文化的中坚力量，具有较高技艺的湘绣传承人都是女性。正是通过女性的口授心传手教，才使得湘绣技艺及文化得以世代延续。女性能够积极地参与湘绣手工艺，对湘绣的发展是一种促进。从人文资料和历史资料考证，湘绣起源于民间刺绣，自古女性就把刺绣作为闺阁之事，用来陶冶情操，还用来衡量一个女性的品德。后来妇女还会绣一些日常生活用品，拿出去售卖，用来贴补家用。被誉为"中国湘绣之乡"的沙坪镇一带的女性基本都会刺绣，上至中老年妇女，下至 8 岁女童。

表 18-3 湘绣刺绣名家

姓名	性别	年龄	学历	职位	擅长类型
陶佩玲	女	54	初中	工艺美术师	能综合运用多种针法表达不同风格的人物、花鸟、山水、走兽等题材的作品，擅长绣制花鸟，所刺绣作品精美细腻，光泽鲜亮，富有灵气
王爱玲	女	52	本科	高级工艺美术师	擅长刺绣油画、走兽、花卉题材。2004年，赴美国参加"中国巡展·访晤古代创新大师"表演湘绣技艺
任亚华	女	56	中学	高级工艺美术师	擅长刺绣花鸟、人物等，曾多次担任单位外派的刺绣技术指导工作。2007年赴新加坡参加"中国古代传统技术展览"表演刺绣
张旭	女	49	中学	高级工艺美术师	擅长绣制花鸟、人物
王玉辉	女	53	中学	高级工艺美术师	熟练掌握多种刺绣技法，擅长刺绣动物。1996年10月，曾赴我国台湾、新加坡等地进行刺绣表演，受到各界人士的好评
周运兰	女	54	中学	工艺美术师	擅长刺绣人物、动物、花鸟，所绣作品立体逼真，技法纯熟。2006年代表单位赴泰国参加"中国古代传统技术展览"展示湘绣技艺
李兰平	女	53	中学	工艺美术师	擅长双面全异绣技艺，所绣作品沉着优雅，密实精细。2001年，代表单位赴加拿大参加"中国古代传统技术展览"展示湘绣技艺
熊正炎	女	51	大专	高级工艺美术师	擅长刺绣走兽、花鸟
袁敏	女	48	大专	工艺美术师	擅长刺绣人物肖像、花鸟，所绣作品精细入微，质感强烈

2. 人才严重缺失，传承人性别失衡严重

人才缺失是制约湘绣发展的重要"瓶颈"，随着社会的发展，很多年轻人都不愿意待在农村，社会风气比较浮躁，年轻人大都把利益放在首位，不愿在家专心研究刺绣。而且刺绣周期长，一针一线比较辛苦，利润还不高。由于现在就业选择的多样性，很多女性更愿意从事服务类工作。拿着不错的工资，也没有刺绣辛苦。

湖南工艺美术职业学院 2006 年开始设立湘绣专业，现已经发展为湘绣学院，每届招收 70 名左右的学生。为"刘爱云大师工作室"和湖南省湘绣研究所提供后续力量。湖南省湘绣研究所成立了"新蕾刺绣部"，从湖南工艺美术职业学院毕业后可以继续选择去"新蕾刺绣部"继续学习深造。不过，每年 70 名左右专业人才产出速度根本无法满足目前湘绣市场对人才的需求。后备人才培养速度缓慢，如果这种情况持续，那么若干年之后，当最后一代农村绣娘老去，那湘绣就会面临着技艺文化失传的危机。

湘绣艺术学院还首次招收了男性绣工。尽管如此，从表 18-4 近年湘绣学生招收的学生来看，湘绣后继人才中男绣工的数量还是极少。

表 18-4　湘绣学院近年来招收学生及性别状况

年份	招收湘绣学生人数	男女分布
2011 年	67 人	4 男 63 女
2012 年	70 人	2 男 68 女
2013 年	68 人	全部为女性
2014 年	74 人	1 男 73 女
2015 年	70 人	3 男 67 女
2016 年	66 人	全部为女性
2017 年	70 人	1 男 69 女
2018 年	73 人	3 男 70 女

3. 湘绣传统观念对男性造成不良影响

传统社会从事刺绣的全部是女性，"绣娘"一直以来被认为是"绣工"的同义词，但在职业教育体系下，近几年陆续有一些男性被刺绣这门手工艺的神秘色彩吸引而加入进来。耐人寻味的是，这种对性别传统的颠覆在人们对新事物的好奇心和窥探欲的助力之下，甚至会转化为男绣工在行业内的竞争优势。但是受传统观念的影响，大部分男性还是不愿意从事湘绣这一手工艺工作。通过对 86 名男性进行问卷调查（多选）得出了图 18-1 的数据。主要影响男性参与湘绣的原因是怕朋友笑话和对湘绣不感兴趣，各占了 86% 和 62%。而归根到底还是因为湘绣传统观念的影响，自古以来男耕女织的思想深深地刻在男性的脑海里，认为女性才需要刺绣，这种女性活动一旦被男性来做，就会认为小家子气，所以影响了男性对湘绣的兴趣，导致男性绣工很少。

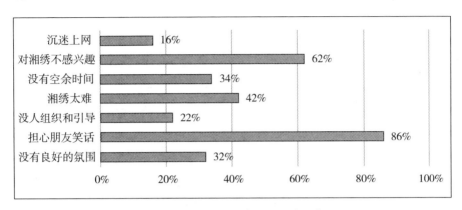

图18-1　影响男性参与湘绣的因素

4. 湘绣产品需求存在性别差异

根据调查，市面上的湘绣产品大致都为表18-5中的那些种类。从表18-5中不难看出，湘绣的开发产品大部分是迎合女性的需要，如荷包、手帕、丝巾，这些东西在男性的日常生活中一般很难用到，男性对这些东西的兴趣也不高。而女性在对美的需求上远远超过男性，这些用品恰好能增加女性的美。而像生活用品类的被套、枕套、靠垫和坐垫，这些东西在人们的家里一般都是由女主人购置，男性参与其中的也比较少，所以男性接触也不多。至于服饰，大部分绣衣是以旗袍的形式呈现，也是迎合的女性的审美需要，而男性的服饰一般比较简单，如果花纹刺绣过多反而会显得累赘。湘绣作为欣赏的艺术品时也是女性容易被吸引，同一性质的东西男性更容易被那些收藏品吸引。而且女性对于刺绣有一种情节，这可能是被妈妈或者奶奶所影响，生活中我们看到的也总是妈妈、奶奶在做一些缝补、刺绣类的事，所以更加造成了湘绣产品的性别需求偏差。

表18-5　湘绣产品类别及需求性别

类别	名称	需求性别
生活用品	被套、枕套	女
生活用品	坐垫、靠垫	女

续表

类别	名称	需求性别
生活用品	伞、灯具	女
艺术品	单面绣收藏品	男、女
艺术品	双面绣收藏品	男、女
服饰品	绣衣	女
服饰品	绣花鞋	女
礼品	扇子	女
礼品	荷包	女
礼品	手帕、丝巾	女

（二）性别视角下湘绣的传承面临的问题

通过调查发现，在湘绣蓬勃发展的当今社会，湘绣的发展传承仍然面临着巨大的挑战和问题。湘绣要更好的传承下去必须面对和解决这些问题。

1. 传统湘绣文化价值的"边缘化"

湘绣是湘楚文化的名片，已有2500多年的历史。其表现形式和内容具有极高的文化价值。

然而，随着社会的进步，物质利益的诱惑使得绣娘保护和挖掘传统文化的意识逐渐减弱。湘绣女工对自己的手工艺并不重视，对湘绣文化也不了解。通过调查，沙坪镇的湘绣生产基本上是用传统的模式。除少数大型工厂外，大部分家庭作坊是妇女从事湘绣的主要场所。家族姐妹、妯娌、母女相传，镇上绣娘同伴相传，妇女们聚在一起学习和探讨刺绣技术、接收收购商的刺绣订单。为了利益批量生产的湘绣商品导致了原有的文化价值和质量的下降。优质绣品日趋萎缩，一些粗制滥造的绣品使湖南刺绣的精神内涵逐渐淡化。而且，家庭作坊将妇女之间的交流限于家庭和本地内，和外界的接触联系很少，缺乏市场经济理念，在接受访问的妇女中，她们没有想过要去了解湘绣的文化内涵、创新产品和改进自己技艺等，湘绣的目的只有赚取手工费的简单想法。这使得湘绣文化传承失去了灵魂，没有文化支撑的手工艺技术很难向上发展。

2. 缺乏文化传承的自觉意识和创新意识

对湘绣文化来说，首先要明确其所包含的民族文化和精神，然后有意识地传承湘绣文化。因此，湘绣文化的传承是一个动态过程，需要传承者在继承的基础上更新观念，积极提高技艺等。沙坪镇普遍存在的情况是：女性对湘绣文化传承意义认识不足、文化传承意识淡薄、缺乏对人才培养和技能提升的重视等问题。通过对沙坪镇的绣工访谈得出表18-6显示，沙坪镇当地绣工基本上都是女性。传承方式和生产方式基本上是家庭邻里的传承，家庭作坊生产。技能最熟练的人往往年龄较大，受教育程度较低，年龄一般在30—60岁之间。她们大多从事刺绣工作超过10年。在较年轻的群体中，愿意长期从事刺绣的人较少。当代社会中女性就业渠道的扩展、湘绣有限的市场和湘绣手工艺的烦琐，三者交织在一起的结果是绣工的不断萎缩。沙坪镇有专门的湘绣培训学习机构，面向对象不分男女老少，这对塑造当地绣工的民族文化意识，培养湘绣技艺是一个很好的平台。但是到学习机构报名参加培训的人太少，培训班的学员寥寥无几。正是因为妇女们不注重自己技艺的提高，沙坪镇湘绣整体水平不高，多数妇女只会做简单的平绣，沿用传统的图案简单刺绣，无法完成技术含量高的作品。再加上普遍没有创新意识，没有新意的、技术含量低的绣品更加难以吸引消费者。所以湘绣的发展处于被动状态，湘绣妇女没有主体意识和责任感，再由于文化水平比较低，再加上大部分绣娘年龄偏大，导致她们缺乏创新的能力和创新的积极性。

表18-6 沙坪镇部分绣工基本情况

姓名	性别	年龄	学历	职业	技艺来源方式	是否愿意参加培训
王兰华	女	42	初中	家庭作坊绣工	母亲教授	否
李 艳	女	36	高中	家庭作坊绣工	师父教授	否
刘 婧	女	28	大专	家庭作坊绣工	学校学习	是
王 珍	女	48	高中	家庭作坊绣工	邻里学习	否
肖玉辉	女	52	小学	家庭作坊绣工	母亲教授	否
曾爱民	女	51	初中	家庭作坊绣工	母亲教授	否
张红霞	女	62	初中	家庭作坊绣工	母亲教授	否
向芳芳	女	40	大专	家庭作坊绣工	师父教授	是
张宏英	女	57	初中	家庭作坊绣工	母亲教授	否

3. 忽视妇女在湘绣文化建设的参与权、决策权

妇女是湘绣传承的重要主体，湘绣文化要繁荣、要发展，离不开广大湘绣妇女的主动参与，应该充分尊重和听取她们的建议。但是，笔者在调查中发现，妇女缺乏机会和条件参与保护、建设刺绣文化等重大事项的讨论和决策。在长沙沙坪湘绣厂发放的调查问卷中，妇女表示从未有机会对产品的开发研制发表过意见。还通过对最权威的机构湘绣研究所的创新开发设计人员进行调查，得出了表18-7的信息，湖南省湘绣研究所现有6名从事湘绣创新设计人员，男性占了三分之二，通过访问，男性基本上是美术专业出身，对湘绣的技艺并不是很擅长，只是为湘绣提供设计稿，而不是真正意义上的湘绣技艺传承人，所以造成湘绣文化的建设与湘绣技艺人脱节。湘绣妇女是湘绣文化的主体，缺乏主体的参与和决策，不利于湘绣产品的更新和提高，更是不利于民族文化的保护与传承。

表 18-7　湘绣研究所创新设计开发人员基本信息

姓名	性别	年龄	职位	擅长设计类型
潘　妍	女	33	工艺美术设计师	擅长工笔花鸟画，作品风格精致唯美
李吉亚	男	35	工艺美术设计师	设计的作品形式多样，创新性强
罗　鹏	男	32	工艺美术设计师	擅长山水画设计，所设计的作品典雅大气
陈　东	男	51	工艺美术设计师	擅长山水画设计，作品风格大气厚重，意境深远
夏　艳	女	35	工艺美术设计师	擅长中国工笔花鸟画，写意山水画，人物画等
黄自立	男	53	工艺美术设计师	擅长山水、工笔动物设计，作品师法自然，清新明快，富有生活气息

4. 湘绣职业性别偏见大

嘉庆十五年（1810）《长沙县志》卷十四《风俗》中这样记载："省会之区，妇女工刺绣者多，事纺绩者少。大家巨族，率以细锦侈尚；乡间妇女，荆钗裙布，勤纺绩，主中馈[122]。"湘绣自古以来就是以女性作为代表的技艺，随着社会制度和传统观念让这一技艺的传承人是女性的观点深入人内

心。而且在古代，刺绣更是每一个女性必须掌握的技艺。男女两性的生理性别更是从本质上推动了对湘绣性别偏见的形成。在长期的传统观念的熏染下，作为男性，似乎天然要比女性强势。这种强势既体现在抵抗力与爆发力，也体现在高大强壮、情感奔放、大丈夫不拘小节等，这似乎不是什么大事，但是放在湘绣行业中，男性的强势反而变成了一种弱势。一幅优秀的湘绣作品并不是一时片刻能完成的，它是需要长期耐心、持久的一针一线温柔的、细腻的呵护绣品，恰恰女性相比男性的优势在于持久力、忍耐力，再加上女性情感比较细腻，对湘绣的创作方面也比较有优势，所以湘绣传承人基本上都是女性。而且男绣工经历着职业认同危机，无论是社会大环境、所处社区、家庭还是自己，都对绣工这一职业认同有一些固有的看法。现如今绣厂招人，许多岗位会特别标明"因为工作性质，只招女性绣工"的字样，这种限定会使得社会对于某些特定岗位存在定势的认知，使得湘绣这一职业有着性别偏见。

四、性别视角下提升湘绣传承的对策

针对湘绣在传承中存在的一些问题，以性别的视角，从主体地位、文化自觉和教育平等方面提出一些对策。

（一）强化妇女的文化主体地位，提高妇女的文化传承自觉意识

妇女是湘绣传承的重要承担者，所以应该加强对湘绣妇女的关注和她们技艺提升。增强妇女的文化传承自觉意识，提升妇女的文化创新意识。通过增加培训机构的吸引力，如培训结业优秀作品可获得相应的奖励，激发妇女的参与兴趣。这样能提高妇女的技艺，使她们从一成不变的刺绣技艺和传统图案里走出来，接受新的东西，这样也能增加她们的文化创新素材，提升文化创新能力。强调妇女的主体地位。妇女是天天接触湘绣的人，她们是最了解湘绣的主体，也是传承湘绣的大部队，应该积极听取她们的建议和尊重她们。可通过相应的政策把湘绣妇女放在湘绣传承中心地位，让她们为自己是一个湘绣技艺的传承人而感到自豪，而不是简单地为了赚钱而刺绣。重视刺绣人才培养。优秀的传承人是传承湘绣文化的宝贵资源，激发妇女的作用，带动妇女们对刺绣文化进行自主创新，提高技术，是提

高刺绣文化传承的文化自觉意识、培养人才的重要途径[124]。

（二）扩大接触面积，提升湘绣性别平等意识

传承人是湘绣发展的首要环节，主要作用是学习湘绣技艺，并对湘绣进行改善创新，把湘绣文化、技艺传播出去。大众传媒则是传播湘绣文化的主体。随着经济的发展和科技的进步，电子和纸质的大众媒体几乎覆盖了生活的所有空间。通过宣传湘绣文化、湘绣技艺、湘绣作品，细化湘绣刺绣针法的种类，希望每一种人群都能够找到参与湘绣的机会，扩大不同性别、不同年龄段接触湘绣的面积。例如，年龄段区分的孕妇刺绣，给宝宝亲手绣制一件衣服；亲子刺绣，带着自己的孩子一起动手参与刺绣，既是一个有意义的活动，又能了解学习到湘绣文化和技艺。以性别区分而设计，特别针对女性的比较细腻的绣法，以及针对男性的比较豪放的绣法等。利用大众传媒传播湘绣职业男女平等都可以胜任的思想，湘绣绣稿可以结合男性比较喜欢的游戏人物或场景来吸引男性对湘绣的好感和好奇，在男性流量比较大的平台加入湘绣的元素等，增强湘绣的"雄性激素"[125]。

（三）将性别平等纳入教育教学，突破传统性别观念

青少年是国家的未来，学校教育是每一个青少年所必经的阶段，所以要突破传统性别观念，可以通过教育来辅助，在学校开设有关性别教育的课程，但目前大多数高校并没有重视性别教育，很少开设性别教育课程，有的也是作为选修课开设。所以学生意识不到自己的思想已经慢慢被社会大环境同化，就默认为湘绣是一种女性手工艺。而通过社会性别教育能让学生正确认识性别并没有区分职业的功能，能正确地自我认知，突破传统观念，不随大流。自主思考自己对湘绣是否有兴趣，而不是被根深蒂固的社会偏见所束缚[126]。

还可以在专门的湘绣学习机构通过对男女湘绣教师的调整来影响人们对湘绣的性别偏见，通过教师的以身作则来打破男性从事湘绣害怕被嘲笑的恐惧。也通过男教师的加入来吸引更多的男性学生加入湘绣。在内容方面，创编出一些符合学生性别特征的绣法和绣品。在就业指导方面，给学生灌输职业平等意识，湘绣不是一种女性职业，使学生跳出"湘绣是一种女性活动"的怪圈。而且通过教育能更好地普及和传播湘绣文化，帮助湘

绣更好的传承。

（四）提高文化传承自觉意识，在政策中渗透性别平等

政府要有挖掘和发扬湘绣的价值，激发多主体的文化自觉。只有与时俱进地结合社会需要，湘绣才能有可靠的后盾；也只有实现了社会主体的需要，才能形成强有力的湘绣文化自觉。这个主体不应该只有女性，政府应在吸引男性对湘绣的兴趣上做出一些举措。

政府要有公共服务意识，制定湘绣长远规划。湘绣作为国家级非物质文化遗产，地方政府应高度重视湘绣传承人面临的发展困境。如传承人的数量减少，传承人的性别比例失衡。湘绣是长沙人民的认同文化，有着深厚的群众基础，政府应为湘绣提供强有力的组织和制度保障，制定和落实湘绣发展的长远规划，提供更多的湘绣学习平台。近年来，政府也积极实践着这种服务角色，如建立了多处湘绣培训基地、提高男性湘绣人的薪资水平、春节期间举行刺绣比赛、湘绣进学校等措施。

湘绣出现在生活中的各个方面，手帕、坐垫、床套、旗袍、荷包等，但不难发现，大部分是女性能接触到的东西，男性能接触到湘绣的机会比较少，政府要给予湘绣企业在政策上一些支持，让湘绣行业能有更多男性化的职业和创新出更多男性能接触到的产品，吸引男性对湘绣的好感度。湘绣要更好、更远的发展，则需要拥有一个职业平等、男女平等、共同发展的社会环境。需要充分发挥政府作用，把社会性别意识纳入政府工作政策中，在湘绣领域的资源配置上，坚持共同发展、男女平等参与、共同受益的原则，促进湘绣的发展。

综上所述，湘绣作为一个非物质文化遗产项目，是湖湘地区的一张名片，更是湖湘人民一代一代传承下来的宝贵文化与技艺。近年来，随着湘绣的发展越来越好，政府也越来越重视，湘绣逐渐从国内推广到国外，得到更大的市场。尽管发展趋势很好，但通过研究发现，女性是湘绣传承的主要承担者，但大部分女性缺乏文化传承自觉意识。她们认为自己是一个手工劳动者，没有意识到自己是一个民族文化的传承者。湘绣存在严重的性别偏见，男性对湘绣的好感度远低于女性，湘绣传承人性别失衡，女传承人远多与男性，传承人偏老龄化，后备人才不足，文化素养偏低。湘绣

的产品开发、旅游也大都针对女性设计。女性在传承过程中，不积极提高自己的技艺，创新意识缺失。湘绣要更好地发展就应该消除人们对湘绣文化的性别偏见，尤其是在大众视角下都认为其是一种女性文化的同时，更应该消除人们盲目的看法。且应该根据不同的性别进行针对性的湘绣创新开发。就目前湘绣传承人中存在的性别失衡和后备人才不足的现象来看，更应该有效的完善湘绣的传承策略，需要创新性长远规划并进行针对性的管理，根据不同性别的特征，选择富有新意的内容，激发不同性别的人了解学习湘绣的兴趣，完善湘绣的传承体系，以便改善湘绣性别偏见和湘绣传承人性别失衡问题，让湘绣更好的发展和传承。

论文评析：

非物质文化遗产承载着人类的历史结晶和优秀文化。湘绣作为国家级非物质文化遗产项目，既是地域文化的典型代表，又是国家文化符号的重要组成部分。随着社会的发展变化，非物质文化遗产的传承正面临着很多危机，为应对风险，寻求传承之道就成为必需。2015级人文地理与城乡规划的刘佳新同学，选择了非物质文化遗产话题进行探讨，选题较为新颖，在我的指导下通过阅读非物质文化遗产和性别的相关文献，采取文献资料法、实地考察法、问卷调查法、传承人访谈等方法，在梳理了湘绣的历史流变和传承人现状的基础上，对湘绣的现状进行了研究。得出了一些结论：①湘绣后备人才不足，传承人性别失衡，女性肩负传承重任；②忽视女性对湘绣文化建设的重要性，社会对湘绣存在性别偏见；③传承人文化传承自觉意识和创新意识低；④湘绣产品性别需求差异大，男性受湘绣传统观念影响。并提出了政府、教育、大众传媒调节湘绣困境的性别视角对策。论文内容翔实，问题分析较为深入，研究思路清晰，层次结构合理。不足之处：量化研究稍显不足，影响非物质文化遗产性别传承的原因分析还不够深入。综合来看，是一篇比较优秀的研究性论文。

第十九章
感知乡土文化的低碳环境教育

当今世界经济飞速增长，全球气候变暖，节能减排已成为热点话题。社区居民作为城市的主体，节能减排意识是社会发展的关键和核心。2007年在印度尼西亚巴厘岛举行了联合国气候变化大会，大会制定了人们所关注的如何应对气候变化的"巴厘岛路线图"，具有一定的意义；2008年在摩纳哥举行的联合国部长论坛会议中，对如何加快低碳型社会进行讨论，推动全球低碳经济的发展[127]。环境教育是以解决环境问题和实现可持续发展为前提，以提高人们的低碳环境意识和积极参与其中、培养人人保护环境的好习惯、普及如何保护环境与技能为任务，而开展保护环境的各项活动。国内外学者关注家庭能耗并进行了调查研究，Wood 和 Newborough 运用信息反馈法对家庭能源消耗指标进行了调查[128]；郭琪和樊丽明主要在居民在选择节能措施的偏好上进行了研究，其研究为节能减排制定了政策依据，但对于居民节能减排政策响应较少[129]。从居民的角度出发，进行社区低碳环境教育评价，对于增强居民节能减排意识至关重要；旨在通过对衡阳市居民低碳环境的感知情况进行调查研究，更有利于推进衡阳市低碳环境教育发展。低碳意识与环境教育存在诸多共同点[130]。低碳理念为环境教育提供了创新的视野，环境教育从知识、行为、态度和意愿等方面提供了教育基础，二者关系密切，相互促进。环境教育通过环保知识的传授、环保技能的示范、环保态度的培养，从知识、意识和行为三层面引导人们保护环境、建设生态，符合低能耗、低污染等低碳理念，环境教育为实现低碳理念在人们心理上的"落地"提供了平台[129]。

一、研究案例及研究方法

衡阳市是中南地区重要的工业城市，抗日战争中和中华人民共和国成立后国家在衡阳投资了许多工业，随着国有企业改革，衡阳很多工业开始衰落，因而，衡阳还保存有很多单位制小区和棚户区。目前，衡阳市存在普通小区、高档小区、单位大院、棚户区和城中村五种类型小区，考虑到衡阳中心城区的代表性、距离中心城区的距离，分别选择了雅士林小区（高档小区）、太平小区（普通小区）、南岳电视台家属楼（单位小区）、木材厂（棚户区）和徐家井小区（城中村）作为研究案例。

（一）居民低碳环境教育评价体系的构建

低碳环境教育评价体系的构建在于评定低碳环境教育对居民的响应程度。参考全民节能减排手册指标，采用了专家咨询法，在专家建议下，从居民平时生活中对低碳环境保护的知识与意识、行为与技能、态度与意愿三个方面建立居民低碳环境教育评价体系（见193页表19-1）。低碳环境保护知识与意识主要从居民在生活中碳排放量较高的食、行、住三方面的认识，对生态环境在碳排放中的作用以及对低碳环境的宣传方式的认识，居民节能减排行为与技能主要侧重于生活中的衣、食、住、行及居民对一次性物品的选择，居民节能减排的态度与意愿则是关注居民的碳减排活动的态度以及低碳生活，包括减少使用塑料袋、使用节能能源的参与态度、节能减排知识的获取以及低碳设施和物品的意愿要求等方面进行考察。

（二）调查问卷的设计与发放

分别调查后对五大社区进行对比，再针对居民人口社会学特征进行分析，分别从性别、年龄、职业、学历水平以及收入之间的差异进行对比分析。采用问卷调查和现场访谈形式获取数据，问卷调查内容分为两个部分，第一部分为居民人口社会学特征，主要目的在于分析居民人口社会学特征对居民的感知会产生的影响。钱征寒研究我国现有的政府管理模式和社区内涵，将社区规划分为物质性社区和综合性社区；也有典型的社区规划实践，主要在大城市的成熟社区进行，如林雪艳从社会学与城市规划专业角度探讨社区开展社区发展规划编制；近年来也有学者将社区规划与法定规划相结合的研究，如谢晖探讨广州市城市规划在宏观、微观、中观的层面与社区规划相结合，从物质层面和社区层面来规划广州的社区发展方向，共同参与协调合作机制在规划中运用的实践。因此，问卷中主要设计了居民的性别、学历水平、年龄、职业以及经济收入等方面的内容。问卷第二部分为低碳环境教育评价体系指标的调查，采用李克特5点式量表法分析结果，其中5分表示一定会，4分表示经常会，3分表示一般，2分表示偶尔会，1分表示不会。

问卷调查的时间为2015年4月1日至3日，调查地位于衡阳市雅士林小区、太平小区、南岳电视台家属楼、木材厂和徐家井小区，共发放250份问卷，其中有效调查问卷225份，问卷有效率达90%（图19-1）。

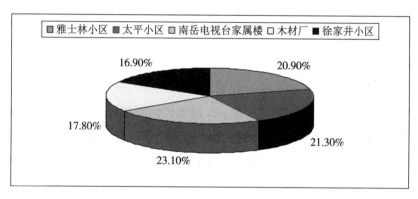

图19-1 五大典型小区问卷数量所占比例

（三）数据处理与分析

为了更准确地评定社区居民低碳环境教育评价的感知情况，数据处理以百分比为基准，并在李克特5点式量表法上，本研究引入了单要素评价模型来量化居民对低碳环境教育响应。

（四）样本描述统计

根据调查结果（表19-1）可知，被调查者以中老年者为主，公司职员、服务业、打工者人员居多，学生偏少，学历层次总体不高，绝大多数工资收入在2001—4000元之间，对调查结果有很大帮助。

表 19-1　人口统计学特征表

项目	调查内容	所占比例	项目	调查内容	所占比例
性别	男	44%	职业	公司职员	24%
	女	56%		服务业	23%
年龄	19—30 岁	11%		建筑业	6%
	31—40 岁	25%		学生	5%
	41—50 岁	32%		打工者	17%
	51—60 岁	20%		政府机关	13%
	60 岁以上	12%		其他	12%
学历水平	初中及以下	23%	工资收入	2000 元以下	4%
	高中或中专	37%		2001—4000 元	61%
	大专	12%		4001—5000 元	25%
	本科及以上	28%		5001 元以上	10%

二、基于居民感知的低碳环境教育要素差异

据调查结果可知，从性别上看，女性居民低碳意识高于男性，占 56%，男性占 44%；从年龄来看，居民偏老年化，41—50 岁占总数 37.3%，其次是 31—40 岁（23.8%）、19—30 岁（16.7%）、51—60 岁（23.8%），60 岁以上的只占 8.7%（如图 19-2）；受教育程度以高等教育为主，本科及以上学历（38.3%）、大专（24.6%）、高中或中专（21.7%），还有部分居民是初中及以下占 15.4%。

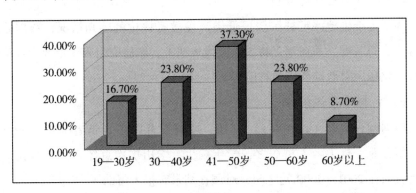

图 19-2　不同年龄人口所占比重

（一）居民节能减排行为与参与度高于知识与意识

居民的行为与参与度最高，其次是态度与意愿，知识与意识最低。在知识与意识中，居民对于及时保养汽车可减少二氧化碳排放量认识不够高，是因为汽车在过度使用后，导致油耗量越来越大，发动机也越来越耗油，必须通过保养汽车，才可以减少二氧化碳的排放量。在此方面，应该增加宣传各个领域的知识。

（二）居民节能减排态度与意愿相对平衡

调查中发现，居民节能减排态度与意愿相对平衡，在垃圾分类、参与植树、自带购物袋中，居民参与垃圾分类积极性高于自带购物袋，有的居民表示出门或忘记带塑料袋；对于全民参与植树，社区之间举行活动偏少，导致居民参与积极性不高（见表19-1）。

（三）居民参与自带塑料袋积极性不高

全国实行塑料袋购买后，居民在购物时主动带购物袋，但不是人人出门都记得带购物袋。调查表明，每少生产一个塑料袋，就可以节约0.04克煤，相应的减少二氧化碳排放量0.1克，从形势上看，塑料袋日常用量较大，居民之间应互相响应（见表19-2）。

表19-2 不同性别、年龄、学历水平和居住地居民对低碳环境教育的响应

	调查项目	性别		年龄					学历水平				居住地					总分	平均值
		男	女	19-30岁	31-40岁	41-50岁	51-60岁	60岁以上	初中及以下	高中或中专	大专	本科及以上	高档小区	普通小区	单位小区	棚户区	城中村		
知识与意识	行车会增加碳排放	4.12	4.03	3.36	3.43	3.80	4.01	3.10	3.52	4.01	3.73	3.80	3.60	3.71	3.87	3.75	3.23	59.70	3.69
	认为农村住宅会使用节能砖	3.71	3.14	3.87	3.82	3.75	3.56	3.45	3.34	3.86	3.82	3.97	3.69	3.78	3.70	3.53	3.44	58.43	3.56
	使用太阳能供暖可以节约能源	3.78	3.26	3.70	3.90	3.64	3.71	3.51	3.61	3.79	3.87	4.06	3.56	3.78	3.88	3.50	3.22	58.77	3.67
	米浸泡十分钟可减少碳排放量	3.15	3.80	3.56	4.01	3.87	3.89	3.77	3.65	3.71	3.83	3.89	3.52	3.70	3.77	3.67	3.86	59.65	3.73
	及时保养汽车可减少碳排放量	3.52	3.10	3.77	3.89	3.76	3.73	3.13	3.60	3.70	3.82	3.93	3.80	3.75	3.63	3.20	3.02	57.35	3.58
行为与参与	选择自行车出行	3.90	3.75	3.56	3.71	3.82	4.08	4.04	3.21	3.60	3.63	3.86	3.37	3.50	3.52	3.76	3.94	59.25	3.70
	选择每月手洗一次衣服	3.02	4.10	3.61	3.80	3.76	4.12	4.10	3.57	3.75	3.82	2.78	3.40	3.50	3.78	3.86	4.01	58.98	3.69
	选择少浪费肉类产品	3.97	3.87	3.78	3.89	3.83	3.91	3.97	3.30	3.57	3.68	3.65	3.10	3.57	3.76	3.80	3.89	59.45	3.72
	选择不使用打印机时切断电源	4.12	3.85	3.52	3.45	3.51	3.53	3.62	3.37	3.40	3.57	3.67	3.46	3.56	3.54	3.70	3.79	57.66	3.60
	拒绝使用一次性物品	3.58	3.92	3.37	3.54	3.86	4.02	3.89	3.66	3.65	3.73	3.86	3.89	3.78	3.97	4.01	3.70	60.43	3.78

续表

调查项目		性别		年龄					学历水平				居住地					总分	平均值
		男	女	19-30岁	31-40岁	41-50岁	51-60岁	60岁以上	初中及以下	高中或中专	大专	本科及以上	高档小区	普通小区	单位小区	棚户区	城中村		
态度与意愿	参与自带购物袋	3.23	4.15	3.56	3.93	3.79	3.89	3.97	4.05	3.65	3.78	3.70	3.65	3.87	4.10	3.77	3.50	60.59	3.79
	参与垃圾分类	3.02	3.54	3.49	3.75	3.92	3.83	3.89	4.01	3.84	3.59	3.60	3.56	3.42	3.78	3.53	3.86	58.63	3.66
	参与在农村推广沼气	3.23	3.30	3.38	3.77	3.65	3.78	3.77	3.79	3.60	3.58	3.62	3.70	3.71	3.86	3.41	3.30	57.45	3.59
	参与全民植树	3.70	3.51	3.60	3.82	3.70	4.02	3.84	3.72	3.47	3.66	3.57	3.76	3.88	4.05	3.56	3.25	59.11	3.69

三、基于居民感知的低碳环境教育社区差异

从雅士林小区、南岳电视台家属楼、徐家井小区和太平桥四个不同类型的小区居民中可见城市居民的低碳环境教育差异。

(一) 雅士林小区用电量显著高于徐家井小区

对于雅士林小区而言，其属于高档小区，小区内设备、灯照等设施相对完善，而用电量也显著增高；徐家井小区属于城中村，其设备偏于简陋，用电量相对减少。通过调查，在空调使用情况上，雅士林小区居民选择使用空调解暑，而徐家井小区则通过穿短袖、吹电风扇等适当解暑。而不同的空调设定温度与环境温度相差越大，耗电量越大。空调主要用于夏天解暑，空调设置的温度越高，其耗电量越小，平均每降低温度一度，耗电量增加5%—8%。虽然空调在我国逐渐普及，但电风扇的使用量也逐步增加，人们对于电风扇的中、低、高档转速了解不够，甚至认为其差别只在于风量大小，若以一台60瓦电风扇为例，在使用过程中只调中、低速转速，则每年可节约用电2.4度。针对高档小区应使用节能灯，使用太阳能或其他能源，以减少资源的浪费。

(二) 南岳电视台家属楼节能减排态度与意愿较高

调查结果表明，南岳电视台家属楼相比其他小区而言节能减排态度与意愿较高，大部分居民在购物时选择自带购物袋，以避免浪费资源；居民积极参与垃圾分类得分较高，以便于更好地进行资源回收处理。研究结果表明：如果全国城市中的废物有20%回收利用，那么每年可以节约能源270万吨标准煤，相应的可以减少二氧化碳的排放量；极少部分居民积极在农村推广沼气，以倡导资源的回收利用，主要是由于农村部分居民不懂如何处理焚烧的垃圾。较多居民积极参与到全民植树活动中，研究表明：一棵树一年内可吸收空气中二氧化碳18.3千克，如果全国每个家庭每年都植一棵树，那么每年可以净化空气中的二氧化碳有734万吨。南岳电视台家属楼属于单位小区，在低碳环保意识上宣传更多，并经常组织低碳环保活动，居民也积极参与其中，这也与小区宣传工作息息相关，与生活氛围密不可分（见图19-3）。

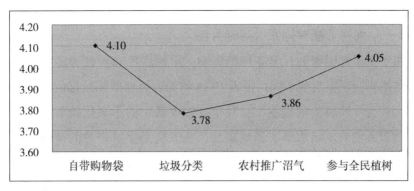

图 19-3　南岳电视台家属楼居民节能减排态度与意愿

（三）徐家井小区低碳环保知识与意识相对较低，但其参与度较高

小区的条件影响着居民低碳环保知识与意识，徐家井小区属于城中村，有部分居民受教育程度相对较低，受生活条件的拘束，其低碳环保参与度积极性较高，在低碳环保行为上比其他小区更有经验。如在骑自行车出行、每月手洗衣服、减少肉类产品的浪费以及拒绝使用一次性物品上，徐家井小区居民做得更环保，由于受家庭条件以及生活范围影响，其习惯也会有所不同。所以，居住在城中村的居民行动中已体现节能减排，只需加强宣传低碳环保工作，其低碳环保意识便会有进一步提高[131]。

（四）太平小区低碳环保意识显著高于徐家井小区

在调查使用太阳能供暖可以节约能源结果上，太平小区有 27.8% 的居民认为可以节约能源，而徐家井小区仅有 12.1% 居民认为可以节约能源。科学表明，节能砖具有节约土、节约能源等特点，是新型的建筑材料，在农村推广节能砖，具有节能减排的前景。如果使用节能砖修建一座住宅，可以节约 5.7 吨煤，相应的可以减少二氧化碳的排放量。但在煮饭时，把米浸泡 10 分钟后再煮可减少二氧化碳的排放量问题上，太平小区仅 17.8% 居民认为可以减少二氧化碳的排放量，明显低于徐家井小区，这一问题属于生活常识。由此可见，节能减排意识需要大力宣传，从不同角度出发，给居民以不同的效果。

四、基于居民感知的低碳环境教育居民差异

从性别差异、年龄差异、文化程度和不同职业的居民调查中，可以揭

示不同居民属性的低碳环境教育差异。

（一）女性节能减排意识高于男性

由于受生理因素和社会条件的影响，男性居民和女性居民在个性特点和节能减排观念上有所不同。由表19-3可知，男性节能减排的意识相对薄弱，大部分女性属于家庭主妇，对于日常生活中的小事比较节省，如洗衣机，随着人们的生活水平不断地提高，洗衣机是家家户户的常用电器，虽然洗衣机能给生活带来帮助，但只有两三件衣服就用洗衣机洗，会造成水电的浪费。而有的家庭主妇则认为洗衣机不如手洗得干净，所以大部分家庭主妇偶尔会选择手洗衣服，如此下来，每月手洗衣服代替一次机洗，可大大减少二氧化碳的排放量。

（二）年长者节能减排意识显著增强，且参与度较高

因不同年龄阶段的居民间有社会阅历等差异，对节能减排意识也有所差异，对待同样的节能减排事件其感知也会有所不同。在此次调查中，居民的年龄和学历水平有较高的关联度，随着年龄的增加，对节能减排意识的也了解得越来越多，不同的是每个人的方式方法会有所不同，31—40岁、41—50岁居民在低碳交通中行为较为突出。随着生活阅历的增加，51—60岁、60岁以上居民比较倾向于环保意愿，如在煮饭时，提前淘米并将其浸泡10分钟左右，然后再使用电饭锅煮熟，不仅可以节约用电，还可以大大缩短米熟时间，相应的可减少二氧化碳的排放量4.3千克。19—30岁居民在知识上了解甚多，但参与意识不够，51—60岁居民对节能减排参与度最高，大部分的居民在日常行为中，出门购物时，会随身携带购物袋，因为使用环保购物袋可减少资源的浪费及污染，购物袋既可满足需求，又可以减少资源的浪费，同时可减少二氧化碳的排放量[132]。针对不同年龄阶段的居民，应以年龄偏好为主，积极调动其积极性，并注重效果以及参与度。

（三）文化程度有助于提高居民节能减排知识与意识

教育是基础，而学校教育是人们吸取知识的来源之一，学历水平对居民节能减排的认知程度有较大的影响。在此次研究中表明，居民的环保知识与意识随着学历的提高而增加，充分表明教育在我国环境教育中起积极的作用，高学历的居民更能理解为什么需要节能环保，且更容易接受节能

减排，但是随着学历的提高，居民对节能减排的态度和参与度呈下滑趋势，低学历的居民更乐意参与其中，这与生活水平的不断提高有直接关系。

学历水平偏低的居民在接受教育时我国还未普及环境教育，所以大部分居民在某些知识上缺乏一定的了解。问卷中显示本科以上学历的居民多为我国开始开展环境教育的新生代，该部分居民多为在校学生或刚毕业的大学生，在学校受教育的机会较多，学校定期开展节能减排活动以及义务劳动，即学历水平相对较高的居民对节能减排的知识了解较多，但其行为与参与度并不高，由于新生代年轻人思想差异，导致其态度良好，行为上有所欠缺，使其进入误区[133-134]。针对学历水平偏低的居民，社区应加强对低碳环保知识的普及，深化居民对低碳环境的感知，以更好地树立低碳环境意识。低碳环境教育应引导居民树立正确的观念，突出居民在低碳环境中占主导地位以及重要作用，以增强该部分居民在低碳环境中的参与度。

（四）环保公司职员节能减排意识高于销售人员

各行各业中对低碳环境理解各不一样，而身边的同事既可影响一个人的低碳意识也可以带动整体的低碳参与度，如一次性物品，环保公司职员则认为一次性产品不仅造成了资源浪费，而且使垃圾量剧增；而有的做销售人员则不会在意一次性物品对他会产生什么样的影响；部分公司职员则偶尔会少使用一次性物品等，这些都是由于工作性质所导致的结果，都与不同职业有一定的关系。

调查结果表明，在国家实行塑料袋需要自行购买后，24%的人经常会用布袋取代塑料袋，他们或为了环保或为了省去买塑料袋的费用，不管出于什么目的，他们都节省了塑料袋的使用；52%的被调查者偶尔会使用一次性塑料袋，他们或忘记带购物袋或为了避免麻烦，但只要对他们加以宣传节能环保意识，相信他们会自带购物袋；但仍然有24%的被调查者经常使用商家提供的塑料袋（见图19-4）。

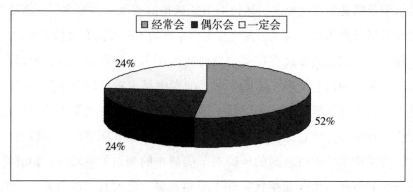

图19-4　居民使用布袋取代塑料袋

（五）高收入者节能减排意识低，参与度也随之下降

随着年龄增长，工资收入越高，生活水平要求也逐渐增高，居民对于低碳知识与参与度成反比，如一件衣服的价格，收入高的居民可能消费水平相对就较高，衣服在生产、加工以及运输的过程中，会消耗大量的资源，同时它所产生的废弃物、废水等污染物越多。在保证生活需要的首要条件下，收入高的消费者在消费理念上有所偏差，所以导致其意识下降、参与度也随之下降[135]。并不是工资收入越高，其低碳意识、参与度、意愿就会下降，而是因消费水平的不断提高所引起。

随着消费水平的提高，对于工资收入偏高的居民而言，部分居民则不会选择自行车出行，因为他们或认为汽车更为快速便捷；对于工资收入偏低的居民而言，大部分居民则选择自行车出行，他们认为自行车更为环保。工资收入所处阶段的不同在低碳环保意识与参与度上有较大差异，少部分人认为骑自行车或步行出行可以减少二氧化碳的排放量。坐公交车出行100千米，比开车出行可节省油六分之五，按照这样的方式节能，每人每天至少减少汽油消耗16.7升。

衡阳市低碳环保教育处于建设阶段，通过对衡阳市五大典型社区低碳环境教育的研究发现，居民的低碳环境教育作用特别有限，居民的年龄、居住地以及学历水平对低碳环境教育的感知存在较大的差异。女性居民对节能减排意识有较强的认知，但在行动和意愿方面还有欠缺，男性居民则反之。针对女性居民可以开发更为有趣的活动，使其增加趣味性，更吸引增加女性居民的参与度；针对男性居民则开展更多主题简洁的活动。不同的居住地类型因存在生活环境资讯的差异，从高档小区到城中村，对于低碳环保意识越来越弱，但总体而言，无论是高档小区还是城中村，都应加强低碳环境教育知识的宣传及普及的工作。学历水平对居民在低碳环境的认知差异主要受教育程度的差异所致，低学历水平的居民应以节能减排知识的宣传为主，高学历水平的居民应以引导树立正确的低碳观念为主。年龄对居民低碳环境感知的影响主要是学历水平的影响，可在考虑学历水平的基础上，针对不同年龄阶段的居民开发多样化的低碳环保知识宣传工作。低碳环境教育应注重居民的性别、居住类型、年龄以及学历水平等居民人口社会学特征，展开因地制宜的低碳环境教育。从本研究来看，学校的环境教育仍然是环境教育的重要方式之一，社区低碳环境教育的工作还有待加强。

对于节能减排的工作，作为中国的每一位公民都应该行动起来，从自身做起、从身边的点滴小事做起，积极参与节能减排的各项工作，为实现国家的节能减排出一分力量，共同创造更加节约、更加文明的生活，并向全社会宣传节能减排的工作，提高全民的节能减排知识与意识，推动全民参与，形成资源节约型、社会友好型社会风气。针对居民节能减排的知识与意识相对较低的情况，社区之间可以联合开展节能减排知识趣味竞赛，并将各个领域知识进行集中学习；针对行为与参与上，社区之间可约定每周一为节能减排日，居民可自发组织骑自行车上班或者每周手洗一次衣服。在日常行为中的宣传应遵循以下原则：其一是量大面要广，即集思广益；其二是贴近百姓的生活，让百姓能更快速理解并应用；其三是必须具有可操作性；其四是不能降低现有的生活水平。

论文评析：

通过对衡阳市居民低碳环境的感知情况进行调查研究，将更加有利于推进衡阳市低碳环境教育的发展。2010 级人文地理与城乡规划专业的刘婧媛同学，选择低碳环境话题进行探讨，选题较为新颖，在我的指导下通过阅读低碳环境和居民感知的相关文献，采取文献资料法、实地考察法、问卷调查法等方法，得出了一些结论：衡阳市居民节能减排意识相对薄弱，居民的职业、学历和年龄是影响居民低碳环境教育感知的重要因素；文化程度有助于提高居民节能减排知识与意识；年长者节能减排意识显著增高，且参与度较高；徐家井小区低碳环保只是节能减排知识与意识相对较低，但其参与度较高；衡阳市低碳环境教育情况仍需强化节能减排知识的宣传工作。论文内容翔实，问题分析较为深入，研究思路清晰，层次结构合理。不足之处：缺少影响居民低碳环境感知的原因分析。综合来看，是一篇优秀的研究论文。

第二十章
感知乡土文化的城市紧凑度测算

近年大量研究表明，因 CO_2 等温室气体大量排放导致的气候变化对全球生态环境造成了严重破坏，构建低碳城市已成为全球可持续发展的主要途径之一。自改革开放以来，尽管我国城市水平总体发展迅速，但城市空间重构与郊区快速蔓延，交通拥挤，城市环境恶化等问题始终成为困扰城市治理的重要难题。1973 年，美国的数学家托马斯·L·萨蒂（Thomas L. Saaty）和俄罗斯数学家乔治·伯纳德·丹齐格（George Bernard Dantzig），首次指出紧凑城市这一概念的内涵是促进城市的高密度发展，遏止城市过度蔓延。紧凑城市的理念及主张为促进城市可持续发展提供了崭新的视角。随后在 1990 年 6 月，欧盟委员会（CEC）颁发的《城市环境绿皮书》（*Green Paper on the Urban Environment*）首次提出这一概念：脱胎于"传统的欧洲城市，强调密度、多用途、社会和文化的多样性"的城市[136]；较为系统地提出城市紧凑发展与改善城市环境的关系，并指出城市规划要鼓励更加多样化和避免城市蔓延。紧凑城市理念自此进入西方学术界视线并引起广泛关注[137-140]。里德·尤因（Reid Ewing）（1997）主张紧凑是包括用地功能的混合在内的职住场所的聚集[141]；彼得·戈登（Peter Gordon）和哈里·W·理查德森（Harry W. Richardson）（1997）则认为它是密集程度高的或单一中心的发展模式[142]；乔治·加尔斯特（George Galster）等（2001）认为紧凑是集聚发展和减少每平方英里上开发用地的程度[143]；迈克尔·纽曼（Michael Neuman）（2005）认为它是作为城市延伸的对立面而存在的[144]。我国紧凑城市研究起步虽然较晚，但是关于紧凑城市的研究也迅速得到国内学界频繁关注[145-147]。韩笋生和秦波（2004）认为这是一种空间发展战略，但主要基于城市紧凑，例如，说扩大建筑面积与居住人口密度，提高城市经济、社会和文化的活动强度，以达到城市社会化、经济和环境的可持续发展[148]。李琳（2008）认为"紧凑"是城市发展策略，最终目标是为了实现可持续发展，其实施、检修应经历史长河的考验[149]。即使西方学者对这个概念的诠释各式各样，但还是一致认为"紧凑城市是高密度的、功能混用的城市形态"。为减少资源能源的浪费，在外出行尽量选择公共交通工具、自行车或者步行，尽可能不依赖小汽车，其优势更在于有可达性好的公共服务设施和有效利用的市政设施和基础设施、城市中心的再度兴盛等。我国学者对"紧凑城市"大抵总结为两种观点：一种认为"紧凑城市"是一种实现可持续发展的手段或者是一种城市发展策略，并无定义"紧凑城市"的具体含义；另一种是提出了"紧凑新城镇"，它是由"紧凑城市"（compact city）与"新城市主义"或"新市镇"（new urbanism）的概念内涵融合而成，是二者的融会贯通[150]。随着对城市可持续发展研究的不断深入认识，城市紧凑度的综合测算业已成为当前国内学术界的研究热点。国内学者针对"紧凑城市"的理念开展相关理论研究，主要是集中在紧凑城市理论的介绍及其对城市可持续发展的意义上，而所进行的实证研究和紧凑度定量测度，基本都是对国内某一个省会或单个城市进行，对某类城市的测算研究少之又少，对铁路枢纽城市紧凑度测算的相关研究更是缺乏。因此，以铁路枢纽城市为研究对象进行城市紧凑度及其综合测算的研究，从实际意义来看，不仅对城市的规划建设具有参考价值，从理论意义来看，对于丰富和完善紧凑城市理论，加快紧凑城市空间理论建设也有一定的促进作用，对于两型社会建设更具有积极的借鉴意义。

一、研究对象与数据来源

选取哪些城市作为铁路枢纽城市是非常重要的一个问题。研究支撑数据怎么来，直接关乎论证的可信度。

（一）研究对象

铁路枢纽是在铁路各线交会处或与其他交通线路的连接处，以铁路车站、联络线和进出站线等技术装备构成的铁路综合设施[151]。铁路枢纽所在的城市即为铁路枢纽城市，是伴随着这些设施的建设而发展的城市。铁路枢纽的建设带动了城市空间的扩张，但是既有铁路设施又对城市空间组织造成一定的分割，铁路枢纽城市是我国城市的重要类型，其空间形态演变具有典型性[152]。全国现有300多个铁路枢纽城市，为研究方便，以作为华北铁路枢纽的北京、石家庄，华中铁路枢纽的武汉、郑州、商丘、株洲、长沙，华东铁路枢纽的上海、徐州、南京，华南铁路枢纽的广州，西北铁路枢纽的西安、兰州和西南铁路枢纽的成都、重庆、贵阳这16个主要铁路干线枢纽城市为研究对象，采用熵值法开展城市紧凑度综合测算研究。

（二）数据来源

选取全国16个主要铁路干线枢纽城市1986年、1996年、2008年三个研究时点，15个二级指标初始数据来源于1986年、1996年、2008年的《中国城市建设统计年报》和《中国城市统计年鉴》，部分比较数据来源于各年各省市《统计年鉴》以及《国民经济和社会发展统计公报》。GDP密度指数、市区人口密度、从业人员密度指数以及建成区人口密度则是根据整理的原始数据计算得出；形态紧凑度是依据 $C = \sqrt{\lambda A / P}$（P：城市建成区周长，采用矢量化方法计算出利用谷歌地球和ARCGIS9.0获得的建成区地图所得；A：城市建成区面积）计算得出。

二、铁路枢纽城市紧凑度的综合测算

目前，对城市紧凑度的测算主要有单指标测度法、多指标测度法和复合指标法。单指标测度法和多指标测度法主要是研究城市形态之间紧凑程度差异和研究如何区分蔓延和紧凑的方法，虽简单易用，但只适用于单个城市的不同时间跨度的紧凑度对比，而不适合用于多个城市之间的紧凑度衡量，因为指标过少难免以偏概全，另外，城市形态也容易受城市地形影响；而复合指标测度法则是构建了相对完整的指标体系，对各指标赋值并加以计算，通过最后的处理结果来衡量城市的紧凑度，其结果具有一定的系统性。因此，复合指标测度法是较为科学的测度方法，采用复合指标法来对铁路枢纽城市紧凑度进行综合测算。

(一) 指标体系的构建

1. 构建原则

指标体系的构建遵循完整性、科学性、层次性、可行性四个原则。

（1）完整性。所选取的相应指标应该从各方面涵盖城市密集变化，即从经济、人口、土地、交通等诸方面设置。

（2）科学性。指标的选定应该适用多个城市之间的紧凑度衡量，并尽量避免其他因素干扰测度结果。

（3）层次性。即应根据评价需要，使指标体系具有更合理和更清晰的层次结构。

（4）可行性。指标的选取考虑可测性、可比性、计算可行性和数据易获性。

2. 指标选取

城市紧凑度是在城市发展演变过程中，具有一定的经济技术联系的包括经济发展水平、城市人口数量、土地利用状况、交通等在内的各类要素在空间上的紧凑程度或集聚水平。城市形态、人口密度、土地结构等方面是城市紧凑度的主要表现形式。构建由城市人口紧凑度、经济紧凑度、形状紧凑度、交通紧凑度在内的一级指标，以及其隶属的二级指标组成的城市紧凑度综合评价指标体系（见表20-1）。

3. 权重确定

因复合指标之间的变量信息容易重叠，并且人为来确定权重大小也易带有个人主观色彩，熵值法[153]作为一种赋权方法其特点在于客观无偏见，可有力反映指标信息熵值的效用价值，客观赋值且综合测算所选指标。熵是对不确定性的一种度量，信息量越大，不确定性越小，熵也越小；信息量越小，不确定性越大，熵也越大。通过计算指标的熵，根据指标的离散程度对系统整体评价影响来决定指标的权重，指标离散程度越大则权重越大。运用熵值法对城市紧凑度的综合测算步骤如下：

表 20-1　中国主要铁路枢纽城市紧凑度综合测算指标体系

一级指标	二级指标
经济紧凑度	人均工业总产值（万元/人）；二、三产业产值占 GDP 比重（%）；人均 GDP 比重（万元/人）；GDP 密度指数（亿元/人）
形状紧凑度	建成区占市区面积比重（%）；城市建设用地占市区面积比重（%）；城市建设用地与建成区面积比（%）；城市形态紧凑度
交通紧凑度	万人拥有公交车辆（辆/万人）；万人拥有出租车数量（辆/万人）；人均道路面积（平方米/人）；道路面积占市区面积比重（%）
人口紧凑度	市区人口密度（万人/平方千米）；城区人口占市区人口比重（%）；从业人员密度指数（万人/平方千米）；城区人口密度指数（万人/平方千米）

（1）构建原始指标数据矩阵。假设有 m 项待评方案，n 个评价指标，形成原始指标数据矩阵 $X = \{Xij\}\, m \times n (0 \leqslant i \leqslant m)$，$(0 \leqslant j \leqslant n)$ 则 Xij 为第 i 项待评方案第 j 个指标的指标值；

（2）数据标准化处理。为防止各指标的量纲、数量级和指标正负取向对测度结果的影响，因此计算前，要先标准化处理初始数据。

首先假设评价指标 j 的理想值为 Xj^{*}，其大小根据评价指标性质而不同。对于正向指标，将 Mj 记作其理想值；对于逆向指标，将 mj 记作其理想值。理想值的获取是可通过原始数据，把极值作为理想值，即令 $Mj = Xj^{*}\max$，$mj = Xj^{*}\min$。定义 $X'ij$ 为 Xij 对于 Xj^{*} 的接近度。对于正向指标，$X'ij = Xij/X^{*}j\max$；对于逆向指标，$X'ij = Xij/X^{*}j\min$。

在此基础上，定义标准化矩阵：$Y = \{Yij\}\, m \times n$，其中 $Yij = X'ij/\sum X'ij$，$0 \leqslant Yij \leqslant 1$。

（3）计算评价体系的熵值。具体如下：$ej = -k\sum yijInyij$，令 k = $1/Inm$，则 $e = (-1/Inm)\sum yijInyij$。

（4）计算评价指标的差异性系数。$gj = 1 - ej$。

（5）定义评价指标的权重。$wj = gj/\sum gj$（见表 20-2）。

（6）计算样本的评价值。用第 j 项指标权重与标准化矩阵中的第 wj 个样本第 i 项评价指标接近度 $X'ij$ 的乘积作为 Xij 的评价值 fij，即 $fij = wj \times$

$X'ij$，第 i 个样本的评价值 $fi = \sum fij$ 。

表 20-2　中国主要铁路枢纽城市紧凑度综合测算评价指标赋权

一级指标（权重） 1986/1996/2008	二级指标（单位）	熵值 1986/1996/2008	权重 1986/1996/2008
经济紧凑度 （0.255/0.251/0.289）	人均工业总产值（万元/人）	0.938 /0.942/0.831	0.041/0.059 /0.191
	二、三产业产值占 GDP 比重（%）	0.998 /0.999/0.999	0.001/0.001/0.001
	人均 GDP 比重（万元/人）	0.873/ 0.957/ 0.947	0.083/ 0.044/ 0.060
	GDP 密度指数（亿元/人）	0.800/ 0.856/ 0.967	0.130/ 0.147/ 0.037
形状紧凑度 （0.151/0.20/0.219）	建成区占市区面积比重（%）	0.922 /0.930 /0.917	0.051/ 0.071/ 0.094
	城市建设用地占市区面积比重（%）	0.922 /0.909 /0.912	0.051/ 0.093/ 0.099
	城市建设用地与建成区面积比（%）	0.940 /0.988 /0.978	0.039/ 0.012/ 0.025
	城市形态紧凑度	0.985 /0.978 /1.000	0.01/ 0.023/ 0.0003
交通紧凑度 （0.390/0.174/0.197）	万人拥有公交车辆（辆/万人）	0.925/ 0.980 /0.980	0.049/ 0.020/ 0.022
	万人拥有出租车数量（辆/万人）	0.624/ 0.953/ 0.979	0.246/ 0.048/ 0.024
	人均道路面积（平方米/人）	0.916/ 0.978 /0.978	0.055/ 0.022/ 0.025
	道路面积占市区面积比重（%）	0.937/ 0.918 /0.888	0.041/ 0.084/ 0.126
人口紧凑度 （0.204/0/375/0.296）	市区人口密度（万人/平方千米）	0.826/ 0.950 /0.941	0.114/ 0.051/ 0.067
	城区人口占市区人口比重（%）	0.961/0.885 /0.993	0.026/ 0.118/ 0.008
	从业人员密度指数（万人/平方千米）	0.992 /0.950 /0.897	0.006/ 0.051/ 0.117
	城区人口密度指数（万人/平方千米）	0.909/ 0.847 /0.908	0.059/ 0.156/ 0.104

（二）综合测算结果

利用上述构建的指标体系及权重和 1986 年、1996 年、2008 年全国 16 个铁路枢纽城市的相关数据计算出紧凑度结果（见表 20-3）。

表 20-3　中国主要铁路枢纽城市综合紧凑度得分表①

城市	1986 年					1996 年					2008 年					平均值
	综合紧凑度	经济紧凑度	形状紧凑度	交通紧凑度	人口紧凑度	综合紧凑度	经济紧凑度	形状紧凑度	交通紧凑度	人口紧凑度	综合紧凑度	经济紧凑度	形状紧凑度	交通紧凑度	人口紧凑度	
北京	0.455	0.089	0.008	0.310	0.047	0.306	0.097	0.057	0.099	0.053	0.240	0.077	0.046	0.064	0.052	0.054
石家庄	0.137	0.032	0.021	0.048	0.037	0.579	0.053	0.156	0.136	0.234	0.630	0.073	0.202	0.173	0.182	0.186
武汉	0.197	0.081	0.026	0.041	0.049	0.222	0.082	0.036	0.050	0.055	0.281	0.141	0.035	0.048	0.056	0.047
郑州	0.208	0.062	0.039	0.077	0.030	0.323	0.066	0.065	0.072	0.119	0.476	0.080	0.149	0.091	0.156	0.132
商丘	0.160	0.026	0.048	0.038	0.048	0.647	0.139	0.164	0.118	0.225	0.314	0.032	0.023	0.037	0.222	0.094
株洲	0.185	0.054	0.057	0.036	0.037	0.383	0.034	0.075	0.093	0.181	0.361	0.149	0.088	0.072	0.052	0.071
长沙	0.208	0.034	0.066	0.048	0.060	0.366	0.042	0.113	0.071	0.140	0.482	0.130	0.117	0.112	0.123	0.117
上海	0.634	0.230	0.076	0.164	0.164	0.614	0.251	0.155	0.115	0.093	0.568	0.245	0.080	0.095	0.107	0.107
徐州	0.274	0.047	0.082	0.042	0.104	0.369	0.045	0.051	0.068	0.205	0.362	0.061	0.072	0.075	0.154	0.100
南京	0.295	0.083	0.093	0.063	0.056	0.370	0.105	0.079	0.099	0.087	0.370	0.164	0.067	0.084	0.054	0.069
广州	0.633	0.188	0.105	0.276	0.064	0.443	0.173	0.098	0.094	0.078	0.570	0.282	0.116	0.089	0.083	0.096
西安	0.271	0.033	0.112	0.071	0.055	0.299	0.043	0.077	0.086	0.092	0.339	0.058	0.054	0.071	0.155	0.094
兰州	0.271	0.051	0.120	0.063	0.038	0.198	0.043	0.051	0.059	0.046	0.276	0.041	0.055	0.052	0.128	0.078
成都	0.268	0.028	0.127	0.074	0.039	0.310	0.062	0.053	0.067	0.127	0.395	0.063	0.101	0.099	0.132	0.111
重庆	0.267	0.026	0.136	0.062	0.043	0.200	0.037	0.029	0.034	0.100	0.148	0.032	0.022	0.032	0.063	0.039
贵阳	0.319	0.028	0.145	0.059	0.087	0.140	0.031	0.025	0.029	0.054	0.198	0.054	0.038	0.035	0.071	0.048
平均值	0.299	0.068	0.079	0.092	0.060	0.361	0.082	0.080	0.081	0.118	0.376	0.105	0.083	0.076	0.111	

三、铁路枢纽城市紧凑度测算结果分析

针对铁路枢纽城市的紧凑度的测算结果。从综合情况、分项情况和分指标情况等三个方面进行。

① 参见中国城市统计年鉴（1986）、中国城市统计年鉴（1996）、中国城市统计年鉴（2008）。

（一）综合紧凑度分析

由表20-3可以得出，1986—2008年，城市综合紧凑度呈上升趋势变化的有石家庄、武汉、郑州、长沙、西安、成都（见图20-1-a）；呈下降趋势变化的有北京、上海、重庆（见图20-1-b）；先上升后下降变化的有商丘、株洲、徐州、南京（见图20-1-c）；先下降后上升变化的有兰州、贵州（见图20-1-d）；整体上呈现不断上升趋势：1986年（0.277）、1996年（0.355）、2008年（0.363）（见图20-1-e）。

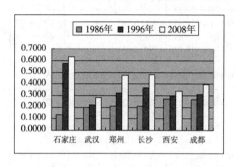

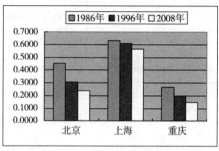

a   b

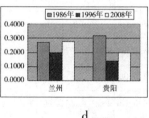

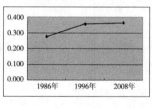

c   d   e

图20-1　铁路枢纽城市综合紧凑度变化趋势图

（二）分项紧凑度分析

由表20-3分析得知，1986—2008年，城市经济紧凑度呈上升趋势变化的有石家庄、武汉、郑州、长沙、南京、西安、贵阳（见图20-2-a）；呈下降趋势变化的有兰州、重庆（见图20-2-b）；先上升后下降变化的有北京、商丘、上海（见图20-2-c）；先下降后上升变化的有株洲、徐州、广州、成都（见图20-2-d）；整体上呈现不断上升趋势：1986年（0.068）、1996年（0.082）、2008年（0.105）（见图20-2-e）。

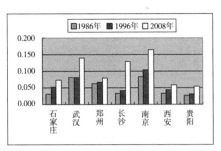

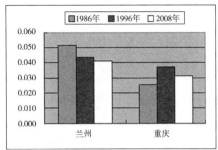

a

b

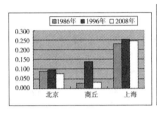

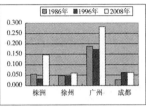

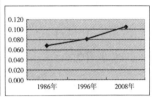

c

d

e

图 20-2　铁路枢纽城市经济紧凑度变化趋势图

1986—2008 年，城市形状紧凑度呈上升趋势变化的有石家庄、郑州、株洲、长沙（见图 20-3-a）；呈下降趋势变化的有南京、西安、重庆（见图 20-3-b）；先上升后下降变化的有北京、武汉、商丘、上海（见图 20-3-c）；先下降后上升变化的有徐州、广州、兰州、成都、贵阳（见图 20-3-d）；整体上呈现不断上升趋势：1986 年（0.079）、1996 年（0.080）、2008 年（0.083）（见图 20-3-e）。

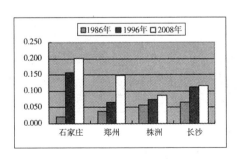

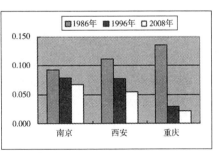

a

b

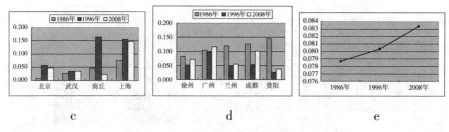

图 20-3　铁路枢纽城市形状紧凑度变化趋势图

1986—2008 年，城市交通紧凑度呈上升趋势变化的有石家庄、长沙、徐州（见图 20-4-a）；呈下降趋势变化的有北京、上海、广州、兰州、重庆（见图 20-4-b）；先上升后下降趋势变化的有武汉、商丘、株洲、南京、西安（见图 20-4-c）；先下降后上升变化的有郑州、成都、贵阳（见图 20-4-d）；整体上呈现不断下降趋势：1986 年（0.092）、1996 年（0.081）、2008 年（0.076）（见图 20-4-e）。

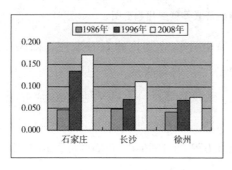

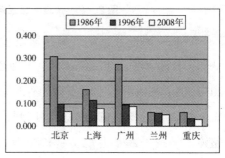

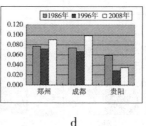

图 20-4　铁路枢纽城市交通紧凑度变化趋势图

1986—2008 年，城市人口紧凑度呈上升趋势变化的有武汉、郑州、广州、兰州、成都（见图 20-5-a）；先上升后下降变化的有北京、石家庄、商丘、株洲、长沙、徐州、南京、西安、重庆（见图 20-5-b）；先下降后上升变化的有上海、贵阳（见图 20-5-c）；整体上呈现先上升后下降的趋势：1986 年（0.060）、1996 年（0.118）、2008 年（0.111）（见图 20-5-d）。

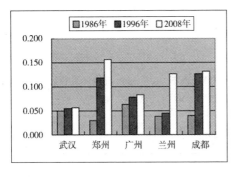

a

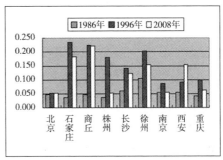

b

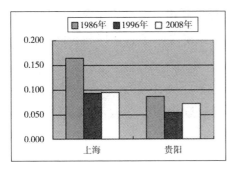

c

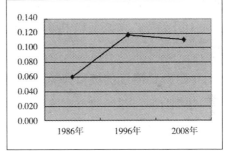

d

图 20-5 铁路枢纽城市人口紧凑度变化趋势图

（三）紧凑度的城市规模分析

依照 2008 年城市市区（不含市辖县）的常住人口数量大小，将全国 16 个铁路枢纽城市进行规模分类（见表 20-4）。可分为四个等级，分别是巨大型城市、特大城市、大城市、中等城市。

表20-4　不同规模枢纽城市紧凑度变化情况表

规模类型	人口规模（万人）	城市
巨大型城市	1000以上	北京（↓）、上海（↓）、重庆（↓）
特大城市	300—1000	武汉（↑）、郑州（↑）、南京（↗↘）、广州（↘↗）、西安（↑）、成都（↑）
大城市	100—300	石家庄（↑）、商丘（↗↘）、长沙（↑）、徐州（↗↘）、兰州（↘↗）、贵阳（↘↗）
中等城市	50—100	株洲（↗↘）

由表20-4可知，1986年、1996年、2008年，巨大型城市的城市紧凑度呈下降趋势；特大城市的城市紧凑度除了广州、南京变化波动之外，其余呈上升趋势；大城市和中等城市的城市紧凑度除了石家庄和长沙呈上升趋势，其他城市均有变化波动。

（四）紧凑度的城市分类分析

依据计算所得的城市紧凑度综合值及其平均值（见表20-3），可将这16个城市划分为紧凑城市、较紧凑城市和不紧凑城市（见表20-5）。

表20-5　中国主要铁路枢纽城市紧凑城市分类情况表

紧凑类型	阈值	城市
紧凑型城市	0.4—0.7	上海（0.605）、广州（0.549）、石家庄（0.449）
较紧凑型城市	0.3—0.4	商丘（0.373）、长沙（0.352）、南京（0.345）、郑州（0.336）、徐州（0.335）、北京（0.334）、成都（0.324）、株洲（0.309）、西安（0.303）
不紧凑型城市	0.3以下	兰州（0.249）、武汉（0.233）、贵阳（0.219）、重庆（0.205）

由表20-4和表20-5分析可得。全国16个铁路枢纽城市的城市紧凑度整体水平不高，均低于0.8；18.75%的城市属于紧凑型城市（上海、广州和石家庄），25%的城市属于不紧凑型城市（兰州、武汉、贵阳、重庆）；

重庆的城市紧凑度最低，上海的城市紧凑度最高，二者之间的综合值相差0.4分；其余为较紧凑型城市。

四、结语

紧凑城市是各种物质形态的"密度"的综合反映，城市紧凑度作为反映城市空间形态和功能布局的主要指标之一，最终目标是用以测度城市建成区用地的紧凑与饱满程度，从而防止城市蔓延、节约用地[134]。通过对全国 16 个主要铁路枢纽城市的城市人口紧凑度、经济紧凑度、用地紧凑度、交通紧凑度进行综合测算和统计分析，可得出以下结论：①从城市综合紧凑度来看，整体上呈现不断上升趋势；从经济紧凑度来看，整体上呈现不断上升趋势；从形状紧凑度来看，整体上呈现不断上升趋势；从交通紧凑度来看，整体上呈现不断下降趋势；从人口紧凑度来看，整体上呈现先上升后下降趋势。②从城市规模来看，巨大型城市的城市紧凑度呈不断下降趋势变化；特大城市的城市紧凑度主要呈上升趋势变化；大城市和中等城市的城市紧凑度主要呈下降趋势变化。③全国主要铁路枢纽城市的城市紧凑度整体水平不高。为了提高土地利用率，建设两型社会，促进城市又好又快发展，在铁路枢纽城市建设中应以城市"紧凑"发展为出发点，重视建设与社会、经济、生态效益平衡发展，加快紧凑型城市土地利用规划，合理化城市结构，因地制宜，走紧凑发展的可持续道路。这些研究成果对于城市规划建设具有一定参考价值，有利于各级城市政府决策的制定，对构建紧凑型城市具有一定的借鉴意义。

论文评析：

在全球气候变暖现象日益严重的背景下，城市空间的重构、郊区的快速蔓延、交通拥挤等问题成为治理城市的首要难题。发展功能紧凑型城市已成为城市化发展的重要内容。2011 级人文地理与城乡规划专业的张慧同学，选择了城市紧凑度话题进行探讨，选题较为新颖，在我的指导下，通过阅读紧凑城市的相关文献，从经济紧凑度、形状紧凑度、交通紧凑度和人口紧凑度四个方面构建城市紧凑度指标体系，运用熵值法确定指标权重，利用 1986 年、1996 年以及 2008 年的城市建设统计数据对全国 16 个铁路枢纽城市的紧凑度进行综合测算，结果发现：①城市综合紧凑度整体上呈现不断上升趋势；②分要素来看，经济紧凑度整体上呈现不断上升趋势，形状紧凑度整体上呈现不断上升趋势，交通紧凑度整体上呈现不断下降趋势，人口紧凑度整体上呈现先上升后下降趋势；③巨大型城市的城市紧凑度呈不断下降趋势变化，特大城市的城市紧凑度主要呈上升趋势变化，大城市和中等城市的城市紧凑度主要呈下降趋势变化；④全国主要铁路枢纽城市的城市紧凑度整体水平不高。论文内容翔实，研究数据可靠，问题分析较为深入，研究思路清晰，层次结构合理。不足之处：缺少影响城市紧凑度的原因分析。综合来看，是一篇优秀的研究性论文。

—— · 下 篇 · ——

乡土文化渐悟与课外科技创新

　　乡土文化渐悟与课外科技创新，需要从创新话题、创新思维、创新写作、研究组织、研究活动等方面进行全方位创新。并以创新训练为核心，以创新活动为中心，充分利用各个环节和各种形式实现乡土文化渐悟。

第二十一章
渐悟乡土文化的城市公交服务质量评价

　　随着我国城市化和机动化进程的加快，交通问题成为困扰城市可持续发展的重要问题之一[155]。而人民日益增长的出行需求与现实无法满足的矛盾，使城市公共交通成为城市地理学、城市社会学和城市规划学等相关领域常攻常新的研究热点。公交优先是公认解决交通问题的有效方法，优先发展公交归根结底要落实到提高服务水平上面来[156]。城市公交服务质量评价分宏观、中观和微观三个空间层次[157]。宏观指整个城市的道路网络（network），包括没有公交覆盖的市区范围；中观指单一公交线路（route）经过的道路；微观则指一个站点到下一站点（stop to stop）的区间范围。西方学者关于公交服务质量的研究较早，梅兹亚德·M·阿尔特卡维（Mezyad M. Alterkawi）、大卫·A·亨舍尔（David A. Hensher）、PJ·布朗（PJ Brown）和泰勒·尼克（Tyler Nick）等学者先后运用定性与定量相结合的方法，通过确定不同指标体系，从乘客感知方面对宏观尺度的公共交通方便程度进行了评价[158-161]。我国现有关公交服务质量的研究主要集中在宏观尺度的评价对象（常规公交、BRT和城市轻轨等）[162-163]；评价主体（顾客、公司和主管单位)[164-165]；评价指标体系[166-168]；评价方法及模型改进[169-172]四个方面的探讨，对中观尺度[173]和微观尺度[174]的研究相对较少。宏观甚至中观分析只能反映城市整体或者某一线路的大体情况，不能表征城市内部空间的差异。以衡阳市为案例，基于微观尺度对城市常规公交服务质量评价展开探讨，以期深化这方面的研究，同时为衡阳市公交服务质量进一步提升提供参考依据。

一、评价指标

城市公交服务是一个多要素、多层次的复杂系统，其影响因素较多。微观尺度上应以乘客为主要对象，兼顾公交公司、主管部门，从目标层、准则层和指标层三个层次构建塔形的微观尺度城市公交评价指标体系（见图21-1）。其中，准则层包括安全性、方便性、可靠性、迅速性、经济性、舒适性6个方面的内容。安全性包括乘客人身财产安全与公交车安全设施情况两个方面；方便性指乘客到站行走时间及换乘次数的多寡；可靠性指乘客获取乘车信息包括站牌信息、车内提示语及公交车驾驶员的准确程度；迅速性指该区间堵车状况、候车时间长短等情况；经济性体现了乘客对于公交票价的可接受程度；舒适性指公交车乘车环境的好坏。该评价指标体系具有能够反映公交服务质量的空间差异性的优点，如财产安全情况、到站时间、候车情况，不同微观区间存在客观差异性①。

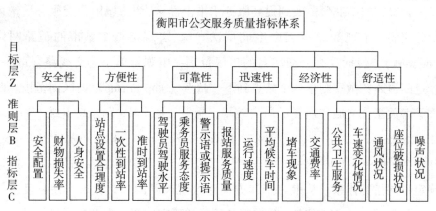

图21-1　衡阳市公交服务质量评价指标体系

二、测度模型

模糊综合评价（Fuzzy Comprehensive Evaluation，FCE）综合考虑影响公交服务体系的各种因素，将定性和定量的分析有机结合，既能充分体现评价因素和评价过程的模糊性，又能减少人为主观臆断带来的弊端[175-176]。借

---

① 参见衡阳市公交集团. http://www.hygjjt.cn/

鉴金菊良等基于改进层次分析法（Analytic Hierarchy Process，AHP）的模糊综合评价模型（AHP—FCE)[177]，其主要步骤如下：

（1）评价集的确定

评价集即模糊评判向量 $V = (v_1, v_2, \cdots v_n)$，它是对各个层次评价指标的一种语言描述，是评审人对各评价指标所给出的评语的集合，体现评判的模糊特性。

（2）单因素评价与隶属度矩阵 R 的确定

$$R = \begin{bmatrix} r_{11} & r_{12} & \cdots & r_{1j} \\ r_{21} & r_{22} & \cdots & r_{2j} \\ \cdots & \cdots & \cdots & \cdots \\ r_{i1} & r_{i2} & \cdots & r_{ij} \end{bmatrix}, \ (0 \leq r_{ij} \leq 1)$$

其中 r_{ij} 为因素 B_i 对应 V 中等级 v_n 的隶属关系，r_{ij} 是第 i 因素 B_i 对该事物的单因素评判，它构成了模糊综合评判的一级判断矩阵。

（3）确定因素权重向量

各个因素的重要程度通常是不一样的，为了反映各因素的重要程度，对各个因素 u_j 应赋予相应的权数 w_j。由各权数构成的向量 $W_i = (w_1, w_2, w_3 \cdots w_n)$ 成为因素权重向量。由于实际评价系统的复杂性、人们认识上的多样性以及主观上的片面性和不稳定性，判断矩阵 B 的一致性条件不完全满足，在实际中应用是客观存在、无法完全消除的，AHP 法只要求判断矩阵 B 具有满意的一致性，以适应各种复杂系统。若 B 不具有满意的一致性，则需要修正。具体算法可见[23]。

（4）选择合成算子，将 W 与 R 合成得到最后结果。

传统的合成方法为：$B_i = W_i \cdot R_i = (b_{i1}, b_{i2}, b_{i3}, \cdots, b_{im})$，$i = 1, 2, 3 \cdots n.$ "·" 表示模糊算子，采用 $M(\wedge, \vee)$ 算子进行运算，计算公式为 $b_j = \sum_{i=1}^{n} (w_i r_{ij})$。

（5）综合评价结果分析

按照最大隶属度原则进行分析，评价结果取决于 $b = \max(b_1, b_2, \cdots, b_j)$ 所属的等级。

三、数据来源

将衡阳市通公交的路段按微观区间（stop to stop）划分为 197 段，对每个区间发放至少 2 张问卷，区间内经过车次较多则相应多发问卷。调查共发放问卷 560 份，回收 534 张，有效率 95.36%。

四、公交服务质量的宏观尺度评价

回收的 534 张问卷空间上涵盖了整个衡阳市市区范围，可以用来表示宏观尺度衡阳市公交服务质量，通过模糊综合评价过程，得到衡阳市公交服务质量评价矩阵 B =（0.366，0.532，0.350，0.371，0.278）。其中，数值越高，公交服务质量越好。如表 21-1，根据最大隶属度原则，对衡阳市公交服务质量 6 个准则由高到低评级。最大隶属值相等的，则分别比较隶属值相同的连续三项，三项值高者隶属值大。可知，衡阳市公交服务总质量隶属度为 0.281，模糊综合评价为一般，其主要原因是贡献率占到公交服务质量 77% 的三个准则层（安全性、可靠性、舒适性）评价均隶属一般。具体如下：

①方便性、迅速性、经济性评价级为较高。说明衡阳市公交站点设计比较合理，公交车能较准时到站，缩短了乘客候车时间，较好地满足了乘客方便、快捷、经济的出行愿望。②安全性、舒适性评价级为一般。这两项指标主要反映车辆状况，表明衡阳公交车辆安全保障设施不是很齐全，存在噪音、座位破损、车窗破损、车内卫生差等现象，导致居民乘坐公交安全感不强、舒适度不高。③可靠性主要反映公交服务软件方面。衡阳市公交服务质量可靠性评价级为较低，表明衡阳市公交服务质量软件方面存在问题，表现为公交驾驶员驾驶水平较低、服务意识较差、报站服务缺乏。

表 21-1　衡阳市公交服务质量评价结果

准则层 （权重） 评语	安全性 （0.347）	方便性 （0.099）	经济性 （0.043）	迅速性 （0.085）	舒适性 （0.157）	可靠性 （0.270）
很 高	0.019	0.011	0.336	0.000	0.039	0.036
较 高	0.311	0.532	0.350	0.371	0.386	0.211

续表

准则层 （权重） 评语	安全性 （0.347）	方便性 （0.099）	经济性 （0.043）	迅速性 （0.085）	舒适性 （0.157）	可靠性 （0.270）
一　般	0.366	0.374	0.266	0.273	0.386	0.211
较　低	0.203	0.068	0.015	0.151	0.151	0.278
很　低	0.099	0.015	0.033	0.205	0.039	0.264
最大隶属度	一般	较高	较高	较高	一般	较低

五、公交服务质量的微观尺度评价

利用改进的模糊综合评价模型（AHP—FCE），分别对197个微观区间进行评价，依据上文提出的5个评语级区划地理空间并成图，将衡阳市各微观区间服务质量评价结果投影到地理空间上。可知，衡阳市公交服务质量在空间上呈现如下特征：

（1）由中心向外围递减

火车站、华新客运站、酃湖车站附近公交服务质量高，以此为中心，向四周梯度递减，与人口分布状况、道路通达性、公交站点分布、公交线路密度高度相关，这与衡阳市城市空间结构（老城区、华新区、酃湖新区三个核心）符合，契合核心与边缘理论。

（2）存在大量服务盲区

公交服务集中分布于三大城市核心区的同时，老桥以南、火车站以北、白沙洲以西等区域，道路建设已基本完善，然而很少（或只有一条）通公交车，存在公交服务盲区，这些区域的居民很难甚至无法享受公交服务。

（3）空间区分不合理

90%以上的路段分值位于68—84分之间，表明衡阳市公交服务质量空间差异过小，不能够很好体现城市公交服务的差异性需求。

基于上文分析结果，本研究形成以下两个方面结论可供讨论：

①衡阳市网络（network）公交服务质量为一般，具备方便、迅速、经济等特点，但难以满足安全、舒适的乘车要求，可靠度较低，契合衡阳市公交服务现状。

②微观尺度的评价结果显示火车站、华新客运站、鄯湖车站附近公交服务质量高，以此为中心，向四周梯度递减，与人口分布状况、道路通达性、公交站点分布、公交线路密度高度相关，这与衡阳市城市空间结构（老城区、华新区、鄯湖新区三个核心）符合，契合核心与边缘理论。

总之，利用模糊集理论构建城市公交服务质量综合评价模型，从微观层次进行研究，结果显示方法切实可行，具有一定创新价值和实践意义，但是由于时间局限，未将 GIS 方法引入，这也将是后续努力研究的方向。

作品评析：

2008 级人文地理与城乡规划专业的皮灿、黄志勇和谭勇三位同学通过观察，发现衡阳城市公交服务质量存在较大问题，希望通过调查发现问题，找到一些解决对策，于是跟我交流，我鼓励他们进行探讨，并于 2010 年成功申报了学校的大学生课外学术科技作品竞赛项目。论文选择城市公交服务质量话题进行探讨，从微观尺度展开，选题较为新颖，通过阅读城市公交服务的相关文献，基于公交微观尺度，从安全性、方便性、可靠性等 6 个方面构建了城市公交服务质量评价指标体系，利用改进的模糊综合评价模型（AHP—FCE），对衡阳市宏观和微观两个层面公交服务质量进行了探讨，结果发现：①宏观层面公交服务质量为一般，具备方便、迅速、经济等特点，但难以满足安全、舒适的乘车要求，可靠度较低，契合衡阳市公交服务现状；②公交服务质量与人口分布、道路通达性、线路密度等要素密切相关；③呈以火车站、华新客运站、鄯湖客运站为中心，向四周梯度降低态势，符合核心—边缘理论；④城区边缘区存在"有路无车"的大片公交服务盲区。论文内容翔实，研究数据可靠，运用了模糊综合评价模型，问题分析较为深入，研究思路清晰，层次结构合理。不足之处：创新性稍显不足。综合来看，是一个优秀的科技创新作品。

第二十二章
渐悟乡土文化的传统村落外部形态分异

中国五千年的文明历史塑造了丰富的传统文化，在近千万平方千米的辽阔地域上分布着不同经济、文化、自然环境的数量众多、类型丰富、建筑精美的传统村落，截至2015年，我国住建部公布了三批共2555个传统村落。我国传统村落是农业生产、起居形态、文化传统至今保留完整的古村落，具有重要的社会经济、文化、生态价值，被誉为"传统文化的明珠""民间收藏的国宝"[178-179]。关于传统村落景观形态的研究，谢友宁等介绍了国外传统村落保护的环境、伦理和文物内容[180]，吕晶等归纳了村落空间形态的形成因素及形成机制[181]。陶伟等学者则探索了传统村落的空间句法形态[182]，刘华杰等则分析了影响福建传统村落的空间界面、空间尺度和空间演化[183]，陆林等则分析了徽州古村落的演化过程[184]，吴必虎等则总结了我国历史文化名镇名村空间分布规律[185]，刘沛林提出了景观基因的新方法[186]，随后构建了传统村落景观基因的识别指标体系[187]，以此为基础对中国传统聚落进行景观区划[188-189]，近年来，有些学者探索GIS方法进行中国传统村落空间分布及影响因素研究[190-192]，然而被广泛运用于IGBP的样带法在传统村落的研究中很少涉及，基于此，运用样带方法对中国传统村落的外部形态展开研究，以期丰富传统村落景观形态研究的方法。

一、研究方法与数据采集

我国地域辽阔，传统村落众多（目前公布的就有2555个），外部形态的空间差异明显，样带法是研究空间差异的很好研究工具，但是如何选择样地，值得思考，选取的样带既要能够揭示我国传统村落的空间差异，又要有足够的代表性样本。因此，纬度样带首先考虑传统村落集中带（北纬30度），为了在南北向上更多省份进入样带，我们向南北各扩展两个纬度带，即28°N—32°N纬度带，这个纬度带内从西至东包括西藏、四川、重庆、贵州、陕西、湖北、湖南、江西、安徽、浙江、江苏、上海12个省（直辖市、自治区），这条纬度带内共包括113个中国传统村落，基本每个省市区都有样点村落。经度带首先考虑传统村落集中带（东经112度），为了在东西向上更多省份进入样带，我们向西扩展2个经度带，向东扩展4个经度带，即110°E—116°E经度带，这个经度带内从北至南包括黑龙江、内蒙古、河北、北京、天津、山西、山东、河南、安徽、湖北、湖南、江西、广西、广东、海南15个省（直辖市、自治区），这条纬度带内共包括158个中国传统村落，基本每个省市区都有样点村落，两条样带共选取271个传统村落样点①。

（一）数据采集

本项目所需要数据量大面广且地域空间跨度大，鉴于实地调研的时间成本大，网络查寻、图书文献检索的较为方便。本研究采取相互补充、相互印证等方法进行。具体来说，中国传统村落的位置信息以住建部、文化部、国家文物局、财政部联合公布的三批中国传统村落为基准，首先利用谷歌地图进行空间位置定位，然后结合实地调研进行位置纠正。样本村落外部形态数据首先利用网络搜索中国传统村落申报材料，然后查阅已经出版的中国古村落系列丛书资料、不够的再进行实地补充调查。

（二）数据处理

传统村落位置定位首先运用谷歌地图进行空间位置获取，然后在ArcGIS进行位置纠正，位置定在行政中心。对于传统村落的外部形态资料主要来源有书本资料、网络资料和实地调研资料，这些数据都有其缺陷，如实地调研资料（一手资料）有我们的主观性，而网络资料和书本资料（二手资料）又无法保证其真实性，所以对一手资料与二手资料进行三角测

---

① 参见中国传统村落网. http://www.chuantongcunluo.com/

量与验证，以保证数据使用的可靠性。在进行三角验证的基础上，我们利用这些资料进行传统村落外部形态简图制作。

二、传统村落外部形态的类型

传统村落外部形态，即传统村落空间要素自组织演变的外在表现，所研究的传统村落外部形态是指传统村落建筑的外围轮廓形态。由于我国地域辽阔，地形复杂多样，气候也千差万别，加上天人感应、宗法礼制等中国传统文化一直深刻影响我国的传统村落，因此我国传统村落的外部形态也存在很大差异。为了研究我国传统村落外部形态的类型，采用根据传统村落外部形态资料进行简图绘制，然后结合已有的分类研究成果，进行归纳总结，我们把传统村落外部形态主要分为两大类型（见表22-1）：

（一）紧凑型

紧凑型传统村落外部形态是我国传统村落外部形态的基本式样，在全国分布较为广泛，主要包括梯形、矩形、三角形、弯月形、梨形五小类。梯形形态有较为明显的四条边围合而成，其中两条对边较为平行，另两条边倾斜，主要存在于山西、广东、浙江等地；矩形形态有较为明显的四条边围合而成，其中两组对边较为平行，主要存在于河北、山西、江苏、浙江等地；三角形形态有较为明显的三条边围合，主要存在于河北、浙江等地；弯月形形态两头比较尖，中间明显的弯曲，主要存在于湖南、广东、浙江等地；梨形形态头部较长较细，尾部比较宽胖，主要存在于广西、江西、安徽等地。

（二）分散型

分散型传统村落外部形态也是我国传统村落外部形态的基本式样，在全国分布较紧凑型少，主要包括Y形、链形、元宝形和梭形四小类。Y形形态由河流连接，民居分布较集中，主要存在于河北、山西等地。链形形态由道路或河流连接，民居分布较散，主要存在于湖南、江西、安徽等地；元宝形形态边界呈圆弧形，两头高，中间低，造型呈船体状，形似古代金钱元宝的形状，主要存在于山西、江西、广西、浙江等地；梭形形态两头较细，中部较宽，主要存在于山西、广东、湖北、浙江等地。

表22-1 中国传统村落外部形态类型样本统计表

大类	小类	简图	村落样本	样本数量
紧凑型	梯形：四条边围合，一组平行		许家山村、屿北村、高迁村、冢斜村、明月湾村等	47
	矩形：四条边围合，两组平行		南阁村、天宝村、庆阳坝村、临沣寨、美岱召村等	43
	三角形：三条边围合		呈坎村、两河口村、高山村、大岭村、秀水村、垣田村、阎景村等	22
	弯月形：两头尖，中间弯曲		陆巷村、寺平村、唐模村、屏山村、南屏村、虹关村、鹏城村	52
	梨形：头部长细，尾部宽胖		五当召村、大余湾村、石塘村、钓源村、厚吴村、宏村等	36
分散型	Y形：朝三个方向延伸		北洺村、北方城村等	18
	链形：道路或河流连接，民居分散		碧江村、松塘村、南社村、塘尾村、大旗头村、上岳古围村等	14
	元宝形：两头高，中间低，船体状		自力村、店头村、萝卜寨村等	13
	梭形：两头细，中部宽		莫洛村等	26

三、传统村落外部形态的样带分异

传统村落外部形态的分异研究方法很多，样带方法是一种重要的揭示手段，可以从经度样带和纬度样带两个方面进行。

（一）传统村落外部形态样带的总体分异

根据选定的28°N—32°N纬度带，共有113个传统村落位于此纬度带。其中，西藏自治区3个、四川省7个、重庆市1个、湖北省14个、湖南省6个、江西省18个、安徽省11个、江苏省6个、浙江省47个。由制作的村落外部形态图谱及收集的资料可以明显地看出，此纬度带中的113个传统村落分布广泛，共涉及9个省，而在这9个省当中，相对集中于浙江、湖北、安徽、江西三省，占据的比例达到67%。根据选定的110°E—116°E经度带，共有158个传统村落位于此经度带。其中，内蒙古自治区2个、河北省31个、河南省13个、山西省31个、湖北省5个、湖南省15个、江西省18个、广西壮族自治区18个、广东省25个、海南省1个。

1. 紧凑型形态所占比例大

选定的两条样带中，传统村落样点数量为271个，紧凑型外部形态为个200个（梯形外部形态为47个，矩形外部形态为43个，三角形外部形态为22个，弯月形外部形态为52个，梨形外部形态为36个），分散型外部形态为71个（Y形外部形态为18个，链形外部形态为14个，元宝形外部形态为13个，梭形外部形态为26个），（图22-1），说明紧凑型外部形态是我国传统村落外部形态的基本类型。

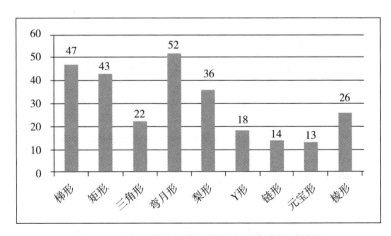

图 22-1　中国传统村落外部形态样点类型统计图

2. 传统村落外部形态省域分异明显

依据表22-1和图22-2我们可以得出，地域之间传统村落外部形态的地域分异明显。在河北、河南、山西、广西，矩形外部形态是其传统村落的主要形式；而在广东、湖南，弯月形外部形态则占据了相当大的比例；内蒙古、湖北、江西等地则属于混合地带，各种类型的传统村落外部形态都有，且比例相当。在经度样带中，梯形主要分布在山西省和广东省，矩形主要分布在河北省和山西省，三角形与 Y 形主要分布在河北省，弯月形主要分布在湖南省和广东省，梨形主要分布在广西，链形分布在湖南省，元宝形村落较少主要分布在山西省、江西省和广西，梭形主要分布在河北省和广东省；在纬度样带中，梯形、三角形、Y 形、弯月形、元宝形这几类形状都多出现于浙江省，矩形主要分布在江西省和浙江省，梨形主要分布在江西省和安徽省，梭形主要分布在湖北省和浙江省。

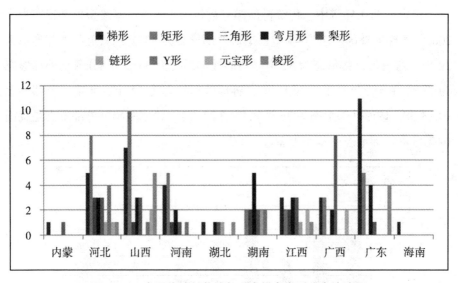

图22-2　中国传统村落外部形态样点类型分省统计图

（二）传统村落外部形态样带的经向分异

1. 传统村落外部形态种类从中部向南北两侧变少

根据选取的经度带中的 158 个传统村落外部形态意向图，分析可以得到，内蒙古、广西及海南的传统村落外部形态种类较少；在样点相对集中的河北省、山西省及广东省，其传统村落外部形态意象种类较多，且梯形和矩形村落较多；河南省、湖北省、湖南省、江西省各类外部形态分布较为平均。

2. 传统村落外部形态从中部向南北两侧紧凑度提高

从图22-3我们可以清楚地看到，河北省、山西省、河南省这三省紧凑型外部形态数量多于分散型外部形态，主要是由于地势比较平坦起伏不大，自古以来也是中原文化中心，紧凑的外部形态受地势和文化影响数量比较多；湖北省、湖南省、江西省和广西这四省分散型外部形态数量多于紧凑型外部形态，这主要是因为这几个省处于丘陵地区，地势多变，河流交通状况复杂，外部形态影响因素多，故分散外部形态数量较多；广东省和海南省则紧凑型外部形态数量多于分散外部形态数量。

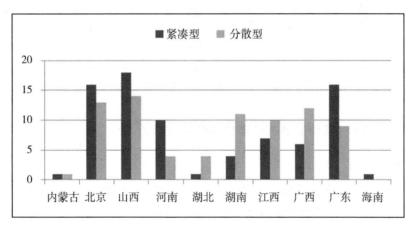

图22-3　经度带中各省份紧凑型与分散型外部形态村落数量统计图

（三）传统村落外部形态样带的纬向分异

1. 总体以分散形状为主，紧凑形状较少。

据选取的纬度带中的传统村落外部形态统计表可知，传统村落的外部形态主要以分散型为主，分散形态的村落个数为83个，约占总体样本数量的73.4%。且紧凑形态的传统村落多分布于东部省份，如浙江、江西两省。但局部地区的分布差异仍满足整体规律，从区域的大小上来说，依旧是分散形态为主，紧凑形态较少。

2. 传统村落外部形态从西往东紧凑度提高

如图 22-4，纬度样带中传统村落的外部形态，东部地区以矩形、梯形和三角形等形状较为紧凑、方正的形状为主，这种东西形状分布地区差异的主要原因是东西地形和自然条件的差异。

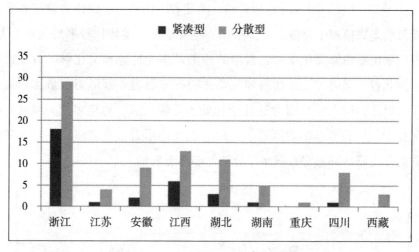

图 22-4　纬度带中各省份紧凑型与分散型外部形态村落数量统计图

四、传统村落外部形态样带分异的原因分析

我国地域辽阔，传统村落外部形态有着明显的空间分异，形成这些空间差异的因素是多种多样的，我们可以从自然环境条件、地域文化背景、经济发展水平、社会制度影响四个方面进行分析。

（一）自然环境条件

科学技术与社会生产力极其有限的古代社会，自然环境对建筑形制和村落布局的形成往往起决定性作用。传统村落的外部形态很大部分原因是由于自然条件中地形的作用而形成的，我国国土幅员辽阔，文化博大精深，传统村落的数量多，但消亡速度惊人，在我国古代，也就是传统村落布局蕴藏丰富的规划思想，选取的经纬度带中的传统村落的外部形态多为规整形态，不规整的形态（如链形）往往是因山势地形等影响造成的。这些都体现了我国古代朴素的规划思想。村落为了适应地形而不得不做出房屋选址条件的变更，这在很大程度上影响村落的外部形态。在平原地区，没有地势的起伏，房屋修建地比较平整且随意性较大，这样村落整体形态会比较规范且范围较大；山地丘陵地区，地势起伏大，并不是所有地方都适合修建房屋，这样山地丘陵地区的村落就会比较零散。

（二）地域文化背景

建筑是物质文化的表现形式之一，每一个地域的发展都有其特定的文化背景，而每个地域的文化都能在建筑上得以体现。传统村落是"人化自然"中的一种文化形态，注入了居民的精神寄托，是当地居民日常生活的场所，是显示其存在意义的空间，是一种反映人类存在的文化景观。我国地域广阔，历史文化悠久，地域文化分异显著，在不同的文化区域内各个地方的自然环境和人文环境多不相同，其居民的文化习俗和思想观念也有不同，如广东靠近东南亚，有不少当地居民下海活动，文化的交流也给当地的建筑带来了外来的风格，其传统村落民居外部形态独具特色。

（三）经济发展水平

不同种类的传统村落外部形态其各自形成的历史时间是不同的，长久根植于传统自然经济的社会模式，人们生活及生产力的发展都比较慢，村落外部形态的演化离不开人类的生产生活，是长久积累下来的。村落内总人口的增加或减少能反映出村落内有多少人需要建房。随着城市化不断发展，农村居民进城打工，工资增加，生活条件变好，然而很多人都有落叶归根的思想，还会选择回家乡建房子。这样在一定程度上促进了村落的发展，房屋的增加一定程度上改变了村落外部形态。

（四）社会制度影响

人类的习俗文化深刻影响着建筑的样式。城市或聚落空间的表意作用，必须通过一定的表意来表达。人类对建筑空间与建筑环境的感性知觉源自人们对所处的历史文化系统的空间记忆。不同社会和部落面对多种人类行为的可能性进行不同的选择，从而导致了诸文化的迥乎相异，这种选择塑造了不同的生活，在特有的文化下，必然形成对于建筑外部形态有差别的表意系统，把中国传统建筑文化置于更广、更深的社会历史变迁中，社会风俗体制的变迁在中国传统建筑环境中也起到了一定的作用。

作品评析:

2013 级人文地理与城乡规划专业的盛方圆、陈伟杨和马珊珊三位同学通过认知实习对城镇发展调查产生一定兴趣,希望参加学校的大学生课外学术科技作品竞赛项,于是找到我,希望给个选题,我结合自己对城市形态的研究,给了她们一个研究传统村落的选题,希望她们对传统村落的形态演变做一些探讨,她们选取了位于经度 110°E—116°E 和纬度 28°N—32°N 中的 271 个传统村落作为研究对象,运用中国传统村落申报资料、文献资料、网络资料和实地调研资料,对样带内样点村落外部形态进行类型划分并分析其空间分异。结果发现:①传统村落外部形态主要有梯形、矩形、Y 字形、弯月形、梨形、链形、三角形、元宝形及梭形 9 种类型;②传统村落外部形态紧凑型多、分散型少,省域分异明显;③从西往东,从中间向南北两侧传统村落紧凑度逐渐提高;④自然环境条件、地域文化背景、经济发展水平、社会制度影响是中国传统村落外部形态分异的主要原因。总体来看,论文内容翔实,问题分析较为深入,研究思路清晰,层次结构合理。不足之处:研究数据的定量程度有待提高。是一个比较优秀的科技创新作品。

第二十三章
渐悟乡土文化的古镇景观基因居民感知

古镇是一种文化生态型聚落，包含丰富的文化景观，代表性的体现某一地方的民俗风情、地方特色、传统风貌，在历史、文化、艺术和科学等方面具有较高的价值。近年来，刘沛林提出用景观基因理论对古村镇景观及其文化特征进行研究，成为文化地理学的新方法[193-202]。它是受生物学基因概念启发，将其引入文化景观研究，逐步系统化的一种新理论。景观基因是聚落文化"遗传"的基本单位，是可以代代传承并与其他文化景观区别的文化因子，对这种文化景观的形成有决定作用，反过来也可以识别这种文化景观[203]。景观基因的方法就是用自然科学的视角来研究传统聚落的文化特征。通过一套完整的指标体系，来定性描述和定量研究传统聚落的文化特征，以便更深入地理解传统聚落文化的传播机理，为传统聚落的保护和当前城镇建设提供参考[204]。目前，聚落景观基因的研究主要集中区域聚落景观的基因识别、传统聚落景观群系划分、景观基因图谱平台设计、信息单元表达机制、传统聚落游憩价值评估、景观基因"胞—链—形"图示表达、景观的完整性保护、少数民族聚落景观基因分析[204-216]等方面。对景观基因的居民感知研究很少。以南岳古镇为例，研究古镇景观基因的居民感知特征及影响因素，对丰富景观基因理论和南岳城市发展具有一定意义。

一、研究区域及研究方法

南岳古镇位于湖南省中部偏东南，湘江之西的湘中丘陵山区，地处东经 112°45′—112°50′，北纬 27°12′—27°40′之间，总面积 72 平方千米，辖 20 个行政村，6 个居委会，总人口 5.85 万人。古镇坐落于南岳衡山山麓，距长株潭 100 余千米，距衡阳城区 40 余千米，107 国道、衡岳高速、京珠高速、京广铁路、湘江穿境而过，交通十分便利。古往今来，历代著名思想家、军事家、政治家和文人骚客慕名而来，是"江南四大名镇"之一。

（一）景观基因选取

借鉴刘沛林关于《古村落文化景观的基因表达与景观识别方法》，从民居特征、主体性公用建筑、图腾标志、布局形态、参照性环境因子 5 个方面对南岳古镇的景观基因进行识别，结果为：南岳大庙、祝圣寺、黄庭观、万寿广场、古镇牌坊、寿涧桥、骑楼民居、十字街、方形布局、赤峰寿溪 10 个景观基因。研究者根据便利法则，首先对衡阳师范学院的 10 名南岳籍本科学生进行了无结构式访谈，然后于 2014 年 3 月 28 日前往南岳镇进行了预调研，采取参与式观察和集体访谈。从访谈结果来看，以上 10 个景观基因为广大居民所认同。因此，确定南岳古镇的景观基因为以上 10 个。

（二）研究方法

1. 问卷设计与调查

本研究的调查问卷包括古镇景观基因测量量表和居民属性特征两个方面的内容。古镇景观基因测量量表采用 5 分制量表，选出主要项的得 2 分，选出次要项的得 2 分，选出相关项的得 1 分，各项得分可累加。调查小组一行 5 人于 2014 年 3 月 28 日前往南岳古镇进行第一次预调研，有针对性的发放问卷 15 份。通过问卷的发放以及与古镇居民的访谈，针对调查问卷中存在的问题对问卷进行修改，并于 4 月 3 日至 5 日再次前往古镇进行调查，本次调查共发放问卷 150 份，整个问卷填写在调查者指导下完成，对于年龄大和受教育程度不高的被调查者采取询问后由调查者填写的方式完成，有效回收 147 份，有效率 98%。借助统计分析软件 SPSS13.0 对数据进行统计分析。

2. 景观基因感知得分模型

以问卷调查获得的数据为基础，通过定量分析和定性分析相结合的方法来探究古镇居民对本地景观基因的感知度。对数据的处理，首先把调查问卷上对于各个景观基因定性的描述转化为定量的得分。根据被调查者对景观基因选项进行打分，分值为1—5分。选出主要项的得2分，选出次要项的得2分，选出相关项的得1分，各项分可累加。构建景观基因感知得分模型，计算出每个基因的得分，该模型的数学计算公式是：

$$S_j = \sum_{i=1}^{5} \frac{n_i}{N} \cdot m_i$$

式中，S_j 表示居民对第 j 项指标的感知度，m_i 表示第 i 个被调查者对该项指标的得分，n_i 表示选择该评分的人数，N 表示填写问卷的人数。

3. 问卷信度和效度检验

问卷信度用以测量问卷问题的内在一致性，反映了调查问卷的可靠程度，通常采用克朗巴哈系数来表示，一般认为系数值在0.7以上问卷信度可靠，利用SPSS19.0软件计算可得本调查问卷克朗巴哈系数为0.824，大于0.7，表明量表信度可靠。效度是指测量工具或手段能够准确测出所需测量事物的程度，一般通过KMO和巴特勒球形检验来表示，通过分析该调查问卷的KMO值为0.847，Bartlett检验的F值为0.000，表示各个变量是相互独立的，数据有良好效度。

4. 样本检验方法

目前，国内外很多学者发现居民人口学特征方面的差异，有可能导致居民对同一事物的感知产生差异，通过计算南岳大庙、祝圣寺、黄庭观、万寿广场、古镇牌坊、寿涧桥、骑楼民居、十字街、方形布局、赤峰寿溪景观的感知均值，根据居民特征分组变量个数选择，使用两独立样本T检验法还是单因素方差分析法，分别比较不同居民群体在不同项均值上是否存在差异，探究其内在机制，发掘其普遍规律。

二、南岳古镇景观基因的居民感知特征

利用上述景观基因感知得分计算模型可以计算出南岳古镇景观基因的居民感知得分，计算结果见表23-1。

表23-1 南岳古镇景观基因的居民感知得分表

景观分类	景观基因	感知得分	感知维度							
			物质形态					功能作用	文化意义
			总计	颜色	形状	范围	建造年代		
公共建筑	南岳大庙	2.86	3.06	3.87	3.86	1.57	2.06	3.00	2.51
	祝圣寺	2.52	2.57	3.11	3.72	1.09	1.60	2.55	2.45
	黄庭观	2.25	2.29	2.53	3.6	1.02	1.34	2.32	2.13
	万寿广场	2.37	2.55	3.1	3.81	1.00	1.43	2.45	2.11
标志性建筑	寿涧桥	2.32	2.68	3.21	4.02	1.21	1.26	2.17	2.11
	古镇牌坊	2.41	2.74	3.57	3.94	1.04	1.3	2.18	2.28
民居特征	骑楼民居	2.45	2.73	3.17	3.85	1.47	1.64	2.25	2.36
道路特征	十字街	2.44	2.74	3.62	3.72	1.17	1.34	2.33	2.26
布局形态	方形布局	2.17	2.36	2.77	3.00	1.00	/	2.1	2.06
环境因子	赤峰寿溪	2.58	2.74	3.23	3.56	1.03	/	2.65	2.34
均值		2.44	2.65	3.22	3.71	1.16	1.50	2.4	1.50

（一）南岳大庙感知度最高

从表23-1和图23-1可以看出，南岳大庙的居民感知得分最高，为2.86；其次是赤峰寿溪，得分为2.58；排在第三位的是祝圣寺，得分2.52；接着分别是骑楼民居、古镇十字街、古镇牌坊、万寿广场、寿涧桥、黄庭观，方形布局的居民感知得分最低。

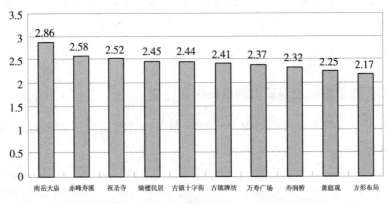

图23-1 南岳古镇景观基因的居民感知差异

（二）环境尺度感知度最高

南岳古镇景观基因按不同尺度划分，可以分为建筑、布局、环境三大类，其中建筑尺度包括公共建筑、标志性建筑、民居特征和道路特征。建筑尺度采用均值进行比较，可以发现，环境>建筑>布局，环境得分2.58，建筑得分2.45，布局得分2.17（图23-2、图23-3）。

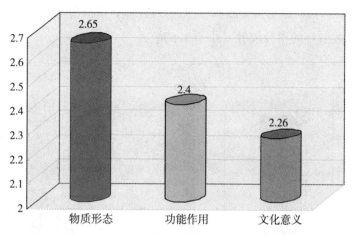

图23-2　南岳古镇景观基因的居民感知尺度差异

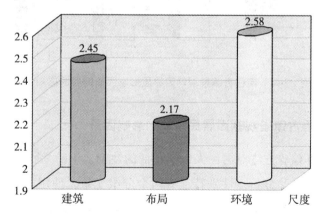

图23-3　南岳古镇景观基因的居民感知维度差异

（三）物质形态维度感知度最高

南岳古镇景观基因按不同维度划分，可以分为物质形态、功能作用、文化意义三个方面，通过比较其均值（图23-2）可以发现，物质形态分数最高（2.65），最容易被居民感知；其次是功能作用（2.4），较难被居民感知；文化意义得分最低（2.26），最难被居民感知。

（四）形状因素感知度最高

物质形态维度由颜色、形状、范围（大小）四个因素构成，由表23-1和图23-4可以发现，形状得分>颜色得分>建造年代得分>范围（大小）得分，其中形状和颜色的得分较高（大于3），形状最高分3.71，而建造年代和范围（大小）的得分较低（小于1.5）。

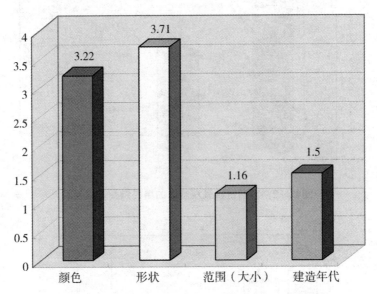

图23-4 南岳古镇景观基因物质形态因素的居民感知差异

三、南岳古镇景观基因居民感知的影响因素

利用样本检验方法对居民人口学特征的性别、年龄、职业、教育程度、居住时间进行检验分析。性别特征有两个分组变量，使用两独立样本T检验法进行分析，其余4个特征有两个以上分组变量，使用单因素方差分析方法进行分析。结果发现影响居民感知景观基因的四个因素。

（一）景观基因层面的感知影响因素

分析性别、年龄、职业、教育程度、居住时间5个因素对古镇景观基因居民感知的影响（见表23-2）。结果表明，年龄、职业、教育程度、居住时间 4 个因素对古镇景观基因居民感知有显著影响，其中，居民年龄的显著水平上，南岳大庙、祝圣寺、黄庭观、万寿广场和方形布局为 0.01，其余为 0.05；居民职业的显著水平上，南岳大庙、祝圣寺、黄庭观、赤峰寿溪和方形布局为 0.01，其余为 0.05；居民教育程度的显著水平上，只有方形布局为 0.01，其余为 0.05；居民住居时间的显著水平上，南岳大庙、祝圣寺、黄庭观、寿涧桥、赤峰寿溪和方形布局为 0.01，其余为 0.05。

表 23-2　南岳古镇景观基因居民感知的影响因素检验

变　量	方差分析 Sig.				
	性　别	年　龄	职　业	教育程度	居住时间
南岳大庙	0.113	0.000 **	0.005 **	0.027 *	0.000 **
祝圣寺	0.178	0.003 **	0.007 **	0.034 *	0.001 **
黄庭观	0.164	0.008 **	0.001 **	0.029 *	0.004 **
万寿广场	0.416	0.000 **	0.042 *	0.040 *	0.012 *
古镇牌坊	0.803	0.046 *	0.037 *	0.038 *	0.018 *
寿涧桥	0.311	0.025 *	0.045 *	0.032 *	0.003 **
骑楼民居	0.362	0.017 *	0.033 *	0.047 *	0.021 *
十字街	0.198	0.040 *	0.019 *	0.045 *	0.013 *
方形布局	0.386	0.006 **	0.001 **	0.009 **	0.009 **
赤峰寿溪	0.821	0.028 *	0.003 **	0.043 *	0.005 **

注：**、* 分别表示在 0.01 和 0.05 水平上显著。

（二）景观基因尺度感知的影响因素

分析性别、年龄、职业、教育程度、居住时间 5 个因素对古镇景观基因建筑、布局和环境 3 个尺度的居民感知影响（见表 23-3）。结果表明，性别、年龄、职业、教育程度、居住时间 5 个因素均有显著影响，其中，居民性别的显著水平上，建筑、布局和环境 3 个尺度均为 0.05；居民年龄的显著水平上，布局为 0.01，而建筑和环境为 0.05；居民职业的显著水平上，布局和环境为 0.01，而建筑为 0.05；居民教育程度的显著水平上，只有布局为 0.01，而建筑和环境为 0.05；居民住居时间的显著水平上，建筑、布局和环境 3 个尺度均为 0.01。

表 23-3 南岳古镇景观基因尺度的居民感知的影响因素检验

尺度（变量）	方差分析 Sig.				
	性别	年龄	职业	教育程度	居住时间
建筑	0.021 *	0.043 *	0.019 *	0.049 *	0.005 **
布局	0.026 *	0.006 **	0.008 **	0.005 **	0.007 **
环境	0.013 *	0.031 *	0.009 **	0.017 *	0.004 **

注：**、* 分别表示在 0.01 和 0.05 水平上显著。

（三）景观基因维度感知的影响因素

分析性别、年龄、职业、教育程度、居住时间 5 个因素对古镇景观基因物质形态、功能作用和文化意义 3 个维度的居民感知影响（见表 23-4）。结果表明，年龄、职业、教育程度、居住时间 4 个因素均有显著影响，其中，居民年龄的显著水平上，文化意义为 0.01，而物质形态和功能作用为 0.01；居民职业的显著水平上，物质形态、功能作用和文化意义均为 0.05；居民教育程度的显著水平上，只有文化意义为 0.01，而物质形态和功能作用为 0.05；居民住居时间的显著水平上，物质形态、功能作用和文化意义 3 个维度均为 0.01。

表 23-4 南岳古镇景观基因维度的居民感知的影响因素检验

维度（变量）	方差分析 Sig.				
	性别	年龄	职业	教育程度	居住时间
物质形态	0.316	0.044 *	0.001 **	0.073 *	0.003 **
功能作用	0.325	0.032 *	0.004 **	0.026 *	0.007 **
文化意义	0.113	0.006 **	0.005 **	0.007 **	0.002 **

注：**、* 分别表示在 0.01 和 0.05 水平上显著。

（四）景观基因形态要素感知的影响因素

分析性别、年龄、职业、教育程度、居住时间 5 个因素对古镇景观基因物质形态要素的居民感知影响（见表 23-5）。结果表明，职业和居住时间两个因素均有显著影响，而年龄有部分影响，其中，居民年龄的显著水平上，范围（大小）与建筑年代为 0.05；居民职业的显著水平上，范围（大小）与建筑年代为 0.01，颜色与形状为 0.05；居民住居时间的显著水平上，范围（大小）与建筑年代为 0.01，颜色与形状为 0.05。

表 23-5　南岳古镇景观基因形态要素的居民感知的影响因素检验

要素（变量）	方差分析 Sig.				
	性别	年龄	职业	教育程度	居住时间
颜色	0.316	0.671	0.021 *	0.432	0.029 *
形状	0.425	0.287	0.037 *	0.335	0.044 *
范围（大小）	0.113	0.023 *	0.001 **	0.714	0.008 **
建造年代	0.209	0.030 *	0.005 **	0.219	0.002 **

注：** 、* 分别表示在 0.01 和 0.05 水平上显著。

四、结论与展望

通过对南岳古镇景观基因的居民感知调查和分析发现：从景观基因、景观基因尺度、景观基因维度和形态要素等角度可以揭示出居民的感知特征；年龄、职业、教育程度、居住时间是影响南岳古镇景观基因居民感知的因素，性别只在景观基因尺度层面有影响。本研究是基于南岳古镇的个案研究，要真正揭示古镇景观基因的感知特征，还需要丰富各种类型古镇的案例，以便更好地归纳古镇景观基因的居民感知特征，另外对于影响因素的研究只做了单因素的检验，多因素的结构模型分析是后续研究应该努力的方向。

作品评析：

2011 级人文地理与城乡规划专业的王建华同学通过认知实习对古镇发展产生一定兴趣，希望参加学校的大学生课外学术科技作品竞赛项，于是找到我，希望给个选题，我结合研究的可行性，希望他能够研究一下南岳古镇的发展，为南岳旅游发展提供一定参考。论文在识别景观基因的基础上，从建筑特征、形态布局和参考环境 3 个尺度，物质形态、功能作用和文化意义 3 个维度，以及从颜色、形状、范围和建造年代 4 个形态要素等角度进行问卷及访谈调查。结果发现：南岳大庙的环境尺度、物质形态和形状因素感知度最高；方形布局的布局尺度、物质形态和文化意义感知度最低；年龄、职业、教育程度、居住时间是影响古镇景观基因居民感知的因素，性别只对景观基因尺度有影响。总体来看，论文内容翔实，问题分析较为深入，研究思路清晰，层次结构合理。不足之处：对影响因素的研究涉及不深。是一个比较优秀的科技创新作品。

第二十四章
渐悟乡土文化的城镇低碳化发展水平评价

近年来，由于二氧化碳等温室气体排放得不到有效控制引起的全球气候变化及其可能产生的影响受到了世界各国的极大关注。为了应对全球气候变化、提倡减少人类生产生活过程中温室气体的排放，低碳概念应运而生。英国在 2003 年《我们未来的能源——创建低碳经济》(State for Trate and Industry, UK, 2003) 首次正式提出"低碳经济"的概念，并引起国际社会的广泛关注[217]。从此以后，向低碳经济转型逐渐成为世界经济发展的大潮流。2007 年日本也紧随英国致力于低碳社会的建设，其试图通过转变国民的消费理念和生活方式来减少温室气体的排放，并在 2008 年 5 月进一步提出《低碳社会规划行动方案》(ADozen Actions towards Low - Carbon Societies)[218]。发展低碳经济正迅速成为世界各国经济发展与城市建设的新趋势，同时，建设低碳城市已经成为国内众多城市的规划目标和产业转型的依据。随着对低碳理念的研究，国内学者也探讨和发展了低碳概念，同时构建"低碳城市"已成为国内城市发展的方向，即以城市为载体结合"低碳经济"发展模式与"低碳生活"发展理念进行的城市发展活动。目前对低碳城市还缺乏明确一致的定义，低碳城市理论和规划体系仍需进一步探讨和完善。

一、低碳城市理念发展与实践

低碳城市是一种比较先进的城市发展理念，在国内外都得到了很好的发展和实践，以下主要从国内外两个方面进行介绍。

（一）国外低碳城市理念的发展

英国是世界公认的低碳理念发展先驱，同时也是低碳城市规划和实践的先行者。但英国并没将低碳经济发展模式具体应用到本国城市，而是日本学者 Shimada 等构建了一种描述城市尺度低碳经济长期发展情景的方法[219]，并将此方法应用到日本滋贺地区。无论是发展低碳经济还是发展低碳社会，归根到底还是要落实到城市这一载体。虽然国际上对低碳城市的定义尚无统一的界定，不过有关低碳城市的研究文献、案例已开始涌现。如格莱泽和卡恩（Glaeser，Kahn，2008）研究了碳排放量与土地利用的关系[220]，克劳福德和弗伦奇（Grawford，French，2008）探讨了英国空间规划与低碳目标之间的关系[221]，日本政府与学者于 2004 年开始对低碳社会模式与途径进行研究，提出了可供选择的低碳社会模式[222]。为了实现温室气体的减排指标，2007 年在巴厘岛召开《联合国气候变化框架公约》第 13 次缔约方大会，初步提出发达国家在 2020 年前将温室气体排放量比 1990 年减少 25%—40% 的目标，随后一些地方的省、市和地方区域也都设立了 2020 年之前减排 50% 左右的目标[223]。这说明国外低碳理念已经从纯理论上的研究转向到理论指导实践与实践促进理论的道路。虽然发达国家的一些城市在低碳发展方面获得很好的效益，如伦敦的气候变化管理局，东京的建筑节能，柏林的热电联产。但还是没有形成广泛共识的低碳城市评价体系，因此也就没有评出一个公认的低碳城市。

（二）国内低碳城市理念的探讨

国际能源署的数据称，去年中国消费了 22.52 亿吨油当量，而美国消费了 21.70 亿吨油当量，中国较美国高出约 4%，成为"全世界第一大能源消费国"。此外，该数据还称中国已经成为"世界第一大二氧化碳排放国"。尽管很多专家学者都对这些数据的正确性提出质疑，但我们不得不承认中国是全球能源消耗和碳排放的大国。改革开放三十年来，中国经济的高速增长是以牺牲环境为代价的。虽然中国人均碳排放量不算高，但中国人口基数大，人与环境的矛盾较突出，因此中国的碳排放问题不容忽视。中国必须探索出一条符合生态的经济发展之路——发展低碳城市，实现城市转型。对于低碳城市概念的定义，金石认为，低碳城市发展是指城市在经济高速发展的前提下，保持能源消耗和二氧化碳排放处于较低水平[224]。何涛舟等学者认为，低碳城市是在政策引导和制度安排下，通过政府、企业、个人和组织机构四个方面的努力，最终达到碳源小于碳汇，并且倡导低碳生活方式和低碳生产方式的城市[225]。也有学者认为，低碳城市是指在经济、社会、文化等领域全面进步，人民生活水平不断提高的前提下，减低二氧化碳排放量，实现可持续发展的宜居城市[226]。综上所述，低碳城市即在城市空间内通过实施绿色交通和建筑及低碳技术创新，以低碳经济为发展模式、以低碳生活为行为理念、以低碳社会为建设目标的新型城市①。

（三）衡阳市低碳理念的实践

近年来，我国许多城市纷纷提出低碳城市建设目标。2008年7月，杭州提出要在全国率先打造低碳城市。2008年12月，珠海首先提出申请成为"低碳经济示范区"。2009年1月，世界自然基金会（WWF）在北京正式启动"中国低碳城市发展项目"，上海、保定入选首批试点城市。2010年2月20日，江西省南昌市成为全国唯一一个被列为发展低碳经济试点的省会城市。2010年3月，吉林市被冠以"全国首个低碳城市标准适用案例"的称谓。2010年3月无锡成为国内首个被专家认可的低碳城市规划。2010年7月，厦门市已在全国率先编制出台《低碳城市总体规划纲要》[227]。建设低碳城市已经成为城市经济发展的大趋势，低碳城市也成为国内各城市的共同追求，城市政府以建设发展低碳城市为荣，在经济发展过程中重视代价最小化，提倡人与自然和谐相处以及人性的舒缓包容[228]。衡阳是一个以传统产业为经济支撑的工业城市，经济发展方式粗放，资源消耗高、浪费大、污染重，发展低碳经济，做好低碳减排工作对衡阳市向低碳城市发展至关重要。为此，衡阳市提出"发展低碳经济，建设低碳城市"的口号，并做出了积极行动。近年来，衡阳市因地制宜，制订了低碳经济发展规划。调整信贷资金结构，鼓励企业突破制约低碳经济发展的技术瓶颈，实行"绿色信贷"政策，控制对产能过剩、高能耗、高污染等行业的信贷准入，促进了资源节约型和环境友好型两型社会建设。如去年投产近90个低耗能、

① 参见中国科学院可持续发展战略研究组. 2009年中国可持续发展战略报告 [R]. 北京：科学出版社，2009。

可循环的低碳经济项目，先后关停和淘汰落后产能企业 36 家。这使得衡阳市低耗能的现代企业逐渐取代高耗能的传统企业，从而达到低碳减排，构建低碳城市的目的。2010 年 6 月 5 日，第 39 个世界环境日，衡阳市委在衡阳广场、晶珠广场等市内 5 个广场组织开展大型宣传活动。低碳生活在衡阳不仅仅是理论上的存在，已经开始深入民心，并刮起了"低碳风"。如家庭装修的设计、选材首先考虑的是节能。

二、衡阳城市低碳化发展水平指标体系的构建

低碳化发展水平评价，指标体系评价是一种重要的研究方法，以下从指标体系的构建原则、构建过程和权重确定等方面进行论述。

（一）低碳化发展水平指标体系构建原则

低碳化发展水平指标体系是涉及经济、社会、环境各系统各方面的复杂体系，不仅需要遵循构建指标体系的一般规律，而且要结合城市低碳化发展水平的规律，选取适当的指标，形成相应的评价体系。在构建衡阳城市低碳化发展水平指标体系时，应遵循以下原则：

（1）科学性和可操作性相结合原则

评价指标体系应能准确地反映事物的主要特征，低碳化发展水平指标必须从科学的角度准确理解和把握低碳发展的内涵和实质。另外数据的获取应容易且可靠，评价指标应尽可能量化，各个指标应该具有可测性和可比性。

（2）全面性与主导性原则

城市低碳化发展水平指标体系包括经济、社会、环境等各方面，是一个复杂的系统分析过程，该指标体系不仅要全面反映各个系统的特征和之间的相互联系，而且要满足各系统的独立性要求。在注重全面性的同时，兼顾主导性，选择具有代表性的指标，构建统一的指标体系。

（3）整体性与层次性原则

低碳化发展水平指标体系是一个有机的整体，应全面地反映低碳化发展水平的各个方面，要具有系统性和整体性强、层次性高等特点。由于整个低碳化发展水平指标体系包括经济、社会和环境若干个子系统，应在不

同层次上采用不同的指标。

（4）可得性原则

对低碳化经济发展水平的分析评价是以衡阳市为例，各年份指标数据的来源主要是衡阳市统计年鉴，因此指标体系的构建是参考有限的年份资料根据可获得性原则而成立。

（二）低碳化发展水平的指标体系构建

目前对低碳化发展水平指标体系的构建尚处于研究阶段，还没有一套完整的指标体系，因此在总结国内外关于低碳化发展水平的指标体系确定的基础上，并结合衡阳市的实际情况，根据指标体系构建的原则，构建了衡阳市低碳化发展水平的指标体系（见表24-1），同时根据低碳经济的内涵、主要特征及其动态变化做出了相应的调整、补充，并将其划分成经济、社会和环境3个准则层（B1—B3），其下又包括26个指标层（C1—C26）。

表24-1　衡阳城市低碳化发展水平指标体系

目标层（A）	准则层（B）	指标层（C）	单位	权重
衡阳市低碳化发展水平指标体系	经济系统（B1）	GDP（C1）	亿元	0.044
		人均GDP值（C2）	元/人	0.027
		第二产业增加值（C3）	亿元	0.015
		第三产业从业人员数（C4）	万人	0.009
		旅游总收入（C5）	亿元	0.015
		旅游总收入占GDP比重（C6）	%	0.011
		工业增加值（C7）	亿元	0.028
		工业增加值占GDP比重（C8）	%	0.013
	社会系统（B2）	能源消耗量（C9）	万吨标准煤	0.126
		单位工业增加值能耗（C10）	吨标准煤/万元	0.048
		单位GDP能耗（C11）	吨标准煤/万元	0.080
		能源消耗弹性系数（C12）	%	0.031
		原煤工业产品产量（C13）	万吨	0.048

目标层（A）	准则层（B）	指标层（C）	单位	权重
	社会系统（B2）	煤炭开采业总产值（C14）	万元	0.080
		无烟煤生产量（C15）	吨	0.048
		用气普及率（C16）	%	0.030
		公共汽车营运车辆数（C17）	辆	0.030
		每百户自行车拥有量（C18）	辆	0.019
	环境系统（B3）	废气排放总量（C19）	万标立方米	0.077
		工业固体废弃物综合排放量（C20）	万吨	0.045
		工业固体废物综合利用率（C21）	%	0.024
		三废综合利用产品总值（C22）	亿元	0.024
		生活垃圾清理量（C23）	万吨	0.014
		森林面积（C24）	万公顷	0.045
		森林（植被）覆盖率（C25）	%	0.045
		城镇人均公共绿地面积（C26）	平方米	0.024

（三）权重确定

（1）建立递阶层次结构体系

这里我们采用层次分析法 AHP（Analytical Hierarchy Process），根据影响城市低碳化发展水平的因素建立递阶层次结构模型，如上面表 24-1 所示。

（2）构造判断矩阵

首先对同一层的指标两两比较，得出指标的重要程度，并将比较结果根据 Santy 的 1—9 标度法（见表 24-2）进行处理。

表 24-2　判断矩阵元素 a_{ij} 的标度方法

标度	含义
1	表示两个因素相比，具有同样重要性
3	表示两个因素相比，一个因素比另一个因素稍微重要

续表

标度	含义
5	表示两个因素相比，一个因素比另一个因素明显重要
7	表示两个因素相比，一个因素比另一个因素强烈重要
9	表示两个因素相比，一个因素比另一个因素极端重要
2，4，6，8	上述两相邻判断的中值
倒数	因素 i 与 j 比较的判断 aij，则因素 j 与 i 比较的判断 $aji = 1/aij$

设一级指标权重集为 A，有：A =（a1，a2，a3），式中，$\sum_{i=1}^{n} ai = 1$，n = 3，总结出三个一级指标的重要程度，进行两两比较，得出一级指标的两两对比判断矩阵 A：

$$A = \begin{bmatrix} 1 & 1/3 & 1/2 \\ 3 & 1 & 2 \\ 2 & 1/2 & 1 \end{bmatrix}$$

（3）一致性检验

由于判断矩阵中 b_{ij} 值是我们赋予的，具有很大的主观性，为了避免认为的逻辑错误，需对其进行一致性检验，求得矩阵的最大特征值 λmax = 3.009，计算一致性比率 CI = 0.0045。

由于判断矩阵是我们对复杂事物采取两两比较而得到的矩阵，人为的很难做到判断具有完全一致性，所以我们允许一定范围内的非一致性，采用 Saaty 教授提出的方法，得到：CR = 0.008，表明矩阵具有很好的一致性。

同理，可求得 C 层指标相对于各自 B 层指标的权重为：

WB1 = ｛0.271，0.167，0.094，0.053，0.094，0.069，0.171，0.081｝

WB2 = ｛0.234，0.089，0.148，0.058，0.089，0.148，0.089，0.055，0.055，0.0353｝

WB3 = ｛0.259，0.150，0.081，0.081，0.048，0.150，0.150，0.081｝

（四）指标数据的收集与无量纲化处理

指标数据主要是来自衡阳市统计年鉴 2001—2007 年、湖南省统计年鉴和各网站公开数据，还有极少数无法查阅的数据通过推算而来，表 24-3 为衡阳市低碳化发展水平各指标的原始数据。

表24-3　衡阳市低碳化发展水平指标原始数据

指标层（C）	单位	2000 年	2002 年	2004 年	2006 年
C1	亿元	350. 080	398. 110	542. 170	672. 070
C2	元/人	4980. 155	5609. 869	7541. 136	10057
C3	亿元	123. 180	150. 510	194. 820	272. 100
C4	万人	127. 200	128. 500	129. 880	135. 450
C5	亿元	13. 910	21. 200	24. 520	33. 050
C6	%	39. 733	53. 251	45. 225	49. 176
C7	亿元	100. 760	109. 510	160. 810	246. 737
C8	%	28. 782	27. 507	29. 660	36. 700
C9	万吨标准煤	252. 758	283. 521	349. 387	490. 990
C10	吨标准煤/万元	2. 509	2. 589	2. 173	1. 990
C11	吨标准煤/万元	0. 722	0. 712	0. 645	0. 731
C12	%	1. 202	0. 890	0. 660	1. 636
C13	万吨	250. 940	300. 920	717. 270	892. 830
C14	万元	20444	27480	36937. 507	49649. 907
C15	吨	2368276	285440	34403. 082	117511
C16	%	40. 700	57. 280	73. 500	80
C17	辆	461	493	614	695
C18	辆	70	65	78	39
C19	万标立方米	2397639	2730087	2987737	6046572
C20	万吨	8. 490	8. 760	8. 690	8. 970
C21	%	37. 910	38. 010	42. 610	58. 960
C22	亿元	1. 570	1. 510	1. 510	4. 300
C23	万吨	30. 200	39	35	35. 400
C24	万公顷	62. 510	63. 570	67. 700	67. 700
C25	%	44. 300	45. 990	43. 850	43. 820
C26	平方米	1. 760	1. 860	4. 060	7. 130

由于各个指标的量纲不同，不能直接进行计算，为了使各个指标具有可比性，需要对所有指标进行无量纲化处理。常用的无量纲化方法有阈值

法（极差正规化法）、Z-score 法（标准化法）和目标值指数法（均值化法）。采用阈值法，它的数值通常在 [0，1] 中，各指标的可比性较好，阈值法的计算方法如下：

$$Zi = (Xi - X\min) / (X\max - X\min)$$

式中，X_i 表示第 i 项指标评价值，$X\max$ 为第 i 项指标数值最大值；$X\min$ 为第 i 项指标的数值最小值。通过计算各指标的标准化数值如表 24-4 所示：

表 24-4　指标标准化数值

指标层	2000 年	2002 年	2004 年	2006 年
C1	0	0.149	0.597	1
C2	0	0.124	0.504	1
C3	0	0.184	0.481	1
C4	0	0.158	0.325	1
C5	0	0.381	0.554	1
C6	0	1	0.406	0.699
C7	0	0.06	0.411	1
C8	0.139	0	0.234	1
C9	0	0.129	0.406	1
C10	0.866	1	0.306	0
C11	0.896	0.781	0	1
C12	0.555	0.236	0	1
C13	0	0.078	0.726	1
C14	0	0.241	0.565	1
C15	1	0.108	0	0.036
C16	0	0.422	0.835	1
C17	0	0.137	0.654	1
C18	0.795	0.667	1	0
C19	0	0.091	0.161	1
C20	0	0.563	0.417	1
C21	0	0.005	0.223	1
C22	0.022	0	0	1
C23	0	1	0.545	0.591

续表

指标层	2000 年	2002 年	2004 年	2006 年
C24	0	0.204	1	1
C25	0.221	1	0.014	0
C26	0	0.019	0.428	1

（五）综合评价与分析

通过运用 AHP 法得到 C 层指标总权重，结合无量纲化后标准化数据，运用公式：低碳发展水平 = $\sum W \times$ 标准化值。得到各年份低碳化发展水平值如表24-5所示：

表24-5　衡阳市低碳化发展水平

指标 ＼ 年份	2000 年	2002 年	2004 年	2006 年
低碳化经济发展水平	0.205866	0.325177	0.386929	0.832666

从表24-5可以看出衡阳市低碳化发展的趋势，从2000年到2006年，衡阳市低碳化发展水平总体上是上升的，通过经济的发展、减少单位GDP碳的排放和增加"碳汇"等手段，使得低碳化发展水平提高了0.6268。但衡阳市的低碳化发展整体水平是不高的，因此采取措施提高衡阳低碳化的发展水平迫在眉睫。

三、打造低碳化衡阳城市的对策研究

城镇低碳化发展已有很多成功的经验，衡阳低碳化发展程度不高，要借鉴国内外比较好的经验推动其低碳化的发展。

（一）国外城市低碳化实践启示

1. 丹麦哥本哈根：以低碳社区为基础的城市节能

低碳社区主要是从降低全球气候变化的影响和减少碳排放的国家能源政策目标出发，努力发挥地方政府在节能应用中的先锋作用，大多采取以低碳化节能示范性项目为先导进行社区节能实践。哥本哈根是丹麦低碳城市发展的典型代表，就当地的电力供应而言，大部分是依靠低碳、零碳的

发展模式运行，如风力发电，这里拥有世界上最大的风力发电厂，政府还大力推行太阳能、生物质能发电。由于独特的低碳发展模式和政府的大力支持，哥本哈根正向世界第一个碳中性城市迈进，并提出两步走的减排战略。第一阶段目标是到 2015 年将全市二氧化碳排放在 2005 年基础上减少 20%，第二阶段是到 2025 年将碳排放量降为零。此外，政府推出"灯塔计划"，力求在能源、交通等 6 个领域提升哥本哈根环境质量的新高度（见表 24-6），同时，政府出台了一系列低碳评估体系来保证政策的有效实施。

表 24-6　哥本哈根建设低碳城市的政策措施

领域	政策措施
能源结构	将燃煤发电转化为生物燃料或木屑发电，建立新能源发电和供热站，增加风力发电站，增加地热供热基础设施建设，引进烟道气压缩冷凝机，改进垃圾焚烧场的热能效率，完善区域供热体系等
绿色交通	改善指示灯系统及停车位预报系统以减少交通拥堵，使用 LED 节能路灯，更换电动或氢动力汽车，极力推行"自行车代步"
节能建筑	通过通风、温度控制、照明、噪音控制 4 个维度进行节能管理
公众意识	市政府通过提供信息、咨询和培训来提高公众的低碳意识，改变人们的思维方式
城市规划	政府为建设碳中和城市，要求所有市政工程的建设都必须严格遵守可持续发展原则，并计划对隔热、建材、外墙、电力、通风等各个环节设立明确标准。通过建立低碳试验区，不断探索新的发展路径
天气适应	制定天气适应计划：制定一套综合的气候应对战略，增加绿地面积、袖珍公园（pocketpark）

2. 日本富山：低碳社会视角下的城市节能

作为《京都议定书》的发起和倡导国，日本提出打造低碳社会的构想并制定相应的行动计划。富山是日本海沿岸的工业城市，日本低碳城市中的先行者，同时也是日本建设低碳城市的模范城市。为了应对这场意义深远的低碳革命，建设低碳社会，富山制定了长远明确的战略。该市的减排目标是到 2030 年时，二氧化碳排放量比 2005 年减少 30%，到 2050 年时减少 50%。为了实现减排目标，富山市从交通工具、生活方式和城市建设等各方面改变社会形态，采取了各种措施。①城市大力发展风能、太阳能，推广环境可持续的交通体系，争取在 20 年内使居住在公共交通便利地区的人口占总人口比例由 30% 增加到 40%，实施二氧化碳减排，以促进社会低碳化发展，建设低碳型城市。②城市中的居民主要消费地产食品，对于市中心购买住宅的居民给予补贴。③充分利用当地的太阳能、风能、生物能、地热能等自然资源大力引进清洁能源车，大力发展新能源，在市郊的生态城建立回收加工各种废弃油料、木料和厨余垃圾的设施等。④通过推动节能住宅的普及、充分利用生物资源、完善轨道交通网络、建立便捷的公共交通体系，尽可能减少人流和物流产生的碳排放。

3. 美国西雅图：以低碳产业为先导的城市节能

尽管温室气体排放量最大的美国拒绝加入《京都协定书》，但西雅图市的碳排放量却从 1990 年到 2008 年减少了 8%，成为美国第一个达到《京都协定书》温室气体减排标准的城市。西雅图之所以能够取得显著成效，很大程度依赖于"低碳城市行动"的有效实施。西雅图以气候合作项目为平台，依靠政府支持，大企业带头，城市各部门共同参与制定的气候行动。其主要内容有：公众参与、家庭能源审计、阻止城市无限扩大、改善电力供应结构、第三方评估减排结果。西雅图在低碳城市建设中促进一些新兴产业的诞生和发展，这些新兴的产业对低碳城市非常具有建设性意义。首先，率先倡导绿色建筑，改善公交系统的效率，控制公共交通的碳排放。其次，利用太阳能、地热能、风能和潮汐能等可再生能源进行发电，替代以前的火电和燃油发电，提高资源利用率，减少碳的排放。再次，新材料、新技术的研发和应用，通过低碳技术提高低碳减排水平，如波音公司正在研制一种生物燃料来替代航油，这样可以大大降低整个民航业的碳排放，同时研发这些新技术以及应用也可以创造更多的就业。最后，西雅图以较低的审计成本来计算家庭以及企业办公室的碳排放。通过家庭能源审计希望达到 3 个目标：给众多失业的年轻人提供培训，让他们从事审计工作，从而创造一些新的就业岗位；通过家庭能源审计帮助家庭降低能源方面的支出；通过家庭的节约用电，关闭一些火电厂和燃油电厂。

（二）衡阳低碳化发展模式探讨

1. 升级传统产业

产业的发展与提升是城市发展的基础。衡阳作为传统工业城市之一，产业结构调整的任务十分繁重。全球制造业向中国转移的趋势日益加快，科技革命为后进地区实现跨越式发展提供了可能，国家大力支持"中部崛起"，低碳城市萌芽发展，使处于经济转轨时期的衡阳获得了空前有利的发展机遇。衡阳市第二产业波动中呈递增趋势，其中建筑业在 2004 年后开始下滑，发展速度逐渐变慢，工业虽然一直保持两位数的增长，但 2007 年后也开始放慢发展速度。衡阳市的产业发展必须立足现有经济基础，充分认识全球化、市场化所带来的冲击，加速传统产业的改造与提升，用信息化带动工业化，用城镇化提升工业化，用国际化拉动工业化，走新型工业化道路，大力进行产业结构调整、更新和升级，构筑新的竞争力，增加经济发展的活力，增强综合经济实力。要发挥自身的比较优势，发展最具比较优势的产业，将装备制造业、绿色食品工业、医药工业和旅游业培育成衡阳市的支柱产业。进一步发展以机电设备、飞机、汽车为龙头的机械制造业，建设国家重要的机械工业基地。此外，衡阳市的第三产占产业结构比重相对较小，发展空间很大，加上雁城旅游资源丰富，发展现代服务业和旅游业对衡阳经济的发展至关重要。

2. 调整能源结构

随着经济发展形势的变化，传统能源供应严峻，节能环保要求越来越高，当前及未来的很长时间内，衡阳市面临着一项重要的任务就是以清洁能源替代传统能源，为经济增长寻求新的支撑点，积极发展能满足国民经济生产和生活的清洁能源，为建设和谐衡阳提供基础保证。衡阳以建筑、有色、电力、化工等为主要消耗能源行业。而这些行业在衡阳经济发展过程中曾起着重要作用，要促进经济与环境协调发展。衡阳市必须建立较为完善的能源供应体系，提升能源生产品种多元化，使二次能源、清洁能源的生产越来越具有活力，越来越具有规模。大力发展水电、生物质能、太阳能、天然气、地热等新能源，促进能源生产企业发展。就水资源而言，衡阳地区水电资源理论蕴藏量 87.61 万千瓦时，可供开发量 64.17 千瓦时。

推广清洁能源工程，应大力推广太阳能与建筑一体化、农村沼气工程、清洁动力公交系统、清洁燃料锅炉、风光互补发电技术、热电联产、光伏发电、地（水）源热泵等清洁能源应用技术，完善相关有效激励机制，建设节约型社会。加大技术创新、技术推广的研发投入，全面推进清洁能源技术进步。

3. 构建新交通体系

2008 年，衡阳市经济总量占全省总量的 9%，而货运量只占全省的 6.8%。全省每亿元 GDP 货运量 9.2 万吨，而衡阳市只有 7.0 万吨。衡阳市货运周转量占全省的 7.3%，全省每亿元 GDP 货运周转量 938.8 万吨千米，而衡阳市仅为 766.5 万吨千米。这两个指标分别只有全省的 76.1% 和 81.6%。目前，衡阳市正遭遇日益严重的交通拥堵、环境污染等重症，加快地面大容量、低能耗、低污染的快速公共交通系统（BRT）的建设，是提高交通资源利用效率，缓解城市交通压力的重要手段。从长远利益考虑，随着衡阳市城市规模的扩大，人口的增加，衡阳市应该以快速公共交通系统（BRT）作为轨道交通线路建成前的重要过渡和补充。调整城市交通结构，构建以城市轨道交通为骨干的城市交通体系，在各种交通方式中，轨道交通具有能力大、速度快、能耗低、污染轻等特点，地下铁道单向输送能力 2 万—3 万人/小时，是公共汽车的 5 倍，小汽车的 20 倍；千人千米能耗是公共汽车的 1/2，小汽车的 1/8。此外，还应注重各种交通方式的衔接和整合，建立完善的自行车和步行出行系统，发展清洁能源，构建低碳交通能源供应体系，加强国际低碳交通技术的交流与合作。

4. 降低建筑耗能

建筑使用过程中的碳排放主要来自用能设备的能源消耗，所以，发展低碳建筑的技术措施能有效达到建筑低耗能的目标。执行更加严格的建筑节能标准，例如，提高对窗的热工性能要求、将"能耗分项计量"等推荐性标准转为强制性标准、增加对夏热地区建筑遮阳的要求、确定建筑耗能设备的最低能效等级门槛等。以上海地区为例，将房间空调器从能效 5 级提高到能效 1 级，以全年平均使用 700 小时计算，年节电 155 千瓦时，减少间接碳排放约 146 千克。太阳能与建筑一体化，除了一般的光伏电池和光热热水器等低效率应用外，可以进一步扩大应用范围，例如，薄膜光伏遮阳设施、相变蓄热墙、太阳能制冷、太阳能除湿、光热发电等。现在的问题是太阳能装置的能量转换效率低、能量密度低。这要从两个方面努力，一是提高光电光热转换效率，二是提高用能设备（如吸收式制冷机）效率。将低碳管理融入建筑合同能源管理，随着碳交易、碳贸易的开展，公共建筑的碳管理将会提上日程。如衡阳房屋施工面积与房屋竣工面积的差呈逐年增加的发展趋势，建筑施工进程远远赶不上社会需求，效率相对较低，可能导致资源浪费。在英国和我国香港，已经在培养碳审计师（Carbon Auditor）。我国巨大的减碳量如果分摊到各行各业，必然需要对企业、地区，乃至建筑物开展碳审计，以及对减碳量的核查。同时，也必然会出现建筑物碳改造的需求和为各种机构提供碳咨询的机会。与合同能源管理一样，碳服务公司（Carbon Services Company，CSCO）将为企业、地区和建筑物业主担保减碳量，为低碳改造融资，实施减碳改造工程，以及提供碳交易的中介服务等。

（三）低碳城市规划方案

政府在城市规划（包括城市更新和新城建设）中应把低碳城市的建设和发展观念加以考虑，应让"城市化和低碳化"成为城市建设中的新的定位和目标。因此，城市规划应改变过去以经济发展为主要目标的指导原则，以自然的生态环境及区域性负载容量为依据，保持生态平衡，资源节约，全面促进城市的发展。中央政府在制定国家战略时，应考虑将发展低碳城市纳入其重点发展方向，在产业布局和支持政策上，对低碳城市及相关产业予以倾斜。①制定城乡统筹的区域能源发展规划与区域层面相关规划的整合。目前所开展的区域性规划如城镇体系规划，很少从能源安全、低碳发展的角度思考区域能源的开发利用。因此，从区域城乡统筹发展来看，有必要把能源发展规划纳入区域规划的内容体系中。②实行区域节能政策分区。从区域能源的有效利用来看，节能政策分区可以采取地理属性之一资源禀赋进行综合分区，突破现有行政区划的局限，从能源资源的空间分布状况入手，进行能源发展的整体空间布局，在此基础上制定分区节能引导政策。

1. 健全低碳城市管理机制

（1）完善城乡能源战略目标体系。目前我国能源发展目标主要关注能源供应保障、矿物能源和可再生能源的利用效率，对城乡节能规划中比较关注的温室气体排放目标没有涉及，针对全球气候变化和《京都议定书》的影响，政府在国家能源发展战略中应及早制订温室气体排放的长远战略目标，对城乡规划节能发展加以引导，构建城乡能源战略的目标体系。

（2）构建城乡节能的相关法规。我国目前颁布的节能法规有 3 种：部门类、能源供应类、综合类。部门类如建设部制定《民用建筑节能管理规定》；能源供应类法规如《中华人民共和国可再生能源法》；综合类如《中华人民共和国节约能源法》。从这些节能法规的类别可以看出，城乡节能在政策制定方面可以作为部门类法规来制定，从城乡规划的角度建立自身的节能体系，整合城乡规划部门节能法规和相关节能法规的内容。

（3）加强城乡节能利用的政策引导。我国城乡能源政策以节约优先，坚持开发与节约并举，在实施能源战略方面应发挥政策引导和税收、收费等市场杠杆对能源供应和消费的调节作用，如对新能源技术的研发和推广应用给予政策和资金方面的大力扶持等。

2. 积极开展低碳社区示范性项目

积极开展低碳社区示范性项目。目前，在世界自然基金会（WWF）全球伙伴及国内外机构的支持下，低碳城市发展项目选择在上海和保定开展项目合作示范。其中，上海新建生态建筑示范包括政策研究与具体项目示范，主要包括低碳发展的政策研究与实施、节能及可再生能源示范项目建设、低碳技术转让与合作、节能及可再生能源产业中的新型投资工具应用及贸易促进、公众宣传及意识提高。通过示范性项目的开展，可以在工业、建筑、交通节能以及可再生能源领域探索低碳发展模式，并将成功的低碳发展经验推广到其他城市。

3. 发展低碳技术

加大 R&D 经费投入力度，结构优化。R&D 经费投入是有效开展科技创新活动的重要保障，也是发展低碳衡阳的有利动力。2008 年全市 R&D 经费支出 5.9 亿元，其中规模以上工业企业 R&D 经费内部支出高达 4.51 亿元，占全市支出的 70.1%。国外一些国家已经在低碳能源技术和低碳交通发展方面拥有较明显的优势，如欧盟、瑞典、德国、澳大利亚等。衡阳政府可组织团队对这些国家进行考察学习，加强国际技术合作，引进吸收消化这些国家的先进技术和经验。也可借鉴国内低碳意识萌芽较早的上海、保定、杭州、深圳等城市，寻找出一条符合衡阳发展的低碳城市发展道路。

4. 城市绿化

生态环境建设是传统工业城市更新必须解决的问题。生态环境良好的城市是适宜居住和创业的城市。按照有机分散的原则整合城市生态系统和经济系统的空间格局，在建成区之外建设一个能制止城市蔓延的有效的生态屏障。在城市各个中心区之间用森林绿带加以分隔，充分利用城市的河系建立园林和绿地系统，形成生态廊道，保留城市边缘必要的农田和林地，形成保护性绿带或楔形绿地，绿化城市的道路、铁路、公路沿线及高压走廊，形成一个完整的带状绿地系统。城市更新是城市生态经济系统新陈代谢的过程，传统工业城市要把生态环境建设融于城市更新之中。通过旧城改造，搬迁有污染的工厂企业，相应地增加第三产业。减少旧城区人口居住密度和建筑密度，保护、扩建旧城区原有的风景名胜、园林、水面，"见缝插绿"地增加城区绿色空间。在改造老城区过程中完善城市的基础设施，提高市政设施的承受和处理能力。为了提高城市碳汇能力，提高衡阳城市人居环境质量，城市绿化工程不可忽视。在公园绿地建设方面，应尽快建设三江风光带，启动奥林匹克公园、珠晖公园、烈士公园、古樟公园，扩建雁峰景区，建设绿化蒸湘南路（延伸段）、立新路等大道；改造绿化方面，应见缝插绿，以增加城区绿色空间；园林式单位建设方面，应适当增加园林单位，以增加城市绿色开敞空间。

作品评析：

2009 级人文地理与城乡规划专业的王巧、龚景、黄福明和邹云龙四位同学通过认知实习对城镇发展产生一定兴趣，希望参加学校的大学生课外学术科技作品竞赛项目，于是找到我，希望给个选题，我结合研究的可行性，希望他们能够研究一下衡阳城市的发展，为其可持续发展提供一定参考。低碳经济是发达国家为应对全球气候变化而提出的新的经济发展模式，目前正成为一种新的国际潮流，影响着各地区的经济发展进程，而作为区域发展的主体，城市是发展低碳经济的关键。本项目首先介绍城市低碳化的相关理论和思想，以衡阳市为对象分析它的低碳化发展水平；然后着重确立城市低碳化发展水平的衡量指标体系，并在此基础上评价衡阳城市的低碳化发展状况；最后结合国内外实践经验提出衡阳城市低碳化发展的对策方案和低碳城市发展模式。总体来看，论文内容丰富，问题分析较为深入，研究思路清晰，层次结构合理。不足之处：对低碳化发展水平评价分析不够深入。是一个比较优秀的科技创新作品。

第二十五章
渐悟乡土文化的城市空间集聚—碎化测度

在经历了 30 多年的改革开放和偏重于城市发展战略后，中国城市无论在数量、规模、空间组织还是在治理体制上都发生了巨大变化[230]。特别是进入 21 世纪后，随着全球化、市场化和分权化进程的不断深化，其变化更为明显。在欠发达地区和落后地区，城市和乡村的发展差距呈现出扩大化的趋势，而在发达地区，随着区域协调机制与产业合作机制的逐步建立，区域内城镇之间、城乡之间的差距却有逐渐缩小趋向，周边城镇与中心城市合作和互补的倾向逐渐明显，周边城镇在获取合作发展红利的同时，也表现出一定的分离倾向性。分析当前中国城市群经济、社会、政治与空间的变动特征和原因，已经成为新时期中国城市研究的重点和热点。然而，我国学者对于城镇密集地区城镇群体空间分布的状况和分散程度的研究仍然存在：理论研究不足，实证研究不多（赵西君，2005，叶玉瑶等 2007，罗震东等，2009），政治、行政要素考虑少，城市间研究不够等问题[231-234]。因此选取我国中部重要城市群之一的长株潭城市群展开研究，以期深化这方面的研究，并为长株潭"两型"社会建设提供参考。

一、研究区域概况

研究范围是指以长沙、株洲、湘潭 3 个城市为中心，一个半小时路程为半径画圈的区域范围，包括长沙、株洲、湘潭 3 市行政辖区和益阳、娄底、岳阳、常德、衡阳 5 市的大部分地区，即长株潭"3+5"城市群，总面积为9.68 万平方千米，占湖南省域的 45.8%，总人口 4019 多万。其核心区是指长沙、株洲、湘潭3市市区和望城区全境以及浏阳市、醴陵市、韶山市、湘乡市、宁乡市、长沙县、株洲县、湘潭县、赫山区、云溪区、湘阴县、汨罗市、屈原管理区的一部分，总面积为8448.18平方千米。该区属亚热带季风性湿润气候，年平均气温16.5℃，年平均降雨量1350毫米，有明显的年际变化和季节变化，区域植被丰富，森林覆盖率高。由于近20年的经济发展和建设活动，城镇发展迅速，区域要素流动强烈，集聚和扩散活动趋势明显。

2008年，长株潭城市群总地区生产总值达8760.52亿元，占全省的78.52%，地方财政收入，占全省的62.15%，城镇化水平45.06%，高出全省平均水平2.91个百分点[235]。长株潭城市群地处湘江下游，是我国中部最重要的城市群之一，构成"一核三带"的城市空间结构，城际间有铁路、公路和湘江相连，是湖南省经济最为发达的区域，是湖南省人文、经济的精髓所在，2007年12月被国家发改委确定为全国"两型社会"综合配套改革实验区。

二、测度方法

为了比较全面地衡量长株潭城市群集聚—扩散程度、分布状况和演化特征，主要选取国内生产总值、第二产业总产值、第三产业总产值、全社会固定资产投资总额、社会消费品零售总额5项衡量城镇经济发展的最常用指标，采用碎化指数、均匀度指数和均匀度指数（面积）3种方法进行测算。

1. 碎化指数

碎化指数是衡量区域间分散程度的一个指标，在实际计算中主要反映区域单元中政府单元个数的变化和不同单元经济、社会发展在区域中比重的变化。均匀度指数消除了碎化指数中单元个数的影响，纯粹从区域城镇单元分布的均衡性考虑。

碎化指数计算方法：

$$I = \sum_{i=1}^{n} \sqrt{yi} \; ; \; yi = xi / \sum_{i=1}^{n} xi$$

其中：Xi 为区域中每一个政府单元的某一指标；yi 为每一政府单元指标

占区域总指标的比重。I 为碎化指数，其范围从 $1 — \sqrt{n}$。当 $I = 1$ 时，区域高度集中，当所有 yi 都相等时值最大，区域绝对均匀。

2. 均匀度指数

碎化指数将政府单元个数考虑在内，对于区域碎化程度的反映比较显著，然而这一指数无法直观体现区域内部单元分布的均衡程度。我国学者罗震东与张京祥在其基础上，从单元个数角度对碎化指数进行改进，提出大都市均匀度指数。

均匀度指数计算方法：

$$I^* = \sum_{i=1}^{n} \sqrt{yi} / \sqrt{n} ;$$

其中：I^* 为均匀度指数；yi 为每个区域单元指标占区域总指标的比重，I^* 值从 $1/\sqrt{n} — 1$，I^* 越接近于 1 越均匀，值越小越集聚。

3. 均匀度指数（面积）

均匀度指数虽然体现了区域内部单元分布的均衡程度，却无法反映区域各单元空间面积的差异程度。在叶玉瑶等对于均匀度指数改进的启发下，罗震东等根据碎化指数的基本原理，将空间面积的不均衡程度纳入公式，构成新的均匀度指数。

均匀度指数（面积）计算方法：

$$NI = \sum_{i=1}^{n} \sqrt{yi} ; yi - (xi/ \sum_{i=1}^{n} xi) \times (si/ \sum_{i=1}^{n} si)$$

其中：Xi 为区域中某一政府单元的某一指标；yi 每个区域单元指标占区域总指标的比重与每个单元辖区面积占总面积的比重。si 为每一个政府的辖区面积，NI 为面积均匀度指数，值从 $0 — 1$。NI 越大越均匀，越小越集聚。

表 25-1　长株潭城市群碎化指数与均匀度指数

年份	指　数	地区生产总值	二产业总产值	三产业总产值	全社会固定资产投资总额	社会消费品零售总额	平均值
2001	碎化指数	2.7637	2.7526	2.7412	2.6949	2.7316	2.7368
	均匀度指数	0.9771	0.9732	0.9691	0.9528	0.9657	0.9676
	均匀度指数（面积）	0.9730	0.9690	0.9605	0.9488	0.9629	0.9629

年份	指　　数	地区生产总值	二产业总产值	三产业总产值	全社会固定资产投资总额	社会消费品零售总额	平均值
2002	碎化指数	2.7605	2.7487	2.7394	2.6705	2.7233	2.7285
	均匀度指数	0.9759	0.9718	0.9685	0.9441	0.9628	0.9646
	均匀度指数（面积）	0.9718	0.9675	0.9600	0.9404	0.9598	0.9599
2003	碎化指数	2.7521	2.7347	2.7348	2.6552	2.7093	2.7172
	均匀度指数	0.9730	0.9668	0.9669	0.9387	0.9579	0.9607
	均匀度指数（面积）	0.9702	0.9661	0.9592	0.9338	0.9548	0.9568
2004	碎化指数	2.7559	2.7364	2.7356	2.6266	2.7046	2.7130
	均匀度指数	0.9743	0.9674	0.9672	0.9286	0.9562	0.9592
	均匀度指数（面积）	0.9735	0.9666	0.9596	0.9232	0.9533	0.9552
2005	碎化指数	2.7328	2.7235	2.6842	2.6246	2.6610	2.6852
	均匀度指数	0.9662	0.9629	0.9490	0.9279	0.9408	0.9493
	均匀度指数（面积）	0.9624	0.9622	0.9398	0.9135	0.9377	0.9431
2006	碎化指数	2.7247	2.7163	2.6734	2.6072	2.6577	2.6758
	均匀度指数	0.9633	0.9603	0.9451	0.9218	0.9396	0.9460
	均匀度指数（面积）	0.9606	0.9605	0.9379	0.9089	0.9363	0.9409
2007	碎化指数	2.7258	2.7150	2.6706	2.6081	2.6536	2.6746
	均匀度指数	0.9637	0.9599	0.9442	0.9221	0.9382	0.9456
	均匀度指数（面积）	0.9612	0.9595	0.9372	0.9090	0.9350	0.9404
2008	碎化指数	2.7073	2.6783	2.6676	2.6109	2.6526	2.6633
	均匀度指数	0.9571	0.9469	0.9431	0.9230	0.9378	0.9416
	均匀度指数（面积）	0.9536	0.9449	0.9366	0.9119	0.9349	0.9364

注：据 2002—2008 年湖南省统计年鉴计算整理而得。

三、测度结果

　　根据 2001—2008 年《湖南统计年鉴》的相关数据，运用碎化指数、均匀度指数和均匀度指数面积的方法，对长株潭城市群及其核心区的空间集聚—碎化进行测度①，结果见表 25-1 和表 25-2。

---

　　① 参见湖南省统计局编. 湖南统计年鉴（2002-2009）。

表 25-2　长株潭城市群核心区碎化指数与均匀度指数

年份	指　　数	地区生产总值	二产业总产值	三产业总产值	全社会固定资产投资总额	社会消费品零售总额	平均值
2001	碎化指数	1.6818	1.6904	1.6601	1.6223	1.6468	1.6603
	均匀度指数	0.9710	0.9759	0.9584	0.9366	0.9507	0.9585
	均匀度指数（面积）	0.9858	0.9904	0.9748	0.9587	0.9758	0.9771
2002	碎化指数	1.6804	1.6893	1.6584	1.6063	1.6410	1.6551
	均匀度指数	0.9701	0.9753	0.9575	0.9274	0.9474	0.9555
	均匀度指数（面积）	0.9853	0.9904	0.9738	0.9534	0.9734	0.9753
2003	碎化指数	1.6708	1.6735	1.6539	1.5980	1.6307	1.6454
	均匀度指数	0.9646	0.9662	0.9549	0.9226	0.9415	0.9499
	均匀度指数（面积）	0.9831	0.9877	0.9726	0.9489	0.9684	0.9721
2004	碎化指数	1.6730	1.6751	1.6550	1.5802	1.6271	1.6421
	均匀度指数	0.9659	0.9671	0.9555	0.9123	0.9394	0.9480
	均匀度指数（面积）	0.9827	0.9861	0.9732	0.9422	0.9670	0.9702
2005	碎化指数	1.6505	1.6584	1.6188	1.6047	1.5945	1.6254
	均匀度指数	0.9529	0.9574	0.9346	0.9264	0.9205	0.9384
	均匀度指数（面积）	0.9751	0.9812	0.9592	0.9438	0.9530	0.9624
2006	碎化指数	1.6476	1.6598	1.6113	1.5930	1.5929	1.6209
	均匀度指数	0.9512	0.9583	0.9303	0.9197	0.9197	0.9358
	均匀度指数（面积）	0.9739	0.9813	0.9566	0.9430	0.9523	0.9614
2007	碎化指数	1.6491	1.6602	1.6084	1.5942	1.5906	1.6205
	均匀度指数	0.9521	0.9585	0.9286	0.9204	0.9183	0.9356
	均匀度指数（面积）	0.9745	0.9813	0.9554	0.9459	0.9515	0.9617
2008	碎化指数	1.6358	1.6362	1.6074	1.5911	1.5901	1.6121
	均匀度指数	0.9444	0.9447	0.9280	0.9186	0.9180	0.9307
	均匀度指数（面积）	0.9684	0.9701	0.9552	0.9467	0.9514	0.9584

注：据 2002—2008 年湖南省统计年鉴计算整理而得。

四、结果分析

针对长株潭城市群的集聚—碎化测度结果，从总体趋势、核心区发展趋势和主要指标集三个方面展开。

（一）总体趋势分析

长株潭城市群总体趋势分析采用的碎化指数、均匀度指数与均匀度指数（面积）是国内生产总值等 5 项指标分别计算结果的算术平均值，克服了单一指数的片面性，平均值相对比较综合。

从表 25-1 可以看出：长株潭城市群的均匀度指数和均匀度指数（面积）都较高，这说明长株潭城市群在以往的发展中都较为均匀，没有形成一个比较有效的增长极，不利于城市群的长远高效发展。由图 25-1 和图 25-2 可以发现：长株潭城市群从 2001 年至 2008 年呈明显的连续集聚过程，三种指数的趋势高度一致，反映了长株潭城市群的集聚现象强劲有力，这与湖南省的发展状况高度吻合。

（二）核心区发展趋势分析

由表 25-2 可以发现：长株潭城市群核心区的均匀度指数和均匀度指数（面积）都较高，结合该区域的地区生产总值情况，说明该区域发展比较均匀且起点较低。2008 年该区域地区生产总值只占到长株潭城市群地区总产

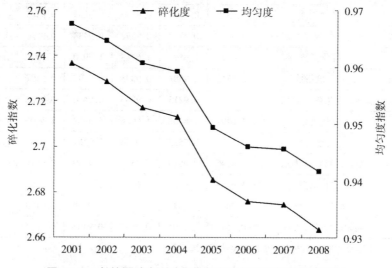

图 25-1　长株潭城市群碎化指数和均匀度指数变化趋势图

值的 52.11%，还远未达到增长极的条件。由图 25-2 和图 25-4 得出：长株潭城市群核心区与整体发展状况颇为相似，三种指数高度一致，在这 8 年的发展中以集聚为主，而扩散则处于被动状态。这与长株潭城市群的理想发

展趋势不符。

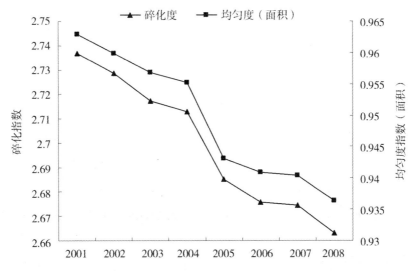

图 25-2 长株潭城市群碎化指数和均匀度指数（面积）指数变化趋势图

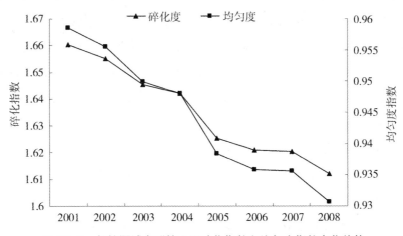

图 25-3 长株潭城市群核心区碎化指数和均匀度指数变化趋势

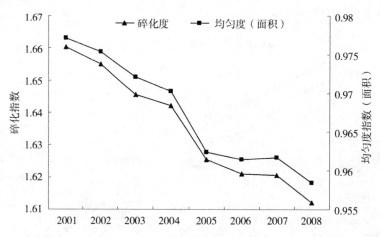

图25-4　长株潭城市群核心区碎化指数和均匀度指数（面积）变化趋势

（三）主要指标集分析

基于国内生产总值等5项指标3种指数平均值的发展趋势分析，获得了对长株潭城市群及其核心区空间集聚—碎化趋势的较为全面的认识，但忽略了不同要素指标所反映的特定发展内涵的演化趋势。为更深入了解长株潭城市群及其核心区空间要素集聚—碎化过程，分别从这5项指标通过均匀度指数（面积）进行单独测算（如图25-5和图25-6），结果发现长株潭城市群和其核心区的发展趋势具有较大的相似性：①长株潭城市群及其核心区4项指标（国内生产总值、第二产业总产值、第三产业总产值和社会消费品零售总额）呈现明显的下降趋势，有进一步集聚趋势；②全社会固定资产投资总额呈现出先下降后上升的趋势，2004年、2005年后在政府行政措施的引导下，社会投资总额开始出现碎化趋势。

同时也存在发展变化差异：①发展起点存在差异。在5项指标中，长株潭城市群核心区的国内生产总值、第二产业总产值、第三产业总产值和社会消费品零售总额的均匀度指数（面积）均高于长株潭城市群整个区域的相应指标。这说明，长株潭城市群核心区的碎化程度均高于长株潭城市群整个区域。而全社会固定资产投资总额却恰好相反，这更有利于长沙、株洲和湘潭新增长极的形成。②长株潭城市群及其核心区国内生产总值和第二产业总产值的均匀度指数（面积）折线在图中的位置上下关系有所变化，这说明在长株潭城市群核心区中，其第二产业所占国内生产总值的份额比长株潭城市群大。

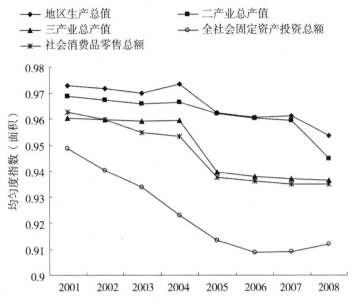

图 25-5　长株潭城市群主要指标均匀度指数（面积）变化趋势

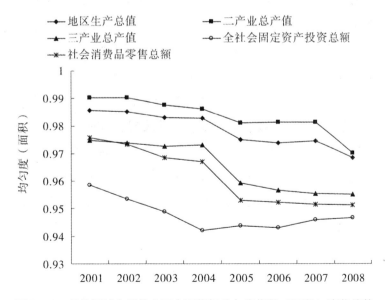

图 25-6　长株潭城市群核心区主要指标均匀度指数（面积）变化趋势

基于上文从总体趋势、分地区比较与主要指标集分析 3 个方面进行的定量分析结果，本研究形成以下两个方面结论：

（1）长株潭城市群区域经济要素的总体空间发展呈现出较为明显的均匀化趋势，还没有形成一个比较有效的增长极，不利于城市群的长远高效发展，而治理结构则更是分权化。为有效地促进区域快速发展，行政区划"兼并"成为"有效"的手段。这种集权化的治理发展对于城市群区域的经济与空间发展将产生一定程度的积极作用，推动城市群内部空间结构的合理化和区域的可持续发展。

（2）长株潭城市群核心区的发展比较均匀且起点较低，以集聚为主，而扩散则处于被动状态，这与长株潭城市群的理想发展趋势不符。长沙、株洲、湘潭一体化的程度还有待进一步提升，治理结构集权化程度不高。今后应仍强化集权式治理，取代长沙成为该区域中心和增长极。

作品评析：

2008 级人文地理与城乡规划专业的皮灿、谭勇、章芳、彭述刚和罗勇 5 位同学通过大学生课外科技作品创新比赛对研究性学习产生了一定兴趣，希望参加大学生研究性学习项目，于是找到我，希望给个选题，我结合当时的研究项目，希望他们能够研究一下城市群的集聚与碎化问题，为长株潭城市群发展提供一定参考。在分析长株潭社会经济发展状况和城市群发展情况的基础上，运用碎化指数、均匀度指数和面积均匀度指数对长株潭城市群空间集聚—碎化程度进行测度，结果发现：长株潭城市群及其核心区集聚与碎化均在同时进行，但主要以集聚为主，在此基础上提出了其空间治理的建议。总体来看，研究内容比较扎实，问题分析较为深入，数据比较可靠，研究思路清晰，层次结构合理。不足之处：对长株潭城市群空间集聚—碎化的原因分析不够深入。是一个比较优秀的研究性学习作品。

第二十六章
渐悟乡土文化的传统村落民居山墙分异

中国五千年的文明历史塑造了丰富的传统文化，在近千万平方千米的辽阔地域上分布着不同经济、文化、自然环境的数量众多、类型丰富、建筑精美的传统村落，截至2015年，我国住建部公布了三批共2555个传统村落。我国传统村落是农业生产、起居形态、文化传统至今保留完整的古村落[236]。关于传统村落景观差异的研究，何镜堂等提出了从建筑传统进行研究的寻根法[237]，杨大禹进一步将建筑传统阐述为建筑形式、构件、符号、装饰色彩、材料工艺和建构技术[238]。李慕寒等学者则主张运用地域文化区的方法[239]，沙润则分析了影响我国传统民居建筑的自然地理背景及其自然观[240-241]，刘沛林提出了景观基因的新方法[242]、构建了其识别指标体系[243]，并对中国传统聚落进行景观区划[244-245]，近年来，有些学者探索GIS方法进行中国传统村落空间分布及影响因素研究[246-249]，然而被广泛运用于IGBP的样带法在传统村落的研究中很少涉及，基于此，运用样带方法对中国传统村落的景观差异展开研究，以民居山墙作为视角，以期丰富传统村落景观差异研究的方法。

一、研究方法与数据采集

为了揭示其空间差异，我国地域辽阔，传统村落众多（目前公布的就有2555个），民居山墙的地域特色明显，样带法是个很好的研究工具，但是如何选择样地，值得思考，选取的样带既要能够揭示我国传统村落民居的空间差异，又要有足够的代表性样本。因此，纬度样带首先考虑传统村落集中带（北纬 30 度），为了在南北向上更多省份进入样带，我们向南北各扩展两个纬度带，即 28°N—32°N 纬度带，这个纬度带内从西至东包括西藏、四川、重庆、贵州、陕西、湖北、湖南、江西、安徽、浙江、江苏、上海等 12 个省（直辖市、自治区），这条纬度带内共包括 49 个中国传统村落，基本每个省市区都有样点村落。经度带首先考虑传统村落集中带（东经 112 度），为了在东西向上更多省份进入样带，我们向西扩展 2 个经度带，向东扩展 4 个经度带，即 110°E—116°E 经度带，这个经度带内从北至南包括黑龙江、内蒙古、河北、北京、天津、山西、山东、河南、安徽、湖北、湖南、江西、广西、广东、海南等 15 个省（直辖市、自治区），这条纬度带内共包括 72 个中国传统村落，基本每个省市区都有样点村落，两条样带共选取 121 个传统村落样点。

（一）数据采集

本项目所需要数据量大面广且地域空间跨度大，鉴于实地调研的时间成本大，网络查寻、图书文献检索的较为方便。本研究采取相互补充、印证等方法进行。具体来说，中国传统村落的位置信息以住建部、文化部、国家文物局、财政部联合公布的三批中国传统村落为基准，首先利用谷歌地图进行空间位置定位，然后结合实地调研进行位置纠正。样本村落民居山墙数据首先利用网络搜索中国传统村落申报材料，然后查阅已经出版的中国古村落系列丛书资料、不够的再进行实地补充调查。

（二）数据处理

传统村落位置定位首先运用谷歌地图进行空间位置获取，然后在 ArcGIS 进行位置纠正，位置定在行政中心。其主要来源于书本资料、网络资料和实地调研资料，这些数据都有其缺陷，对这些一手资料与二手资料进行三角测量与验证，以保证数据使用的可靠性。在进行三角验证的基础上，我们利用获得的资料进行传统民居的山墙简图制作。

二、传统民居山墙样带的类型

山墙，即房屋的横向外墙，其主要作用是与邻房隔开、防火、防风，所研究的山墙是指传统村落民居的外山墙。由于中国地域辽阔、地形复杂多样，气候也千差万别，加上天人感应、宗法礼制等中国传统文化一直深刻影响中国的传统建筑，因此中国传统村落的山墙也存在很大差异。为了研究中国传统村落民居山墙的类型，采用根据传统村落民居山墙资料进行简图绘制，然后结合已有的分类研究成果，进行归纳总结，我们把传统民居山墙主要分为以下几类（见表26-1）。

（一）人字形山墙

人字形山墙是在我国传统村落民居山墙的基本式样，在全国分布最为广泛，其基本特征是山墙墙面呈人字形，但是由于地域的差异，人字形山墙也有着不同的样式，主要表现为顶角角度的不同和山墙檐角有无起翘。缓坡人字形山墙顶角角度较大，檐角并无起翘，在我国北方地区的传统村落中较为常见；陡坡人字形山墙顶角角度较小，檐角也无起翘，在南方地区的传统村落民居中保存较为完好；起翘人字形山墙顶角角度大，且檐角有风格不一的起翘，此类山墙分布广泛，南北方地区都存在。

（二）马头形山墙

马头形山墙是在人字形山墙的基础上建造超过屋顶的墙，起到防火和装饰等多重作用，是赣派建筑、徽派建筑的典型代表，白墙黑瓦。在马头形山墙也有几种不同样式，表现为墙顶是否平整、有无起翘和叠置层数。马头形墙主要存在于安徽、江西、江苏等江南部分地区，以安徽和江西最为集中，湖南、湖北、四川受其影响也有零星分布。

（三）波浪形山墙

波浪形山墙也是在人字形山墙的基础上建造超过屋顶的墙，起到防风、防火、装饰等多重作用，由于其形状像菜锅的手柄又被称为锅耳墙，又美称鳌头墙，寓意富贵吉祥、丰衣足食。波浪形山墙在传统民居山墙中是一个独具浓厚地域特色的山墙种类。其顶角不是传统山墙的尖角或者平顶，而是一种圆弧形的顶，线条柔美。绝大部分锅耳形山墙的传统民居都存在于岭南的广东省，云南洱海、福建沿海也有部分分布。

（四）一字形山墙

一字形山墙是人字形山墙的特别化，主要分布在北方干旱地区，其基本特征是山墙墙面呈一字形，但是由于地形的起伏，一字形山墙也有着不同的样式，表现为墙顶是否平整和叠置层数。平整一字形山墙整个山墙墙面一字平开，在地形平坦的传统村落中较为常见；阶梯一字形山墙墙面呈阶梯状，在地形起伏较大的传统村落民居中保存较为完好。

表 26-1 中国传统村落民居山墙类型样本统计表

大类	小类	简图	村落样本	样本数量
人字形（墙面呈人字形）	陡坡形：前后坡夹角较小（小于110度）		许家山村、屿北村、高迁村、冢斜村、明月湾村等。	63
	缓坡形：前后坡夹角较大（大于110度）		南阁村、天宝村、庆阳坝村、临沣寨、美岱召村	5
	起翘形：檐角有起翘		呈坎村、两河口村、高山村、大岭村、秀水村、垣田村、阎景村、北洸村、北方城村	10
马头形（墙面呈马头状）	外翘形：墙顶呈单层，起翘幅度较大		高椅村、深澳村、新叶村、棠樾村、沧溪村	5
	规整形：墙顶呈规整的二叠或三叠状		陆巷村、寺平村、唐模村、屏山村、南屏村、虹关村、鹏城村	7
	起翘形：墙顶呈二叠或三叠状，靠外侧稍微起翘		五当召村、大余湾村、石塘村、钓源村、厚吴村、宏村等。	21
波浪形（墙面呈波浪状）	墙顶呈波浪状		碧江村、松塘村、南社村、塘尾村、大旗头村、上岳古围村	6
一字形（墙面平整）	平整形：墙面呈一字形		自力村、店头村、萝卜寨村	3
	阶梯形：墙面呈两、三层		莫洛村	1

三、传统村落民居山墙的样带分异

传统村落民居山墙具有不同类型，这些不同类型的民居山墙在总体上、经向和纬向上都存在一定程度的分异。

（一）传统村落民居山墙样带的总体分异

根据选定的 28°N—32°N 纬度带，共有 49 个传统村落位于此纬度带。49 个村落中，四川省 3 个、贵州省 2 个、湖北省 5 个、湖南省 1 个、江西省 10 个、安徽省 12 个、江苏省 3 个、浙江省 13 个。由制作的山墙图谱及收集的资料可以明显地看出，此纬度带中的 49 个传统村落分布广泛，共涉及 8 个省，而在这 8 个省当中，相对集中于浙江、安徽、江西 3 个省，占据的比例达到 70%。根据选定的 110°E—116°E 经度带，共有 72 个传统村落位于此经度带。72 个村落中，内蒙古自治区 2 个、北京市 2 个、河北省 7 个、山西省 23 个、陕西省 2 个、河南省 2 个、湖北省 2 个、湖南省 7 个、江西省 7 个、广西壮族自治区 2 个、广东省 14 个、海南省 2 个（见表 26-1）。

1. 人字形山墙所占比例大

选定的两条样带中，传统村落样点数量为 121 个，人字形山墙为 83 个，马头形山墙为 28 个，波浪形山墙为 6 个，一字形山墙为 4 个（见图 26-2），说明人字形山墙是我国传统村落民居山墙的基本类型。在所选出样点村落的 17 个省当中，人字形山墙存在于每一个省。其中四川、贵州、内蒙古、北京、河北、山西、陕西、河南、广西、海南 10 省中，人字形山墙占据绝对的比例，北方省份基本都是人字形山墙。

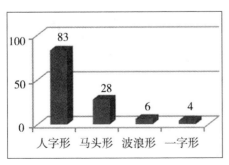
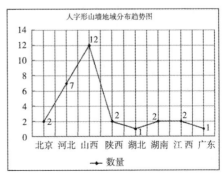

图 26-1　中国传统村落样带样点民居山墙类型统计图

2. 传统民居山墙省域分异明显

依据表 26-1 和图 26-2 我们可以得出，地域之间传统村落民居山墙的地域分异明显。在安徽，马头形山墙是其传统村落民居山墙的主要形式，其墙顶则多二叠或者三叠；而在广东，波浪形山墙则占据了相当大的比例，墙顶为圆弧形，线条优美，变化多样，具有地域代表性；在传统村落较多的山西省，规整的人字形山墙则为其主要的山墙形式，坡度较大；湖南、江西等地则属于混合地带，人字形山墙仍是主体，但是坡度较大，也有部分马头形山墙，其墙顶外端有小幅度起翘，而西部的传统村落民居山墙则多以一字形居多，墙顶规整。

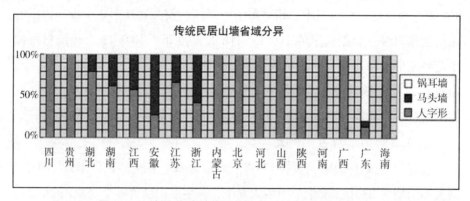

图 26-2　中国传统村落样带样点民居山墙的省域分异

（二）传统村落民居山墙样带的经向分异

1. 传统村落民居山墙西部人字形为主，而东部马头形为主

可以看出，湖南、湖北以西的西部多人字形山墙，以东的东部多马头形山墙，具体来说，114°E 以东的安徽、浙江、江西、江苏等省以及湖北省的大余湾村共计 39 个村落中，马头墙占据了 24 个，人字形山墙 15 个。而该经度以西的 10 个村落中有 8 个人字形山墙，只有四川省的莫洛村为一字形山墙。

2. 自西向东传统村落民居山墙风格趋向多样

根据纬度样带中 49 个样点村落山墙简图（样带南侧）分析可以得出，东部地区的传统村落山墙风格相对中部和西部更为丰富。相对而言，东部的江苏、浙江、安徽等省中的传统村落民居山墙起翘样式多且幅度也不一，马头形山墙也表现出二叠和三叠两种。而相对而言，江西、湖南、湖北、贵州、四川等省中的传统村落，其马头形山墙的村落不多，人字形山墙也格调相对单一，起翘幅度小。

（三）传统村落民居山墙样带的纬向分异

1. 传统村落民居山墙北方多人字形，南方多马头形

可以看出，湖北以北的北部多人字形山墙，以南的南部多马头形山墙，具体来说，秦岭淮河以北的河南、山东、河北、山西、北京、天津、内蒙古共计45个传统村落中，人字形山墙占据了44个，一字形山墙仅1个。秦岭淮河以南的32个传统村落中，有8个马头形山墙，只有广东省的自力村为一字形山墙。

2. 自北向南传统村落民居山墙风格趋向多样

根据经度样带中72个样点村落山墙简图（样带右侧），分析可以得到，在样点相对集中的山西省，其传统村落山墙均为人字形山墙，起翘幅度小。而在样点相对集中的广东省，其传统村落民居山墙风格多样，有普通的人字形山墙，但是其起翘幅度大，顶角角度小；而广东省的锅耳墙更是灵活多变，独具特色。

四、传统村落民居山墙样带分异的原因分析

我国地域辽阔，传统村落民居山墙有着明显的空间分异，形成这些空间差异的因素是多种多样的，我们可以从自然环境条件、地域文化背景、经济发展水平、社会制度影响四个方面进行分析。

（一）自然环境条件

自然地理要素相互作用，综合对中国传统村落民居山墙产生影响，尤其是气候条件。我国处于亚洲东部，东接大海，西入内陆，自然环境特征差异明显，大部分地区降水明显，因此，人字形山墙普遍分布。西北部深入内陆，属于大陆性气候，降水较少，多一字型山墙。我国东部受太平洋的影响，属于典型的季风气候区，降水较多，多人字形山墙，其中南方又比北方降水更多，因此，南方人字形山墙的坡度较陡，北方人字形山墙的坡度较平缓。而东南沿海还经常受到台风的影响，因此波浪形山墙有利于

防风。所以，从所选样带的 121 个样点村落中，处于北方的村落民居山墙以人字形为主，格调单一，处于南方的村落其民居山墙风格多样，如广东省的锅耳形山墙，安徽的马头墙，四川的平顶一字山墙。南方的人字形山墙顶角坡度比北方要大，主要为了适宜南方多雨的天气。

（二）地域文化背景

我国历史文化悠久，地域文化分异显著，有秦晋文化、荆楚文化、吴越文化等各种不同的文化，在不同的文化区中，其居民的文化习俗和思想观念也有不同。如广东靠近东南亚，有不少当地居民下海活动，文化的交流也给当地的建筑带来了外来的风格，其传统村落民居山墙独具特色，波浪形山墙是其地域文化的重要代表；徽商在我国近代影响很大，徽商文化影响深远，其所营造的建筑也独具特色，所以在徽派建筑影响较为集中的安徽、江西、浙江马头形山墙是其山墙的主要类别；山西自古便是我国重要的商业活动地区，经济实力强大，其民风淳朴，所以体现在其传统民居上的是那种大气厚重，所以山墙为比较单一的人字形山墙。

（三）经济发展水平

不同种类的传统民居山墙其各自形成的历史时间是不同的，人字形山墙历史最为悠久，而另外三种的形成时间较为晚，长久植根于传统自然经济的社会模式，人们生活及生产力的发展都比较慢，人字形山墙形成后一直处于广泛的应用中。传统村落民居山墙也具有美观的功能，随着我国经济发展重心的南迁和东移，中国东西的经济梯度逐渐明显，南北的经济差异也逐渐形成。经济实力的上升使得人们有更多的文化追求，对于有浓郁家庭情怀的老百姓花费大量的钱财建筑和装饰房屋，徽州人经商后在家乡大量修筑马头形山墙就是典型，而广东则建筑了装饰性更强的锅耳形山墙。

（四）社会制度影响

传统的科举制度在形成后对中国封建社会的影响是十分深远的，传统的小农经济加上科举考试形成的耕读模式在传统村落民居山墙的上体现的也是淋漓尽致。封建的阶级社会思想，尊卑有序的传统观念，体现在传统村落民居山墙的各个部分。因此，总体来看，中国传统村落民居山墙是比较规整有序的，就是叠置型的山墙也是规规矩矩的二叠或者三叠，随着离政治中心越来越远，其山墙会有一定程度的起翘，最明显的就是广东沿海一带的波浪形山墙。传统村落民居山墙的颜色也大多以灰色和白色为主。

作品评析：

2012 级人文地理与城乡规划专业的周健同学说大学期间没有参加什么课外学习活动，找到我希望能够参加一些这样的项目，因为当时正在申请大学生研究性学习项目，于是我就将一个传统村落民居山墙分异的题目给他。没有想到的是这个同学非常认真，经过一段时间的刻苦钻研，基本完成了这项任务。选取位于 110°E—116°E 和 28°N—32°N 两条样带中的 121 个传统村落作为研究对象，运用中国传统村落申报资料、文献资料、网络资料和实地调研资料，对样带内样点村落民居的山墙进行类型划分并分析其空间分异。发现了：①传统民居山墙可以分为人字形、马头形、锅耳形、一字形 4 大类 9 小类；②人字形山墙是中国传统村落民居山墙的主要类型；③从北往南、从西往东，山墙类型越来越丰富，马头形山墙主要集中安徽、浙江、江西 3 省，波浪形山墙主要分布在广东；④自然环境条件、地域文化背景、经济发展水平、社会制度差异是中国传统村落民居山墙分异的主要原因。总体来看，研究内容比较扎实，问题分析较为深入，数据比价可靠，研究思路清晰，层次结构合理。不足之处：由于时间和精力问题对民居山墙类型的数据实地调查不够深入。是一个比较优秀的研究性学习作品。

第二十七章
渐悟乡土文化的村寨景观地方认同建构

关于"景观"的研究国外开展得比较早。19世纪初，德国地理学家、植物学家 Von. Humboldt 将景观作为一个科学名词引入到地理学中，并解释为"一个区域的总体特征"（Naveh and Lieberman，1984）。随后，美国地理学家索尔（Carl. O. Sauer）在1925年提出了景观的概念[250]。然而，最早将"基因"的概念引入文化景观研究中来的是我国学者刘沛林，他利用生物学上的"基因"概念，提出了文化景观基因的概念，从而开创了聚落文化景观的基因研究。综观近年聚落景观基因的研究，主要集中在5个方面：①景观基因概念研究。②识别方法研究[251]。③景观区系划分研究[252-254]。④景观基因的解译研究[255]。⑤管理技术研究[256-259]。而对地方认同方面的研究，国内外主要关注的是地方与认同关系分析[260-264]、地方认同的特性研究[265-267]、地方认同与权力关系[268]、地方认同维度分析[269-271]和地方认同与国家民族认同的关系[272-278]5个方面。纵观聚落景观基因研究和地方认同研究，尚不存在景观基因的地方认同界定研究和构建基于理论模型检验地方认同的维度差异及景观基因差异研究。从文化地理学和环境心理学的角度，以鼓楼为切入点，分析基于景观基因认同建构的维度和各维度测量语句项。以此为基础构建基于景观基因的地方认同的理论模型和结构方程模型，研究基于景观基因的地方认同建构的积极作用、维度差异如何，从而为提高聚落文化遗产保护的有效性提供参考。

一、研究方法与数据来源

芋头古侗寨位于县城西南9千米的芋头村，由下寨、中寨、牙上3个寨组成，占地约 11.6 万平方米，约 150 户 800 人。该村寨始建于明洪武年间，至 2010 年已有 600 多年历史，清顺治年间（1644）遭火灾，复建后形成以芋头溪流为轴线向两边分叉布置的 7 个聚居群。清乾隆四十二年（1777）建芋头廻龙桥、牙上鼓楼、龙氏鼓楼。清道光、光绪年间分别修建田牛鼓楼、芦笙鼓楼、龙门及维修古驿道街道等等。于 2001 年 6 月 21 日被国务院公布为第五批全国重点文物保护单位。2007 年被评为首批中国景观村落。2012 年 11 月 17 日，包括湖南省绥宁县、通道侗族自治县，广西壮族自治区三江侗族自治县，贵州省黎平县、榕江县、从江县在内的三省（区）六县联合提交的侗族村寨申报项目，成功通过评审，列入最新《中国世界文化遗产预备名单》。

（一）景观基因确定

从文化认同的角度深入剖析侗族文化以及芋头古侗寨的地方传统文化，依据内在唯一性、外在唯一性、局部唯一性、总体优势性的景观基因识别原则，运用元素提取、图形提取、结构提取、含义提取等常用的景观基因的识别方法，最后确定鼓楼为侗族村寨的景观基因。

（二）研究方法

将基于景观基因的地方认同分为认知、情感和行为意向 3 个维度。认知维度可从景观特性、功能作用和文化特性 3 个方面测量，情感维度可从愉悦感、归属感和自豪感 3 个方面测量，行为意向维度可从活动次数、推荐意愿和维护意愿 3 个方面测量，然后将各景观基因的地方认同维度的各方面用一系列语句项进行测度。并结合景观基因和地方认同的相关理论，拟定两个研究假设（景观基因对地方认同构建存在积极正向作用，景观基因对地方认同建构存在维度差异），然后构建景观基因对地方认同建构的理论模型。根据问卷调查和访谈数据，利用 SPSS 软件分析景观基因对地方认同构建的因子载荷，并利用 AMOS 软件构建景观基因对地方认同建构的结构方程模型。

（三）数据来源

我们要基于调查问卷和访谈展开，于 2013 年 7 月在芋头侗寨现场进行，由当地村寨居民填写并当场收回。问卷内容主要有四部分，第一部分是被调查者的个性特征，包括人口统计学特征（年龄、性别、职业、文化程度）、居住时间、家族姓氏和居住寨子等基本性问题；第二部分是当地村寨居民对景观基因的地方认同的感知维度问题；第三个部分是对当地村寨居民对景观基因的地方认同的认知与情感维度问题；第四部分是对当地村寨居民对景观基因的地方认同的行为意向的维度问题。问卷内容的四部分均采用五进制李克特量表测量。共发放问卷 120 份，收回问卷 114 份，问卷回收率为 95.00%，其中有 101 份有效问卷，有效率为 84.17%。对所得问卷采用社会经济学统计软件 SPSS 和结构方程模型 AMOS 分析。研究的 101 份样本中，男性占 48.51%，女性占 51.49%；年龄以 15—24 岁和 24—35 岁人数最多，分别占有效样本的 25.74% 和 32.68%。教育水平以小学和初中学历最多，均占有效样本的 34.65%，其次是高中学历和无学历人数，分别占有效样本的 14.86% 和 11.88%；职业以务农比例最大，占 57.43%，其次是兼业（14.85%）和无职业（12.84%）；当地村寨居民在此地居住时间以 20 年以上的比例较大，占有效样本的 62.38%；居住寨子分为上中下三个部分，分别占有效样本比例为 32.67%、35.74% 和 31.69%。

二、景观基因对地方认同的建构作用

景观基因对地方认同到底有何作用，我们可以通过模型的方法进行研究，从概念模型到数学模型。

（一）景观基因对地方认同建构的作用模型

结合聚落景观基因与地方认同的有关研究以及鼓楼景观感知、认同语句项的因子分析，划分鼓楼景观感知维度为鼓楼感知 1 项，鼓楼景观认同维度分为景观认知、情感依恋和行为意向 3 项。构建鼓楼景观基因对地方认同构建作用的结构方程模型，共提出两个总体研究假设，细化为 5 个研究假设（见图 27-1）。

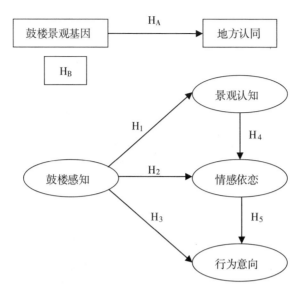

图 27-1　鼓楼景观基因对地方认同构建作用的结构模型

H_A：鼓楼景观基因对地方认同构建存在积极正向作用。

H_B：鼓楼景观基因对地方认同建构存在维度差异。

H_1：鼓楼景观基因感知维度对景观认知维度存在积极作用。

H_2：鼓楼景观基因感知维度对情感依恋维度存在积极作用。

H_3：鼓楼景观基因感知维度对行为意向维度存在积极作用。

H_4：鼓楼景观基因景观认知维度对情感依恋维度存在积极作用。

H_5：鼓楼景观基因情感依恋维度对行为意向维度存在积极作用。

（二）景观基因认同结构方程模型构建

基于鼓楼景观基因对地方认同构建作用的理论模型以及各维度的感知、认同特征，建立结构方程模型（见图 27-2）。其中，包括一个外生潜变量（鼓楼感知）和三个内生潜变量（景观认知、情感依恋、行为意向）。模型通过设计测量语句项对潜在变量进行测度，其中鼓楼感知维度测量语句项包括景观特征、功能作用、文化特性 3 个方面，景观认知维度测量语句项包括独特景观、重要景观、一般景观 3 个方面，情感依恋维度测量语句项包括愉悦感、归属感、自豪感 3 个方面，行为意向维度测量语句项包括活动次数、推荐意愿和维护意愿 3 个方面。

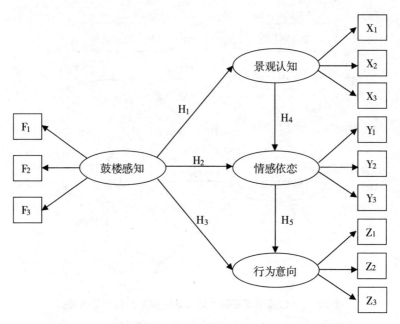

图 27-2　鼓楼景观基因对地方认同构建作用的结构方程模型

（三）景观基因认同测量模型检验

信度，即可靠性，表现为检验结果的一贯性、一致性、再现性和稳定性。效度，即测量的有效度和准确度，表现为测量工具或测量手段能够准确测出所要测量变量的程度。

芋头侗寨居民调查问卷中包含 6 个鼓楼景观基因感知测量语句项和 8 个鼓楼景观基因认同测量语句项，利用 spss 软件中分析模块中的信度分析和因子分析功能，对问卷进行信度和效度分析。

通常 Cronbach α 系数的值在 0 和 1 之间。如果 X 系数不超过 0.6，一般认为内部一致信度不足；达到 0.7—0.8 时表示量表具有相当的信度，达 0.8—0.9 时说明量表信度非常好。信度分析测量结果显示，鼓楼景观基因对地方认同建构作用量表的克朗巴哈系数为 0.890，说明调查表的信度非常好。对于问卷的效度，采用 KMO 检验和 Bartlett 球形检验进行检验。一般认为，KMO 指数值大于 0.5，表示合适，Bartlett 球形检验统计量较大，则可适用。检验结果显示，鼓楼景观基因对地方认同建构作用量表的 KMO 为 0.871，统计量为 640.769，sig＝0.000，表明量表的结构效度很好。

(四) 景观基因认同结构模型验证分析

通过极大似然估计法对模型的路径系数进行估计, 结果显示, 鼓楼景观感知维度对景观认知维度有积极作用, 其系数为 0.53。鼓楼景观感知维度对情感依恋维度有积极作用, 其系数为 1.56。鼓楼景观感知维度对行为意向维度有强烈的积极作用, 其系数为 8.16。景观认知维度对情感依恋维度仅具有微弱的积极作用, 其系数为 0.05。情感依恋维度对行为意向维度具有消极作用, 其系数为−4.42 (见图 27-3)。

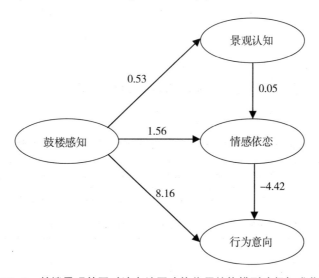

图 27-3 鼓楼景观基因对地方认同建构作用结构模型路径标准化解

对居民鼓楼景观基因对地方认同建构作用的结构方程模型进行拟合度检验。其中, 卡方自由度比 X^2/df 为 2.65, 符合标准。近似误差均方根 RMSEA (root mean square of approximation) 为 0.128, 不符合标准。相对拟合指数 CFI (comparative fix index)、增值拟合指数 (increamental fix index)、规范拟合指数 NFI (normed fit index) 和非规范拟合指数 TLI (non-normed fix index) 分别为 0.867、0.871、0.807 和 0.821, 已经非常接近标准值, 相关拟合指数 RFI (relative fit index) 只有 0.740, 与标准偏离较大。模型的拟合状况并不理想, 但是整个模型的 p 指小于 0.001, 具备显著性 (见表 27-1)。

表 27-1　鼓楼景观基因对地方认同建构作用结构模型整体拟合指数

拟合指数	X^2/df	RMSEA	NFI	RFI	TLI	CFI	IFI	PNFI	PCFI
标准	<5	<0.1	>0.9	>0.9	>0.9	>0.9	>0.9	>0.5	>0.5
指数值	2.65	0.128	0.807	0.740	0.821	0.867	0.871	0.599	0.644

（五）景观基因认同结构方程模型修正

依据上文机构模型检验结构及相关理论基础，对鼓楼景观基因对地方认同建构作用结构模型进行修正。添加 e1 和 e10、e2 和 e5、e3 和 e4、e3 和 e8、e4 和 e6、e4 和 e10、e7 和 e8、e7 和 e12，e7 和 e15、e10 和 e12、F3 和 Z1 的相关关系。

修正后的结构模型与修正前的结构方程模型相比，拟合度较高，各项拟合指数均符合标准要求。具体的拟合指数可参见表 27-2。

表 27-2　鼓楼景观基因对地方认同建构作用结构模型整体拟合指数（修正后）

拟合指数	X^2/df	RMSEA	NFI	RFI	TLI	CFI	IFI	PNFI	PCFI
标准	<5	<0.1	>0.9	>0.9	>0.9	>0.9	>0.9	>0.5	>0.5
指数值	符合	0.013	0.943	0.900	0.998	0.999	0.999	0.543	0.575

结果显示鼓楼感知维度对景观认知维度有积极作用，其系数为 0.67。鼓楼感知维度对情感依恋维度有积极作用，其系数为 1.41。鼓楼感知维度对行为意向维度有积极作用，其系数为 1.20。景观认知维度对景观认知维度仅具有微弱的积极作用，其系数为 0.22，并不具备显著性。情感依恋维度对行为意向维度也仅有微弱的消极作用，其系数为 -0.20，同样不具备显著性（见图 27-4）。

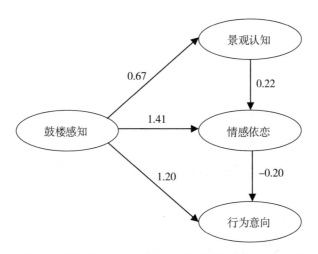

图 27-4　鼓楼景观基因对地方认同建构作用结构模型路径标准化解（修正后）

（六）研究检验结果

对于上文中提出的 5 个研究假设，有 3 个研究假设是成立的（H1、H2、H3），2 个研究假设不成立（H4、H5）。由此可见，鼓楼景观基因对地方认同的建构存在积极的正向作用。可见，加强芋头古侗寨居民对鼓楼的感知，可以有效增强居民对地方的认同程度。但是，鼓楼感知维度对地方认同的建构作用具有维度差异，其对景观认知、情感依恋、行为意向 3 个维度的作用大小是不同的，对情感依恋维度的作用最大，对景观认知维度的作用最小（见表 27-3）。虽然景观认知维度对情感依恋维度作用以及情感依恋维度对行为意向作用不够显著，但仍具有研究意义。

表 27-3　研究假设检验结果

序号	研究假设	检验结果
1	H_A：鼓楼景观基因对地方认同构建存在积极正向作用。	成立
2	H_B：鼓楼景观基因对地方认同建构存在维度差异。	成立
3	H_1：鼓楼景观基因感知维度对景观认知维度存在积极作用。	成立
4	H_2：鼓楼景观基因感知维度对情感依恋维度存在积极作用。	成立
5	H_3：鼓楼景观基因感知维度对行为意向维度存在积极作用。	成立
6	H_4：鼓楼景观基因景观认知维度对情感依恋维度存在积极作用。	不成立
7	H_5：鼓楼景观基因情感依恋维度对行为意向维度存在积极作用。	不成立

通过对景观基因对地方认同建构作用测度的研究，表明景观基因对促进地方认同的构建具有积极正向的作用，景观基因使得村寨具有更强的可意象性，增强了居民的地方认同感。但是景观基因对地方认同的影响具有维度差异性，对情感依恋维度作用最大，对景观认知维度作用最小。因此在构建过程中应当对不同地方认同维度区分对待，提高建构地方认同工作的针对性。此外，地方认同的不同维度之间并没有显著联系，景观认知维度对情感依恋维度以及情感依恋维度对行为意向维度都没有显著的作用。

运用建立结构方程模型测度的方法可以将景观基因对地方认同建构的影响以及不同景观基因维度对地方认同建构的影响进行量化，识别出对地方认同建构有较大作用的景观基因与景观基因维度，从而提高聚落文化遗产的有效性。这次研究只是对景观基因对地方认同建构作用测度的初探，仍有许多有待深化拓展之处，比如不同景观基因对地方认同建构作用的差异研究，景观基因对地方认同的建构机理是什么，以及景观基因视角下，影响地方认同建构作用的因素研究都可以考虑利用结构方程模型实现，值得在未来不断地深入探讨。

作品评析：

2011级人文地理与城乡规划专业的胡景强同学说大学前两年没有参加什么课外学习活动，希望后两年能够做点实事，找到我希望能够参加一些这样的项目，因为当时我正在做博士论文，于是就给了一个传统村落景观基因感知与认同的题目给他。没过多久，他就写出了基本提纲，于是我与他共同讨论和设计调查问题卷，初稿完成后就申请了大学生研究性学习项目。在地方认同建构中，景观是基本元素，社会文化和政治过程塑造了景观及其象征意义，而人的体验和精神也体现在景观上。因此，景观基因的地方体验和精神对地方认同建构具有重要作用。即从文化地理学和环境心理学的角度，针对景观基因对地方认同建构作用，选取鼓楼为景观基因研究对象，选取通道侗族自治县芋头古侗寨为研究区域，采用问卷发放的方式获取数据，再用李克特五点量表法对数据进行处理，并提出研究假设。然后运用AMOS软件建构景观基因对地方认同建构作用的结构方程模型，修正模型获取结构模型路径系数，从而对研究假设进行验证。结果显示景观基因对地方认同建构具有积极的正向作用，但是建构作用存在维度差异，对情感依恋维度建构作用最强，对景观认知维度建构作用最弱。此外，地方认同的不同维度之间并没有显著联系，景观认知维度对情感依恋维度以及情感依恋维度对行为意向维度都没有显著的作用。总体来看，研究内容比较扎实，问题分析较为深入，数据比较可靠，研究思路清晰，层次结构合理。不足之处：对于景观基因感知与认同的维度设计不够细致。是一个优秀的研究性学习作品。

第二十八章
渐悟乡土文化的传统村落居民地方认同

    德国地理学家冯·洪堡特最早在地理学领域研究中提出景观基因，认为是一个地域范围内的总体特征[279]，然后索尔在 20 世纪 20 年代将景观概念的阐释为"人类为了某种目的利用自然环境景观创造的非自然、人工的结果"[280]，中国学者刘沛林最早在我国文化景观中提出可以从"基因"的角度研究当地的景观，认为"文化景观基因是某个区域文化组成的基本单元，是区别不同文化之间最主要的指标"，并提出了识别文化景观基因的唯一性原则和总体优势性原则[281-282]。1970 年，地理学家段义孚将某个地域与人之间有特殊的情感依恋关系解释为恋地情结[282]。1976 年，Relph 提出地方性含义主要是在某个地域范围内的组成物质和它所赋予的现实功能、代表意义，地方代表意义主要是包含了人赋予地域范围内的思想、文化、价值、功能、象征意义等[283]，唐跃文提出地方认同是某个地域范围内人对当地的主观感知和认知[284]，李迎春则认为地方认同是人们对当地产生个人富有情感的体验，使人从内心产生对当地的认同感[285]。目前关于传统聚落景观基因和地方认同已经取得一定研究成果[286-293]，从景观基因视角对地方认同建构作用的研究很少。希望对景观基因视角的地方认同建构作用做一些探索，从而为历史传统村落保护和景观建设提供科学借鉴。

一、景观基因识别与确定

    中田村地处湖南省衡阳市常宁市庙前镇，传统建筑面积达 14000 多平方米，保留古代民居建筑 100 多幢，民居建筑的天井 200 多个，古巷道 108

条，排水系统完整，是湖南省传统村落中整体建筑形态保存比较完整、建筑规模大，且拥有独特的地方文化历史的明清古建筑群。为了识别中田村的景观基因，根据刘沛林在景观基因的表达与识别方法[294]，从建筑特征、文化特征、环境因子、布局形态等角度建立了四大类15项指标的中田村传统村落景观基因识别指标体系（见图28-1）。

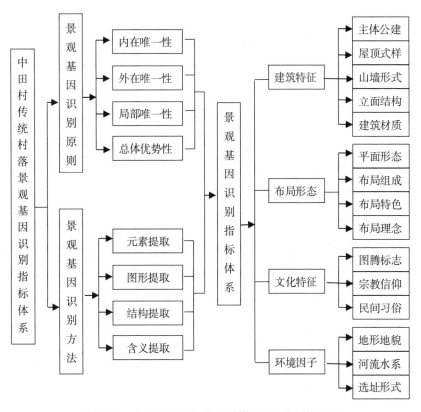

图28-1　中田村传统村落景观基因识别指标体系图

根据中田村传统村落景观基因识别原则、识别方法、识别指标体系、识别流程，提取出中田村传统村落主体基因为防御基因。中田村传统村落尚武文化、防御精神世代相传，其中武书房和文书房的遗址仍然保留，民居碉房建筑的开窗形态外小内大等无不体现了古代严密的军事防御，尚武文化、防御精神在中田村传统村落中的建筑特色、空间布局、文化、环境因子中得到很好的体现（见表28-1）。

表 28-1　中田村传统村落景观基因识别结果

类别	基因	特征
建筑	碉房 烽火墙 窗户	碉房以砖木结构为主、青砖砌墙、墙面开窗少且窗户十分狭小、硬山顶、巷面多安有槛窗、整体布局形式为方形，形成碉堡，防御作用强
布局	形态 古石巷 环村溪流	整个古民居坐南朝北依照地势而建，108 条窄巷穿插于碉房之间形成中田村棋盘式整体布局形式，其巷道只有 40 厘米宽，古巷道的石栓洞，在古代晚上用栅栏放在石栓洞能使整栋古民居的防御功能加强。竹山堰环绕村而过，其选址古村落的环村溪流就类似与护城河，提高整个村落防御水平
文化	尚武精神 棋局文化 风水思想	明朝洪武时期中田村的始祖奉旨在此实行军屯并建立了卫所制度，逐渐演变为忠诚爱国的尚武文化。刻在石板上或者地上的十字棋、九子棋、象棋图、军旗图等，棋局寓意便是那种浓郁的尚武文化和精神。《李氏族谱》记载：月光塘修筑弓形，古巷为箭与对面山相冲对，风水道理都蕴含着军事防御、尚武精神
环境	猪形山 月光塘 傍水环水	营造理想的人居环境，村落的选址与布局以"靠山面水建屋，傍水环水结村"为基本原则，巧妙地将民居建筑融合于大自然的山水之中，月光塘环村溪流就类似与护城河，翠微峰形似猪如一个小巧的森林公园，是村落的天然防御屏障，能大大提高了中田村的安全性

二、数据来源与处理

研究数据主要来源于发放调查问卷和实地调查获得，调查问卷包括中田村的景观基因、地方认同、个人特征和社会经济因素 4 个方面内容，其中景观基因可从布局、建筑、环境、文化 4 个方面测度，地方认同分为景观认知、情感依恋和行为意向三个维度。于 2015 年 8 月和 10 月先后两次在衡阳市常宁市庙前镇中田村现场进行，由中田村居民及其游客填写并当场收回。在中田村调查区域共发放了调查问卷总数量 120 份，一共回收问卷总数量 113 份，问卷回收率达到 94.2%，通过整理问卷剔除字迹模糊、回答不完整问卷得到有效问卷 105 份，则有效答卷率达到 87.5%。问卷内容第一部分为：个人特征调查（如年龄、性别、是否本地出生、居住时间）；第二部分为：社会经济调查（如教育程度、职业、年收入［万］、收入来源）；第三部分为：主体基因防御基因调查（如碉房、古石巷、环村溪流、靠山傍水、尚武精神四大类）；第四部分为：地方认同调查（如景观认知、情感依恋、行为意象）。问卷调查内容四个部分采用李克特五分制量表，并对调查问卷数据采用 SPSS16.0 统计。基于中田村调查数据样本，对个人特征和社会经济两个维度基本情况进行数据统计分析可知（表28-2），被调研者男女比例基本上接近 1:1 的比率，并且被调研者大多数都是当地居民或者当地商人，近一半居住时间在 30 年以上、文化水平低、以务农务工中年人为主体。

表28-2　样本基本情况

项目	调查内容	所占比重	项目	调查内容	所占比重
性别	男	52.0%	是否本地出生	是	55.8%
	女	48.0%		否	44.2%
年龄	30 岁以下	14.1%	居住时间	15 年以下	31.0%
	31—50 岁	62.0%		16—30 年	22.1%
	51—70 岁	20.4%		31—45 年	11.5%
	71 岁以上	3.5%		46 年以上	35.4%
文化程度	无	8.0%	职业	无	12.4%
	小学	21.1%		个体户	18.0%
	初中	40.0%		学生	6.2%
	高中	18.6%		务工务农	51.0%
	本科大专	12.3%		企事业单位员工	12.4%
工作是否稳定	是	79.6%	收入来源	无	9.0%
	否	20.4%		个体经营	17.7%
工资状况（万）	1 万以下	21.3%		父母	6.2%
	1 万—2 万	15.0%		务工和农业经营	55.0%
	2 万—3 万	19.4%		绩效分配	12.1%
	3 万—4 万	16.0%			
	4 万以上	28.3%			

三、景观基因视角下地方认同建构的模型建构

景观基因视角下，地方认同如何建构，可以运用模型的方法进行研究，从理论模型到结构方程模型。

（一）景观基因视角下地方认同建构的理论模型构建

利用 AMOS 结构方程模型对景观基因视角下地方认同进行研究，将防御基因、个人特征、社会经济因素、地方认同作为潜变量，由潜变量构建中田村传统村落防御景观基因、个人基本特征、社会经济对地方认同构建作用的理论模型，共提出 3 个研究假设（见图 28-2）。

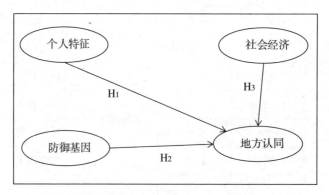

图 28-2　景观基因对地方认同建构作用理论模型构建图

H1 中田村传统村落个人特征对中田村传统村落地方认同存在积极作用。

H2 中田村传统村落防御基因对中田村传统村落地方认同存在积极作用。

H3 中田村传统村落社会经济对中田村传统村落地方认同存在积极作用。

（二）景观基因视角下地方认同建构的结构方程模型

为了分析景观基因视角下地方认同建构的作用效应，利用 AMOS7.0 软件，建立个人特征、社会经济、防御基因、地方认同 4 个测量模型（见表 28-3）。

表 28-3　测量模型变量说明表

模型	潜变量	测量变量	变量编码说明
测量模型 1	个人特征因素	性别	男＝1、女＝2
		年龄	30 岁以下＝1、31—50 岁＝2、51—70 岁＝3、71 岁以上＝4
		是否本地出生	是＝1、否＝2
		居住时间	15 年以下＝1、16—30 年＝2、31—45 年＝3、46 年以上＝4
测量模型 2	社会经济因素	文化程度	无＝1、小学＝2、初中＝3、高中＝4、大专本科＝5
		职业	无＝1、个体户＝2、学生＝3、务农务工＝4、企事业单位员工＝5
		年收入（万）	1 万以下＝1、1 万—2 万＝2、2 万—3 万＝3、3 万—4 万＝4、4 万以上＝5
		工作是否稳定	是＝1、否＝2
		收入来源	无＝1、个体户＝2、学生＝3、务农务工＝4、企事业单位员工＝5
测量模型 3	防御基因	建筑基因	不清楚＝1、不太清楚＝2、一般＝3、比较清楚＝4、非常清楚＝5
		布局基因	不清楚＝1、不太清楚＝2、一般＝3、比较清楚＝4、非常清楚＝5
		环境基因	不清楚＝1、不太清楚＝2、一般＝3、比较清楚＝4、非常清楚＝5
		文化基因	不清楚＝1、不太清楚＝2、一般＝3、比较清楚＝4、非常清楚＝5
测量模型 4	地方认同	基因认知	不认同＝1、不太认同＝2、一般＝3、比较认同＝4、非常认同＝5
		情感依恋	没有＝1、不太强烈＝2、一般＝3、比较强烈＝4、非常强烈＝5
		行为意象	不愿意＝1、不太愿意＝2、一般＝3、比较愿意＝4、非常愿意＝5

基于中田村传统村落防御基因、个人特征、社会经济对地方认同构建

作用的测量模型、理论模型，进而利用 4 个测量变量模型构建景观基因视角下地方认同构建的结构方程模型（如图 28-3）。

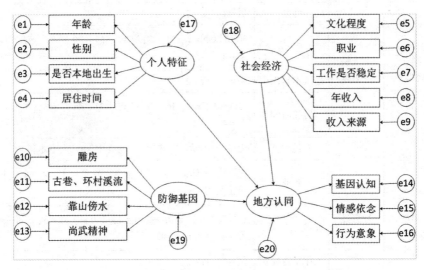

图 28-3 景观基因视角下地方认同建构的结构方程模型

（三）景观基因视角下地方认同建构的模型检验

利用 AMOS 软件对景观基因视角下地方认同建构的结构方程模型进行极大似然估计法进行检验，结果发现：社会经济测量模型和防御基因测量模型对地方认同测量模型的路径系数均未达到显著性要求，村落个人特征测量模型对地方认同测量模型的路径系数达到显著性要求。运用绝对拟合指数 RMSEA、相对拟合指数 CFI、规范拟合指数 NFI、非规范拟合指数 TLI 等指数对结构方程模型进行拟合度检验，结果发现：相对应指数分别为：0.244、0.317、0.293、0.253（见表 28-3），均未达到标准值参数，表明模型拟合度差，需要对理论模型进行修正。

（四）景观基因视角下地方认同建构的模型修正与拟合

根据前述分析结果对景观基因视角下地方认同建构的理论模型和结构方程模型进行修正与拟合，修正后的地方认同建构作用结构模型（如图 28-4）所示，其中个人特征、社会经济通过对防御基因的简介对地方认同实现影响，检验发现测量模型的绝对拟合指数 RMSEA0.074<0.09、相对拟合指数 CFI0.932>0.9、规范拟合指数 NFI0.911>0.9、非规范拟合指数 TLI 0.966

>0.9 均达到拟合指数标准，路径系数均达到显著性要求，说明模型整体拟合良好（见表 28-4），研究假设 H1、H2 和 H3 的路径系数分别为 0.42、0.56 和 0.98，表明均存在积极正向作用（见表 28-5）。

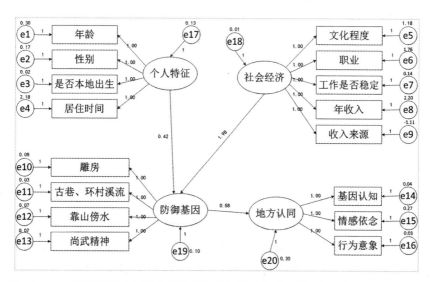

图 28-4　景观基因视角下地方认同建构作用的结构方程模型修正模型路径分析图

表 28-4　中田村景观基因视角下地方认同修正后结构方程模型整体拟合指数表

拟合指数	RMSEA	NFI	TLI	CFI	IFI	GFI	AGFI
标准	<0.09	>0.9	>0.9	>0.9	>0.9	>0.8	>0.7
指数值	0.074	0.911	0.966	0.932	0.964	0.902	0.789

表 28-5　修正后模型研究假设检验结果表

序号	研究假设	检验结果
1	H1：中田村传统村落个人特征对中田村传统村落防御基因存在积极作用	成立
2	H2：中田村传统村落防御基因对中田村传统村落地方认同存在积极作用	成立
3	H3：中田村传统村落社会经济对中田村传统村落防御基因存在积极作用	成立

通过对常宁市庙前镇中田村的案例研究表明：景观基因视角地方认同建构可以进行模拟，运用 AMOS 软件可以对景观基因视角下地方认同建构进行测度，地方认同建构中，个人特征因素、社会经济因素、景观基因认知都有作用且存在一定差异。年龄、性别、居住时间、本地出生对个人特

征潜变量反应能力较强，职业、文化程度、收入对社会经济潜变量反应能力较强，建筑布局、文化对防御基因潜变量反应能力较强，由这些不同潜变量对地方认同构成直接或间接影响。但是，景观基因视角下地方认同建构的机制是什么，如何通过景观基因视角下地方认同建构的模型揭示其机制对提高传统村落景观的保护尤为重要，是下一步研究的方向。

作品评析：

2012级人文地理与城乡规划专业的杨浩、代晓莹和石凯霞3位同学一直想参加大学生课外学术活动，找到我希望能够给一个题目给他们，结合当时博士期间研究方向，于是就给了这个关于景观基因地方认同建模的题目给他们。他们接到题目后，积极行动，但是中途有点耽误，最终还是申请了大学生创新训练项目。随着中国社会经济的发展，人口流动加剧，地方认同问题日益突出。从景观基因视角，选取常宁市庙前镇中田古村为研究对象，对地方认同构建的模型进行研究，在问卷调查、实地访谈的基础上，运用五点量表法对获取基本数据进行处理，然后运用SPSS和AMOS软件进行模型检验、修正。结果发现：①中田村主体景观基因为防御基因，建筑、布局、文化、环境等各个方面都有体现；②在地方认同作用模型中，防御基因对地方认同产生作用最大；③相对于个人特征因素、社会经济因素对防御基因影响程度大。总体来看，研究内容比较扎实，模型建构比较科学，数据比价可靠，研究思路清晰，层次结构合理。不足之处：对于景观基因地方认同的模型创新设计不够。是一个比较优秀的研究性学习作品。

参考文献

［1］郭晓鸣.乡村振兴战略的若干纬度观察［J］.改革，2018（3）：54—61.

［2］王华斌.乡土文化传承：价值、约束因素及提升思路［J］.理论探索，2013（2）：12—14.

［3］张振鹏.新型城镇化中乡村文化的保护与传承之道［J］.福建师范大学学报，2013（6）：16—21.

［4］李军明，向轼.论乡村振兴中的文化重构［J］.广西民族研究，2018（5）：95—103.

［5］高维.乡土文化教育：乡风文明发展根基［J］.教育研究，2018（7）：87—89.

［6］纪德奎，赵晓丹.文化认同视域下乡土文化教育的失落与重建［J］.教育发展研究，2018（2）：22—27.

［7］杨兰.构建乡土教育课程 促进乡村文明回归［J］.教育发展研究，2013（15）：57—61.

［8］赵小凤，黄贤金，陆汝成.资源环境与城乡规划管理专业教学改革探讨［J］.高等农业教育，2009，（7）：58—60.

［9］郭文炯，王玉明.资源、环境与城乡规划管理专业课程体系改革的构想［J］.山西大学师范学院学报，2000（2）：77—80.

［10］邹家红，袁开国，刘艳.资源环境与城乡规划管理专业课程体系构建与优化［J］.湘潭师范学院学报（自然科学版），2006，28（1）：110—113.

［11］吴云清，张莉.资源环境与城乡规划管理专业创新立体化模式的思考

[J].地理教育，2006（6）：73—74.

[12] 宋戈，袁兆华.资源环境与城乡规划管理专业人才培养问题的探索
「J].东北农业大学学报（社会科学版），2005（32）：81—82.

[13] 陈健.非 GIS 专业地理信息系统课程试验教学研究初探——以资源环境
与城乡规划管理专业为例「J].南京晓庄学院学报，2005（6）：
21—22.

[14] 许光泉，陈要平，李小龙.资源环境与城乡规划管理专业生产实践的探
讨［J].资源产业，2005（4）：85—88.

[15] 俞晓莹，王春兰，董力三.资源环境与城乡规划管理专业实践教学探讨
［J].江西电力职业技术学院学报，2006（2）：63—64.

[16] 宁小莉.资源环境与城乡规划管理专业实践教学探讨——以包头师范学
院资源与环境学院为例［J].阴山学刊（自然科学版），2007（3）：
112—114.

[17] 覃事娅.资源环境与城乡规划管理专业分散型毕业实习模式探讨［J].
湖南财经高等专科学校学报，2008（5）：78—80.

[18] 牛健植，朱清科.资源环境与城乡规划管理专业"地质与地貌学"课
程教学体系构建与教学方法改革初探［J].中国林业教育，2005（5）：
52—54.

[19] 万大娟.资源环境与城乡规划管理专业《环境学概论》课程教学改革
研究［J].当代教育论坛（学科教育研究）.2008（11）：16—17.

[20] 郑拴宁.数字城市建设——21 世纪资源环境与城乡规划管理专业就业
与发展的最佳方向［J].湘潭师范学院学报（社会科学版），2007，29
（1）：50—52.

[21] 李松志，丁侃.城乡规划管理专业课程体系优化的探讨［J].管理观察，
2008（19）：29—31.

[22] 王如渊，翟有龙.对我国高等院校资源环境与城乡规划管理专业培养模
式的思考［J].西华师范大学学报，2007（1）：78.

[23] 隋丽华，那玉林.资源环境与城乡规划管理专业教学改革研究［J].阴
山学刊，2008（1）：107.

［24］杨立国.资源环境与城乡规划管理专业人才培养模式优化［C］.高等教育出版社，2009：78.

［25］范强.资源环境与城乡规划管理专业课程体系构建的思考［C］.高等教育出版社，2009：159.

［26］杨妍，李立群.基于应用型人才培养的地方本科院校师资队伍建设策略［J］.职业技术教育，2014（5）：76—79.

［27］张晓旭.地方高校师资队伍建设与优化研究［J］.国家教育行政学院学报，2014（4）：38—42.

［28］张飞龙，张建国.新农村文化建设中的音乐艺术教育师资队伍建设［J］.教育评论，2008（4）：23—25.

［29］施晓秋，刘军."三位一体"课堂教学模式改革实践［J］.中国大学教学，2015（8）：34—39.

［30］蔡红梅，许晓东.高校课堂教学质量评价指标体系的构建［J］.高等工程教育研究，2014，22（3）：19—20.

［31］何朝阳，欧玉芳.美国大学翻转课堂教学模式的启示［J］.高等工程教育研究，2014，28（2）：11—15.

［32］张金磊，王颖，张宝辉.翻转课堂教学模式研究［J］.远程教育杂志，2012（4）：102—104.

［33］王瑞.信息化环境下移动课堂教学模式研究［J］.中国教育学刊，2015（12）：55—57.

［34］顾玉林.基于综合网的"导—学"同步课堂教学模式探索［J］.中国大学教学，2007（8）：124—128.

［35］常虎温.用思想引领课堂　用课堂表达思想——对"学本课堂"教学模式模式的再认识［J］.教育理论与实践，2017（1）：47—49.

［36］王文静.中国教学模式改革的时间探索——"学为导向"综合性课堂教学模式［J］.北京师范大学学报（社会科学版），2012（1）：147—149.

［37］陈健.非 GIS 专业地理信息系统课程试验教学研究初探—以资源环境与城乡规划管理专业为例［J］.南京晓庄学院学报，2005（6）：21—22.

[38] 许光泉，陈要平，李小龙.资源环境与城乡规划管理专业生产实践的探讨 [J].资源产业，2005（4）：85—88.

[39] 俞晓莹，王春兰，董力三.资源环境与城乡规划管理专业实践教学探讨 [J].江西电力职业技术学院学报，2006（2）：63—64.

[40] 宁小莉.资源环境与城乡规划管理专业实践教学探讨—以包头师范学院资源与环境学院为例 [J].阴山学刊（自然科学版），2007（3）：113.

[41] 邓琳.环境与城乡规划管理专业实践教学体系改革 [J].中国现代教育装备，2008（5）：124—126.

[42] 钱红胜，王磊.环境与城乡规划管理专业实践教学体系构建 [J].开封教育学院学报，2010（3）：86—88.

[43] 秦艳.环境与城乡规划管理专业实践教学体系构建——以广西财经学院为例 [J].法制与经济，2012（2）：112—124.

[44] 陆佩华，王英利.环境与城乡规划管理专业实践教学体系的优化 [J].宜宾学院学报，2010（10）：102—104.

[45] 姚志强，胡海文.环境与城乡规划管理专业实践教学体系探讨——以池州学院国家级特色专业建设为例 [J].安徽农业科学，2011（35）：2214—2215.

[46] 骆东奇，邱继勤，罗光莲.环境与城乡规划管理专业实践教学体系探索与实践 [J].高等理科教育，2008（6）：137—138.

[47] 葛耀峥.暑期短学期教学与实践 [J].中国高教研究，2001（3）：76—77.

[48] 王逢贤.学与教的原理 [M].北京：高等教育出版社，2000.（7）：12—23.

[49] 王如渊，翟有龙.对我国高等院校资源环境与城乡规划管理专业培养模式的思考 [J].西华师范大学学报，2007（1）：78.

[50] 李苗.土木工程专业三位一体实践教学模式探索 [J].教育现代化，2016，8（23）：13—15.

[51] 巩新龙，李松林，原松梅.实验、实习、毕业设计三位一体本科实践教学模式的探究 [J].现代教育技术，2012，22（3）：119—120.

[52] 夏丽华，陈颖彪，王芳.“三位一体贯通式”实践教学模式在地理信

息系统专业的教学探讨［J］.测绘通报，2012，28（7）：101—105.

［53］陆佩华，王英利.环境与城乡规划管理专业实践教学体系的优化［J］.
宜宾学院学报，2010（10）：102—104.

［54］潘望远，王旭东.高职院校"三位一体"实践教学模式的构建与思考
［J］.职业技术教学，2013，34（2）：55—57.

［55］欧阳沙，刘建芳.构建"双轮驱动"型经管专业实验教学质量考评体
系［J］.湖南商学院学报，2015，22（2）：124—128.

［56］郎波，樊一娜，黄静.基于"三元循环"的实践教学模式研究［J］.计
算机教育，2016（5）：147—149.

［57］吴重光，程远，余端仪.建立校内仿真实习基地改革生产实习模式
［J］.化工高等教育，1997，8（2）：32—35.

［58］马健生，孙珂.基于课堂观察技术的免费师范生研究型教育实习模式初
探［J］.教师教育研究，2011，23（3）：25—27.

［59］李本俊，孙长海，陈丽坤.以就业为导向建立药学高职多元化实习模式
［J］.辽宁高职学报，2006，8（2）：30—35.

［60］李长庚，孙克辉，盛利元.高校理工类专业生产实习模式改革的探索与
实践［J］.电气电子教学学报，2003，25（6）：12—14.

［61］胡幼常.产学研结合的毕业实习模式探索［J］.中国高校科技，2012
（5）：33—35.

［62］朱小雷.基于调查反馈的本科建筑学专业校企合作实习模式初探［J］.
南方建筑，2014（1）：111—113.

［63］郭志巧.基于真实社会工作服务的项目实习模式——Y高校探索社会工
作专业实习改革的一种有效途径［J］.教育教法探讨与实践，2016
（1）：225—228.

［64］杨梅.重庆罗汉寺建筑装饰艺术研究［D］.重庆：重庆师范大学，2016.

［65］管欣.中国佛教寺庙园林意境塑造手法研究［D］.合肥：合肥工业大
学，2006.

［66］裴沛.鞍山千山文化旅游资源开发研究［J］.合作经济与科技，2018
（19）：38—39.

[67] 杨茜.意义为王：文化产品生产的铁律［J］.湖北社会科学，2018
（10）：38—43.

[68] 龚永新，蔡世文.丰富茶文化产品，繁荣茶文化经济［J］.经济与社会
发展，2010，8（8）：159—161.

[69] 陈荣.茶文化产品对茶文化经济发展的影响［J］.福建茶叶，2017，39
（8）：45.

[70] 覃海宁.以茶企电商为借鉴　探讨中国传统民俗文化产品的电商教学与
人才培养［J］.福建茶叶，2018，40（11）：71.

[71] 胡秋桂，尹幸芳，谭承军.南岳云雾茶今昔［J］.茶业通报，2014，36
（2）：90—92.

[72] 胡秋桂，胡寅，康松林等.关于对衡茶产业复兴若干问题的思考［J］.
广东茶业，2018（5）：26—28.

[73] 夏良玉.论我国茶文化产业发展战略的选择［J］.福建广播电视大学学
报，2012（2）：69—77.

[74] 南岳区政府.关于南岳茶叶产业发展的调研报告［J］.衡阳通讯，2013
（1）：46—50.

[75] 曾庆辉.南岳茶的由来与传说［J］.茶叶机械杂志，2000（2）：32.

[76] 曹慧，刘换菊.庐山茶文化传承发展的启发思考［J］.农家参谋，2017
（24）：273，276.

[77] 杨载田，王冰，彭惠军.南岳衡山茶文化品牌建设探索［J］.农业考古，
2013（5）：21—24.

[78] 邹鹏.茶产品新媒体营销过程存在的问题及对策［J］.福建茶叶，2018，
40（2）：48—49.

[79] 谭盼.南岳云雾茶营销策略研究［D］.长沙：中南林业科技大学，2014.

[80] 黄玥，翁文峰.茉莉窨城——福州茉莉花茶作为文化产品的实践及探讨
［J］.学术评论，2017（1）：116—120.

[81] 曹帅强，胡最，邓运员.“景观基因”视角的南岳古镇景观特征研究
［J］.衡阳师范学院学报，2012，33（6）：162—166.

[82] 陆琦.岭南园林艺术［M］.北京：中国建筑工业出版社，2004.

［83］刘庭风.岭南园林：广州园林［M］.上海：同济大学出版社，1999.

［84］王爱平，周尚意，张姝玥，等.关于社区地标景观感知和认同的研究［J］.人文地理，2006（6）：124—128.

［85］辛福森，黄成林.徽州传统聚落景观基因识别及其分析［J］.黄山学院学报，2012（1）：1—8.

［86］Adobe Acrobat. *Tangible and Intangible Heritage*：*from difference to convergence of the Intangible Cultural heritage*［J］.Museum International，2004，56（5）：20—21.

［87］Harriet Deacon. *Intangible heritage in Conservation Management Planning*［J］.International Journal of Heritage Studies，2004（5）：68—70.

［88］Kenji Yoshida. *The Museum and the intangible cultural heritage*［J］.Museum International，2004，56（5）：8—10.

［89］吴文科.论"非物质文化遗产"保护的根本性原则［J］.浙江艺术职业学院学报，2005（2）：113—118.

［90］刘魁立.非物质文化遗产及其保护的整体性原则［J］.广西师范学院学报，2004（4）：1—8，19.

［91］乌丙安.非物质文化遗产保护中文化圈理论的应用［J］.江西社会科学，2005（1）：102—106.

［92］詹正发.非物质文化遗产的法律保护［J］.武当学刊，1997（4）：39—41.

［93］贺学君.关于非物质文化遗产保护的理论思考［J］.江西社会科学，2005（2）：103—109.

［94］苑潇卜.非物质文化遗产的活态传承路径探索［J］.大众文艺，2018（24）：3—4.

［95］沈栖.非物质文化遗产的"活态传承"［N］.上海法治报，2018-02-05（A6）.

［96］钱鸿.全域旅游发展动力机制研究及指标体系构建［D］.南京：南京师范大学，2017.

［97］刘红萍.非物质文化遗产保护评价指标体系初探［J］.社科纵横（新理论版），2009，24（1）：249—250，254.

[98] 陈炜, 高翔.民族地区体育非物质文化遗产活态传承绩效评价指标体系及模型构建 [J].青海民族研究, 2016, 27 (4): 81—85.

[99] 何义朋, 鲁永宁, 廖烽.城乡用地增减挂钩拆旧区中新增耕地的社会效益研究——以进贤县为例 [J].江西建材, 2014 (14): 46—47.

[100] 曹茂林.层次分析法确定评价指标权重及 Excel 计算 [J].江苏科技信息, 2012 (2): 39—40.

[101] 段超, 孙炜.关于完善非物质文化遗产保护政策的思考 [J].中南民族大学学报 (人文社会科学版), 2017, 37 (6): 62—67.

[102] 李华成.论非物质文化遗产传承人制度之完善 [J].贵州师范大学学报 (社会科学版), 2011 (4): 81—85.

[103] 刘文婷.辽宁非物质文化遗产传承人管理研究 [D].沈阳: 沈阳师范大学, 2017.

[104] 冯羿.河北民歌的保护、传承策略研究 [D].石家庄: 河北大学, 2009.

[105] 马丽亚.翡翠黄金缕, 绣成歌舞衣——浅谈贵州少数民族民间刺绣艺术 [J].文化学刊, 2016 (3): 45—47.

[106] 白云驹.论口头和非物质遗产的概念与范畴 [J].民间文化论坛, 2004.

[107] 禹昊川.非物质文化遗产的认识和思考浅谈 [J].大众文艺, 2014 (6): 3—4.

[108] 曾嵘.社会性别视角下的越剧女小生唱腔研究 [J].文化艺术研究, 2017, 10 (4): 18—35.

[109] 汪琴.论社会性别意识与和谐社会的构建 [D].合肥: 安徽大学, 2012.

[110] 易小坚, 黄先锋, 周琥.休闲体育中的社会性别研究 [J].体育科技文献通报, 2012, 20 (2): 3, 10.

[111] 玛格丽特·米德.性别与气质 [M].宋践, 等译.杭州: 浙江人民出版社, 1988.

[112] 包文婷.试论湖湘传统工艺美术的传承与发展 [J].美术教育研究,

2018（17）：32—33.

[113] 李群英.湘绣艺术及文化探讨 [J].美术教育研究，2017（1）：42.

[114] 陈艺.浅析多样性的湘绣文化及其艺术特色 [J].美术教育研究，2016（1）：46.

[115] 许丛瑶.湘绣旅游纪念品的开发设计研究 [D].无锡：江南大学，2011.

[116] 戴露.浅谈图案设计在湘绣中的运用 [J].艺术科技，2018，31（6）：112，114.

[117] 陈阿平.浅析湘绣传统工艺的传承与创新 [J].大众文艺，2017（19）：30.

[118] 谢洋慧.湘绣文化与工艺传承研究 [D].长沙：湖南师范大学，2013.

[119] 钟咏冰.湘绣题材中的美术元素分析 [J].美与时代（中），2017（11）：126—127.

[120] 汪兴.试论湘绣与国画的渊源 [J].现代装饰（理论），2016（10）：171.

[121] 罗剑英.浅析湘绣"鬅毛针"的创新对湘绣发展的影响 [J].大众文艺，2017（19）：34—35.

[122] 刘光平.国家级非物质文化遗产湘绣四大价值分析 [J].科技创业月刊，2017，30（10）：51—52.

[123] 王勇丽.社会性别视角下日本女性的生存困境探析 [J].重庆交通大学学报（社会科学版），2019，19（1）：27—34.

[124] 孙颖群.湘绣工艺的传承与保护再研究 [D].武汉：湖北工业大学，2012.

[125]（清）赵文在等修；易文基等纂. 中国方志丛书（嘉庆）长沙县志29卷 [M].嘉庆十五年刊.

[126] 刘玉玲.非物质文化遗产传承人保护思考 [J].文物鉴定与鉴赏.2018（17）：130—131.

[127] 任希燕，刘海霞.浅议非物质文化遗产传承人的保护 [J].赤子（上中旬），2015（20）：111.

［128］ 申秀英, 刘沛林, 徐美.低碳理念下的环境教育优化研究［J］.教育评论, 2010（1）：83—96.

［129］ Wood G, Newborough M. *Dynamic energy - consumption indicators for domestic appliance：envi - ronment, appliance：environment*［J］. Energy and Buildings, 2003（35）：821—841.

［130］ 郭琪, 樊丽明.城市家庭节能措施选择偏好的联合分析［J］.中国人口·资源环境, 2007.17（3）：149—153.

［131］ 邓运员, 何清华, 刘沛林.基于游客感知的山岳型景区低碳环境教育评价—以南岳衡山为例［J］.湖南社会科学.2012, 13（2）：139—150.

［132］ 宋娟.关于绿色低碳社区的研究——以潍坊·玉龙湾社区为例［J］.山东建筑大学学报, 2012, 12（2）.79—86.

［133］ 付允, 马永欢, 刘怡君, 等.低碳经济的发展模式研究［J］.中国人口·资源与环境, 2008, 20（1）：58—90.

［134］ 科学技术部社会发展科技司.《全民节能减排手册——36项日常生活行为节能减排潜力量化指标》［S］.北京：社会科学文献出版社, 2007, 10（1）2—8.

［135］ 谢双玉, 杨毅, 潘霖, 等.城市居民对节能减排政策的响应度及其影响因素研究［J］.华中师范大学学报（自然科学版）, 2012（3）：37—59.

［136］ 庄贵阳.低碳经济：气候变化背景下中国的发展之路［M］.北京：气象出版社, 2007.

［137］ Dantzing G, Satty T. *Compact city：a plan fora livable city environment*［M］.Free and company, San Francisco.1973.

［138］ 迈克·詹克斯, 伊丽莎白·伯顿, 凯蒂·威廉姆斯.紧缩城市——一种可持续发展的城市形态［M］.周玉鹏, 龙洋, 楚先锋, 译.北京：中国建筑工业出版社, 2004.

［139］ Mike Jenks, Elizabeth Burton, Katie W illiams. *TheCompactCity：A Sustain - able City Form？*［M］.London：E&F N Spon, 1996.

［140］ Mike Jenks, Elizabeth Burton, KatieW illiams. *Achieving Sustain - able*

City Form［M］.London and New York：E&FN Spon，2000

［141］Chris C，Jay K. *Controlling city sprawl*：*Some experience from Liver pool Cities*［J］.2006，23（5）：353—363.

［142］Ewing R. *Is Los angels style sprawl desirable*［J］.Journal of the American planning Association，1997，63（1）：107—126.

［143］Gordon P，Richardson H W. *Are compact cities a desirable planning goal*［J］.Journal of the American Planing Association，1997，63（1）：95—106.

［144］Galster G，Hanson R，Ratclffe M R. et al. *Wrescling sprawl to the ground*：*defining and measuringAn elusive concept*［J］Housing Policy Debate，2001，12（4）：681—717.

［145］Michael N. *the compact city fallacy*［J］Journal of planing education and research，2005，25：1—26.

［146］余颖，扈万泰.紧凑城市——重庆都市区空间结构模式研究［J］.城市发展研究，2004，66（4）：59—63.

［147］陈海燕，贾倍思.“紧凑住区”：中国未来城郊住宅可持续发展的方向［J］.建筑师，2004（2）：128.

［148］胡兆量.建设紧凑型城市设立城市土地预警制［J］.城市问题，2005（6）：2—4.

［149］陈海燕，贾倍思.紧凑还是分散——对中国城市在加速城市化进程中发展方向的思考［J］.城市规划，2006，3（5）：61—69.

［150］韩笋生，秦波.借鉴“紧凑城市”理念实现我国城市的可持续发展［J］.国外城市规划，2004（6）：23—27.

［151］李琳.紧凑城市中“紧凑”概念释义［J］.城市规划学刊，2008（3）：41—45.

［152］方创琳，祁巍锋.紧凑城市理念与测度研究进展及思考［J］.城市规划学刊，2007（4）：65—73.

［153］郭予庆，霍得立，郭小敏.中国铁路枢纽城市发展研究［J］.经济经纬，1995.12（1）：37—42.

［154］杨立国，刘小兰.铁路枢纽城市空间形态演变特征的定量分析［J］.城

市发展研究，2013，20（10）：21—24

[155] 欧向军，甄峰等.区域城市化水平综合测算及其理想动力分析 [J].地理研究，2008，27（5）：993—1002.

[156] 方创琳，祁巍锋，宋吉涛.中国城市群紧凑度的综合测算分析 [J].地理学报，2008，63（10）：1011—1021.

[157] 陈翔，李强，王运静，等.临界簇模型及其在地面公交线网可达性评价中的应用 [J].地理学报，2009，64（6）：693—700.

[158] 金宁.公共交通乘客满意度测评及实证研究 [D].长春：吉林大学，2009，6.

[159] Xumei Chen, Lei Yu, et al. *Analyzing urban bus service reliability at the stop, route and network levels* [J].Transportation Research Part A：Policy and Practice, 2009, 43（8）：722—743

[160] Cinzia Cirillo and KW Axhausen, Comparing Urban Activity Travel Behavior [EB/CD]，Paper presented pt The 8lth Annual Meeting Of the Transportation Research board, Washington, D.C., 2002

[161] Hensher, David A.Hierarchical Stated Response Designs–An Application to Bus User Preferences [J].Logistics and Transportation Review, 1990, 26（4）：299—321.

[162] R.E.Allsop.University of London Center for Transport Studies Report [R].Traffic Engineering&Control, 1997：56.

[163] Mezyad M, Alterkawi.A computer simulation analysis for optimizing bus stops spacing：The case of Riyadh, Saudi Arabia [J].Habitat International, 2006（30）：500—508.

[164] 张霞.城市常规公共交通发展水平综合评价指标体系研究 [J].鸡西大学学报，2005，5（3）：73—75.

[165] 王田田.面向乘客需求的高品质快速公交服务质量评价方法研究 [D].济南：山东大学，2011，5.

[166] 覃频频，陆凯平，黄大明.基于三方评价主体的公交服务质量模糊综合评价 [J].广西大学学报，2006，31（1）：59.

[167] 张栋，杨晓光，安健，等.基于乘客感知的常规公交服务质量评价方法 [J].城市交通，2012，10（4）：72—77.

[168] 李春清，宋瑞.城市公交服务水平综合评价指标体系研究 [J].交通标准化，2008，38（9）：107—110.

[169] 孟杰，赵连生.城市公共交通服务水平评价体系研究 [J].武汉理工大学学报（交通科学与工程版），2012，36（3）：620—623.

[170] 徐以群，陈茜.城市公共交通服务水平指标体系 [J].城市交通，2006，4（6）：55—58.

[171] 邵祖峰.城市公共交通服务质量评价神经网络模型 [J].城市管理与科技，2005（4）：178—179.

[172] 刘建荣，邓卫，张兵.基于联合分析的公交服务质量研究 [J].交通运输系统工程与信息，2011，11（4）：97—102.

[173] 朱锐，李林波，吴兵.基于模糊评价的常规公交候车服务水平 [J].重庆交通大学学报（自然科学版），2012，31（3）：455—460.

[174] 季珏，高晓路.北京城区公共交通满意度模型与空间结构评价 [J].地理学报，2009，64（12）：1477—1487.

[175] 宋晓梅.常规公交网络运行可靠性多层次评价模型与算法 [D].北京：北京交通大学，2010，12

[176] 宋晓梅，于雷.常规公交微观区间运行时间可靠性评价模型研究 [J].交通运输系统工程与信息，2012，12（4）：144，149.

[177] 张大鹏.基于 AHP—模糊综合评价法的黄石旅游资源的定量分析 [J].湖北师范学院报，2009，29（3）：63—64.

[178] 吴岚.基于群组 AHP 和模糊综合评价法的公路快速客运系统分析研究 [D].合肥：合肥工业大学，2007.8.

[179] 金菊良，魏一鸣，丁晶.基于改进层次分析法的模糊综合评价模型 [J].水利学报，2004（3）：65—70.

[180] 刘沛林.论"中国历史文化名村"保护制度的建立 [J]，北京大学学报（哲学社会科学版），1998，35（1）：81—87.

[181] 胡燕，陈晟，曹玮，等.传统村落的概念和文化内涵 [J].城市发展研

究，2014，21（1）：11—13.

[182] 谢友宁，盛志伟.国外历史文化名城名镇保护策略鸟瞰［J］.现代城市
研究，2005（1）

[183] 吕晶，蓝桃彪，黄佳.国内传统村落空间形态研究综述［J］.广西城镇
建设，2012（4）：71—73.

[184] 陶伟，陈红叶，林杰勇.句法视角下广州传统村落空间形态及认知研
究［J］.地理学报，2013，68（2）：209—218.

[185] 刘华杰，陈芬，陈圣疆.福州传统村落外部空间形态分析［J］.陕西科
技大学学报（自然科学版），2010（6）：144—148.

[186] 陆林，凌善金，焦华富，等.徽州古村落的演化过程及其机理［J］.地
理研究，2004，23（5）：686—694.

[187] 吴必虎，肖金玉.中国历史文化村镇空间结构与相关性研究［J］.经济
地理，2011，32（7）：6—11.

[188] 刘沛林.古村落文化景观的基因表达与景观识别［J］，衡阳师范学院
学报，2003，24（4）：1—8

[189] 胡最，刘沛林，曹帅强.湖南省传统聚落景观基因的空间特征［J］，
地理学报，2013，68（2）：219—231

[190] 刘沛林.家园的景观与基因：传统聚落景观基因图谱的深层解读
［M］.北京：商务印书馆，2014.

[191] 刘沛林，刘春腊，邓运员，等.中国传统聚落景观区划及景观基因识
别要素研究［J］.地理学报，2010，65（12）：1496—1506

[192] 佟玉权，龙花楼.贵州民族传统村落的空间分异因素［J］.经济地理，
2015，35（4）：133—137.

[193] 刘大均，胡静，陈君子，等.中国传统村落的空间分布格局研究［J］.
中国人口资源环境，2014，24（4）：157—162.

[194] 纪小美，付业勤，朱翠兰.中国传统村落的地域分异与影响因素研究
［J］.沈阳建筑大学学报（社会科学版），2015，17（5）：452—460.

[195] 张景华，吴志峰，吕志强，等.城乡样带景观梯度分析的幅度效应
［J］.生态学杂志，2008，27（6）：978—984

［196］ Sauer Carl O. *The morphology of Landscape* ［J］.University of California Publictions in Geography，1925，2：19—54.

［197］ 刘沛林.家园的景观基因：传统聚落景观基因图谱的深层探索 ［M］.北京：商务印书馆，2013

［198］ 胡最，刘沛林，曹帅强.湖南省传统聚落景观基因的空间特征 ［J］.地理学报，2013，68（2）：219.

［199］ 刘沛林.中国传统聚落景观基因图谱的构建与应用研究 ［D］.北京：北京大学，2011.

［200］ 刘沛林.古村落文化景观的基因表达与景观识别 ［J］.衡阳师范学院学报（社会科学版），2003，24（4）：1—8.

［201］ 申秀英，刘沛林，邓运员，等.中国南方传统聚落景观区划及其利用价值 ［J］.地理研究，2006，25（3）：485—494.

［202］ 刘沛林，刘春腊，邓运员，等.中国传统聚落景观区划及其景观基因识别要素研究 ［J］.地理学报，2010，65（12）：1496.

［203］ 刘沛林，刘春腊，李伯华，等.中国少数民族传统聚落景观特征及其基因分析 ［J］.地理科学，2010，30（6）：810—817.

［204］ 刘沛林，刘春腊，邓运员，等.客家传统聚落景观基因识别及其地学视角的解析 ［J］.人文地理，2009，24（6）：40—43.

［205］ 刘沛林，刘春腊.基于景观基因完整性理念的传统聚落保护与开发 ［J］.经济地理，2009，29（10）：1731—1736.

［206］ 刘沛林，刘春腊，邓运员，等.我国古城镇景观基因"胞—链—形"的图示表达与区域差异研究 ［J］.人文地理，2011，31（1）：19—23.

［207］ 曹帅强，胡最，邓运员."景观基因"视角的南岳古镇景观特征研究 ［J］.衡阳师范学院学报，2012，33（6）：162—166.

［208］ 刘沛林.古村落文化景观的基因表达与景观识别 ［J］.衡阳师范学院学报，2003，24（3）：1—8

［209］ 胡最，刘春腊，邓运员，等.传统聚落景观基因及其研究进展 ［J］.地理科学进展，2012，31（12）：1620—1627.

［210］ 张捷，等.中国书法景观的公众地理知觉特征——书法景观知觉维度

调查 [J].地理学报，2012，67（2）：230—238.

[211] 胡巧娟.基于微观视角的乡村旅游地居民旅游效应感知与态度研究——以陕西袁家村关中印象地为例 [D].西安：陕西师范大学，2013.

[212] 杨洋.国内游客低碳旅游感知与景区低碳旅游满意度实证研究 [D].合肥：安徽大学，2012.

[213] 庄春萍，张建新.地方认同：环境心理学视角下的分析 [J].心理科学进展，2011.（9）.

[214] 张捷，张宏磊，唐文跃.中国城镇书法景观空间分异及其地方意义——以城镇商业街区为例 [J].地理学报，2012，67（12）：2209—2219

[215] 周尚意，吴莉萍，苑伟超.景观表征权力与地方文化演替的关系——以北京前门—大栅栏商业区景观改造为例 [J].人文地理，2010.05

[216] 朱竑，钱俊希，陈晓亮.地方与认同：欧美人文地理学对地方的再认识 [J].人文地理，2010（6）.

[217] 汪芳，黄晓辉，俞曦.旅游地地方感的游客认知研究 [J].地理学报，2009（10）.

[218] 周宏伟.基于传统功能视角的我国历史文化村镇类型探讨 [J].中国农史，2009（4）：92—101.

[219] 顾朝林，谭纵波，刘宛，等.气候变化：碳排放与低碳城市规划研究进展 [J].城市规划学刊，2009（3）：38—45

[220] 张家，叶兴平，陈国伟，等.低碳城市规划 [J].城市规划学刊，2010（2）：13—18

[221] 付允，汪云，李丁.低碳城市发展路径研究 [J].科学对社会的影响，2008（2）：5—10

[222] 胡鞍钢.中国如何应对全球气候变暖的挑战 [A].张坤民等主编.低碳经济论.北京：中国环境科学出版社，2008：41—62

[223] 顾丽娟.低碳城市：中国城市化发展的新思路 [J].未来与发展，2010.3（1）：2—5

[224] 李俊峰，马玲娟.低碳经济是规制世界发生格局的新规则 [J].世界环境，2008.2（2）：17—20

[225] 辛章平，张银太.低碳经济与低碳城市 [J].城市发展研究，2008，15（4）：98—102

[226] 潘海啸，吴锦瑜.中国"低碳城市"的空间规划策略 [J].城市规划学刊.2008（6）：38—35

[227] 陈易.城市建设中的可持续发展理论 [M].上海：同济大学出版社，2003：1—19；何涛舟，施丹锋.低碳城市及其"领航模型"的建构 [J].上海城市管理，2010，19017：55—57.

[228] 苏瑾.盈余：低碳经济的成长 [J].世界环境，2007，（4）：32—34.

[229] 塔蒂安娜，伦敦气候变化署.低碳城市——从伦敦到上海的愿景 [J].城市中国，2007，（21）：91—92.

[230] 金乐琴，刘瑞.低碳经济与中国经济发展模式转型 [J].经济问题探索，2009，（1）：84—87.

[231] 崔功豪，魏清泉，刘科伟.区域分析与区域规划 [M].北京：高等教育出版社，2006.

[232] 罗震东，朱查松，张京祥.都市区域空间集聚——碎化趋势研究 [J].人文地理，2009，（1）：22—27.

[233] 赵西君，刘科伟.集聚—碎化理论在城镇密集区城镇体系规划中的应用 [J].干旱区资源与环境，2005，19（3）：28—31.

[234] 叶玉瑶，张虹鸥.珠江三角洲城市群空间集聚与扩散 [J].经济地理，2007，27（5）：773—776.

[235] 夏显力，赵凯，马健梅.陕西关中城镇集聚——碎化指数测度及其分析 [J].西北农林科技大学学报，2008，8（1）：33—36.

[236] 顾朝林，张敏.长江三角洲城市群发展展望 [J].地理科学，2007，27（1）：1—8.

[237] Clyde Mitchell‐Weaver, David Miller, Ronald Deal Jr. *Multilevel governance and metropolitan regionalism in the USA* [J].UrbanStudies，2000，37（5/6）：851—876.

[238] 刘沛林.论"中国历史文化名村"保护制度的建立 [J].北京大学学报 (哲学社会科学版), 1998, 35 (1): 81—83.

[239] 国际建筑师协会.面向二十一世纪的建筑学——国际建筑师协会第 20 届世界建筑师代表大会文集 [C].北京: 1999: 22—25.

[240] 杨大禹.传统民居及其建筑文化基因的传承 [J].南方建筑, 2011, 6 (7).

[241] 李慕寒, 沈守兵.试论中国地域文化的地理特征 [J].人文地理, 1996, 11 (1): 7—11

[242] 沙润.中国传统民居建筑文化的自然观及其渊源 [J].人文地理, 1997, 12 (3): 25—29

[243] 沙润.中国传统民居建筑文化的自然地理背景 [J].地理科学, 1998, 18 (1): 58—64.

[244] 刘沛林.古村落文化景观的基因表达与景观识别 [J].衡阳师范学院学报, 2003, 24 (4): 1—4

[245] 胡最, 刘沛林, 曹帅强.湖南省传统聚落景观基因的空间特征 [J].地理学报, 2013, 68 (2): 226—231

[246] 刘沛林.家园的景观与基因: 传统聚落景观基因图谱的的深层解读 [M].北京: 商务印书馆, 2014.

[247] 刘沛林, 刘春腊, 邓运员, 等.中国传统聚落景观区划及景观基因识别要素研究 [J].地理学报, 2010, 65 (12): 1498—1506

[248] 佟玉权, 龙花楼.贵州民族传统村落的空间分异因素 [J].经济地理, 2015, 35 (4): 133—137

[249] 刘大均, 胡静, 陈君子, 等.中国传统村落的空间分布格局研究 [J].中国人口资源环境, 2014, 24 (4): 157—162.

[250] 纪小美, 付业勤, 朱翠兰.中国传统村落的地域分异与影响因素研究 [J].沈阳建筑大学学报 (社会科学版), 2015, 17 (5): 452—460.

[251] 张景华, 吴志峰, 吕志强, 等.城乡样带景观梯度分析的幅度效应 [J].生态学杂志, 2008, 27 (6): 978—984

[252] Sauer Carl O. *The morphology of Landscape* [J].University of California Publictions in Geography, 1925 (2): 19—54.

［253］刘沛林.古村落文化景观的基因表达与景观识别 ［J］.衡阳师范学院学报, 2003, 24 (4)：1—8

［254］申秀英, 刘沛林, 邓运员.景观 "基因图谱" 视角的聚落文化景观区系研究 ［J］.人文地理, 2006, 21 (4)：109—112.

［255］刘沛林, 刘春腊, 邓运员, 等.中国传统聚落景观区划及其景观基因识别要素研究 ［J］, 地理学报, 2010, 65 (12)：1496—1506.

［256］申秀英, 刘沛林, 邓运员, 等, 中国南方传统聚落景观区划及其利用价值 ［J］.地理研究, 2006, 25 (3)：485—494.

［257］刘沛林, 刘春腊, 邓运员.我国古城镇景观基因 "胞—链—形" 的图示表达与区域差异研究 ［J］.人文地理, 2011, 31 (1)：19—23.

［258］胡最, 刘沛林, 申秀英, 等.古村落景观基因图谱的平台系统设计 ［J］.地球信息科学学报, 2010, 12 (1)：83—88.

［259］胡最, 刘沛林, 陈影.传统聚落景观基因信息图谱单元研究 ［J］.地理与地理信息科学, 2009, 25 (5)：79—83.

［260］邓运员, 代侦勇, 刘沛林.基于 GIS 的中国南方传统聚落景观保护管理信息系统初步研究 ［J］.测绘科学, 2006, 31 (4)：74—77.

［261］胡最, 刘沛林, 申秀英, 等.传统聚落景观基因信息单元表达机制 ［J］.地理与地理信息科学, 2010, 26 (6)：96—101.

［262］Young T. *Place Matters* ［J］.Annals of the Association of American Geographers, 2001, 91 (4)：681—682.

［263］Wright J K. *Terrae Incognita*：*The Place of Imagination in Gergraphy* ［J］. Annals of the Association of American Geographers, 1947 (37)：1—15.

［264］Tuan Y F. *Topophilia*：*A Study of Environmental Perception* ［M］.Englewood Cliffs：Prentice Hall, 1974：1—125.

［265］Eyles J. *The Geigraphy of Everyday Life* ［A］.In：Gregory D, Walford R. Horizons in Human Geography ［C］.London：Maxmillan, 1989：102—117.

［266］Heidegger M. *Poetry*, *Language and Thought* ［M］.New York：Harper and Row, 1971：143—161.

［267］RIGER S, LAVRKAS P J. *Community ties*：*Patterns of attachment and social interaction in urban neighborhoods*［J］.American Journal of Community Psychology，1981（9）：55—66.

［268］ROWLES G D.*Place and personal identity in old age*：*Observations from Appalachia*［J］.Journal of Environmental Psychology，1983，3：81—104.

［269］KORPELA K M.*Place - identity as a product of environmental self - regulation*［J］.Journal of Environmental psychology，1989，9：241—256.

［270］林耿.地方认同与规划中的权利建构［J］.城市规划，2013（5）：35—41

［271］PROSHANSKY H.*The city and self identiey*［J］.Environment and Behavior，1978（10）：147—169.

［272］KYLE G，GRAEFE A，MANNING R.*Testing the dimensionality of place attachment in recreational settings*［J］.Environment and Behavior，2005，37（2）：153—177.

［273］LOW S M.*Symbolic ties that bind*［C］// ALTMAN I，LOW S M.Place Attachment.New York；Penum Press，1992：1—12.

［274］袁娥.民族认同与归家认同研究述评［J］.民族研究，2011，（5）：92—103.

［275］赵向光，李志刚.中国大城市新移民的地方认同与融合［J］.城市规划，2013，37（12）：92—103.

［276］尹立杰，张捷.书法景观在景区旅游意象构建中的作用研究——以西安碑林为例［J］.人文地理，2011（5）：49—53.

［277］孟鸿伟，模型构建方法与结构方程建模［J］.心理学报.1994，26（4）.

［278］侯杰泰，温忠麟，成子娟.结构方程模型及其应用［M］.北京：教育科学出版社，2004.

［279］李学娟.结构方程模型下的因子分析［J］.沿海企业与科技，2010，10（23）：5708—5727.

［280］宁禄乔，于本海.结构方程模型分析［M］.北京：北京理工大学出版社，2012：8—17，25—34.

［281］ 朱晗.徽州地区地域景观研究［D］.北京：北京林业大学，2014.

［282］ 杨立国，林琳，刘沛林等.少数民族传统聚落景观基因的居民感知与认同特征——以通道芋头侗寨为例［J］.人文地理，2014，140（6）：60—66.

［283］ 刘沛林.古村落文化景观的基因表达与景观识别［J］.衡阳师范学院学报，2003，24（4）：6—8.

［284］ Tuan，Yi-Fu. *Topophilia*：*A Study of Environmental Perception*，*Attitudes*，*and Values*［M］.Hemel Hempstead：Prentice-Hall，1974：248.

［285］ RelPh E. *Place and Placelessness*［M］.London Pion，1976：156.

［286］ 唐文跃.地方感研究进展及研究框架［J］.旅游学刊，2007，22（11）：70—77.

［287］ 李迎春.从场所依赖解读《呼啸山庄》中凯瑟琳之"迷失"与"回归"［J］.柳州职业技术学院学报，2009，9（2）：100—103.

［288］ 刘沛林，刘春腊，邓运员，等.中国传统聚落景观区划及其景观基因识别要素研究［J］.地理学报，2010，65（12）：1504.

［289］ 申秀英，刘沛林，邓运员，等.中国南方传统聚落景观区划及其利用价值［J］，地理研究，2006，25（3）：485—494.

［290］ 邓运员，杨柳，刘沛林.景观基因视角的湖南省古村镇文化特质及其保护价值［J］.经济地理，2011，31（9）：1552—1557，1584.

［291］ 胡最，刘沛林，曹帅强.湖南省传统聚落景观基因的空间特征［J］.地理学报，2013，68（2）：96—101.

［292］ 胡最，刘沛林，申秀英，等.古村落景观基因图谱的平台系统设计［J］，地球信息科学学报，2010，12（1）：83—85.

［293］ 邓运员，代侦勇，刘沛林.基于 GIS 的中国南方传统聚落景观保护管理信息系统初步研究［J］，测绘科学，2006，31（4）：74—77.

［294］ 胡最，刘沛林，陈影.传统聚落景观基因信息图谱单元研究［J］，地理与地理信息科学，2009，25（5）：81—83.

［295］ 吴明隆.结构方程模型——AMOS 的操作与应用［M］.2 版.重庆：重庆大学出版社，2010，1—2.

[296] 刘沛林.中国传统聚落景观基因图谱的构建与应用研究 [D].北京：
北京大学，2011，41—101.

[297] 赵向光，李志刚.中国大城市新移民的地方认同与融入 [J].城市规
划，2013，12 (37)：22—29.

[298] 胡景强，杨立国，喻媚，等.基于结构方程模型的景观基因对地方认
同的建构作用——以芋头侗寨为例 [J].衡阳师范学院学报，2015，6
(36)：173—176.

附　录

附录1

人文地理与城乡规划专业人才培养方案

适用年级：2015 级　专业代码：070503

（执笔人：杨立国　审核人：邹君　审定人：王　鹏）

一、专业培养目标

人文地理与城乡规划专业培养适应我国社会发展和经济建设需要，德、智、体全面发展，掌握人文—经济地理与城乡规划的基本理论、基本知识和基本技能，能够在规划、国土、城建、发改委、教育等部门，从事城乡规划设计、管理与决策，国土资源开发、评价与管理，并能够参与区域、城市社会和经济发展以及相关政策法规研究与教育等方面工作，具有进一步自主学习能力的高素质应用型专门人才。

二、专业培养要求

人文地理与城乡规划专业学生主要学习人文地理与城乡规划方面的基本理论和基本知识，受到应用基础研究、应用研究方面的科学思维和科学实验训练，具有较好的科学素养及初步的教学、研究和资源开发、规划管理的基本技能。

1. 热爱社会主义祖国，拥护中国共产党的领导，具有正确的世界观、人生观和价值观。

2. 具有良好的思想品德修养、心理素质和积极、健康的人际交往意识。

3. 具有自主学习能力、终身学习的观念和较强的实践能力，能够运用所掌握的理论知识和技能解决工作中的某些实际问题。

4. 掌握人文地理学与城乡规划的基础理论、基本知识和基本技能。

5. 了解地理学、生态学、城乡规划学和管理科学的一般原理和方法。

6. 了解我国资源环境保护、可持续发展等方面的有关政策法规及专业与应用的最新发展。

7. 掌握遥感、GIS、计算机和绘图等相关工具方法。

8. 掌握文献检索、查询及应用现代信息技术获取信息进行学习的方法。

9. 掌握课题方案设计、资料调查收集、归纳分析、撰写论文的能力。

三、主干（核心）课程（注：根据专业目录要求设置）

城乡规划原理、区域规划、城市设计、居住区规划、小城镇规划、村庄规划、控制性详细规划、规划设计 CAD、地理信息系统、城市园林绿地系统规划、人文地理学、经济地理学、城乡规划管理与法规、建筑制图、自然地理学等。

四、学制与修业年限及授予学位名称

1. 学制：四年。

2. 授予学位：理学学士学位。

五、毕业学分及授予学位要求

1. 本专业学生必须修满 175 学分方可毕业。其中通识必修课 44 学分，通识选修课 4 学分，学科基础课 24 学分，专业核心课 20 学分，专业方向课 11 学分，专业拓展课 10 学分，专业技能课 19 学分，集中性实践教学环节 31 学分，课外活动及社会实践项目 12 学分。

2. 修满规定学分，符合《中华人民共和国学位条例》和《衡阳师范学院学士学位授予工作细则》规定者，可授予学士学位。

六、总周数分配表

学期 项目及周数	第一学年		第二学年		第三学年		第四学年		合计
	第一学期	第二学期	第三学期	第四学期	第五学期	第六学期	第七学期	第八学期	
报到、入学教育及军训	2								2
课堂教学	15	17	16	17	16	17		2	
专业实践			2		2		18		22
毕业论文								10	10
机动周（含社会实践、创业、就业教育等）		1	0	1		1	2	2	7
最大周学时									
复习、考试	2	2	2	2	2	2		1	13
小计	19	20	20	20	20	20	20	15	154

备注：第 8 学期开设 1—2 门面向职业及专业发展方面的选修课程，毕业论文可与课堂教学同时进行。

七、各类课程结构比例统计表

课程类别		课程属性	学时分配	学时比例（%）	学分分配	学分比例（%）
通识教育模块		必修	781/64	33.3	44/4	25.1
学科基础模块		必修	390	16.6	24	13.7
专业课程模块	专业核心课	必修	324	13.8	20	11.4
	专业方向课	选修	180	7.7	11	6.3
	专业拓展课	选修	166	7.1	10	5.7
专业技能模块	专业技能课程	必修	373/66	15.9	15/4	8.6
	实践教学	必修	33 周		31	17.7
素质拓展模块		选修	—	—	12	6.9
合计				100%		100%
必修与选修比例分配			必修占 20.3% 选修占 79.7%		必修占 25.7% 选修占 74.3%	
理论与实践比例分配			理论占 29.9% 实践占 70.1%		理论占 32.0% 实践占 68.0%	

八、课程设置及教学计划安排表

课程类别	课程属性	课程名称	课程编码	开课学期	总学时	讲授	实践	周学时	学分	开课周数	开课单位	考核	备注
通识教育模块	必修	中国近现代史纲要	01TB01	1	30	26	4	2	2	15	人文系	考试	
		思想道德修养与法律基础	01TB02	2	45	30	15	2	3	15	人文系	考试	
		毛泽东思想和中国特色社会主义理论体系概论	01TB03	4	90	60	30	4	6	15	人文系	考试	
		马克思主义基本原理	01TB04	3	45	30	15	2	3	15	人文系	考试	
		计算机基础I	10TB01	1	30	30		2	2	15	计算机系	考试	
		计算机基础I（上机）	10TB02	1	30		30	2	1	15	计算机系	考试	
		计算机基础II	10TB03	2	32	32		2	2	16	计算机系	考试	
		计算机基础II（上机）	10TB04	2	32		32	2	1	16	计算机系	考试	
		大学英语I	05TB08	1	60	60		4	4	15	外语系	考试	分层次教学
		大学英语II	05TB09	2	64	64		4	4	16	外语系	考试	分层次教学
		大学体育I	13TB12	1	30	30		2	1	15	体育系	考查	
		大学体育II	13TB13	2	32	32		2	1	16	体育系	考试	
		大学体育III	13TB14	3	32	32		2	1	16	体育系	考查	俱乐部教学

续表

课程类别	课程属性	课程名称	课程编码	开课学期	总学时	讲授	实践	周学时	学分	开课周数	开课单位	考核	备注
通识教育模块	必修	大学体育Ⅳ	13TB15	4	32	32		2	1	16	体育系	考试	俱乐部教学
		普通话	03TB16	1	30	30		2	2	15	中文系	考查	非师范专业
		大学语文	03TB18	2	30	30		2	2	15	中文系	考试	含应用文写作
		大学生心理健康教育	14TB19	1	15	15			1		教科系	考查	讲座
		大学生就业、创业指导	16TB20	1-8	70	38	32		4		就业处	考查	面授与网络课程
		形势与政策	01TB21	1-8	16	16			1		人文系	考查	讲座
		军事理论课			36	36			2		武装部	考试	
		小计			781	623	158		44				
学科基础模块	选修	大学英语Ⅲ	05TB10	3	64	64	0	4	4	16	外语系	考试	限选
		大学英语Ⅳ	05TB11	4	64	64	0	4	4	16	外语系	考试	任选
	必修	微积分（上）	06XB05	1	45	45	0	3	3	15	资旅系	考试	
		微积分（下）	06XB06	2	45	45	0	3	3	15	资旅系	考试	
		线性代数	06XB07	3	48	48	0	3	3	16	资旅系	考试	
		概率论与数理统计	06XB08	4	51	51	0	3	3	17	资旅系	考试	

续表

课程类别	课程属性	课程名称	课程编码	开课学期	总学时	讲授	实践	周学时	学分	开课周数	开课单位	考核	备注
学科基础模块	必修	自然地理学	09XB65	1	75	63	12	5	5	15	资旅系	考试	
		美术基础（素描、色彩、速写）	09XB66	1	45	0	45	3	2	15	资旅系	考查	
		人文地理学	09XB67	2	51	51	0	3	3	17	资旅系	考试	
		城乡规划概论	09XB68	2	34	34	0	2	2	17	资旅系	考试	
		小计			394	334	57		24				
专业课程模块	专业核心课程	必修	城乡规划原理	09ZB80	3	64	56	8	4	4	16	资旅系	考试	
		村庄规划	09ZB81	4	17	17	0	1	1	17	资旅系	考试	
		居住区规划	09ZB82	5	32	32	0	2	2	16	资旅系	考试	
		小城镇规划	09ZB83	6	34	34	0	2	2	17	资旅系	考试	
		地图学（coreldraw）	09ZB84	3	48	36	12	3	3	16	资旅系	考试	
		地理信息系统	09ZB85	4	30	30	0	2	2	15	资旅系	考试	
		经济地理学	09ZB86	4	51	51	0	3	3	17	资旅系	考试	
		区域分析与规划	09ZB87	5	48	40	8	3	3	16	资旅系	考试	
		小计			324	296	28		20				

续表

课程类别	课程属性	课程名称	课程编码	开课学期	总学时	讲授	实践	周学时	学分	开课周数	开课单位	考核	备注
专业课程模块	专业方向课程选修（限选）	建筑初步	09ZX120	2	17	17	0	1	1	17	资旅系	考试	
		建筑制图	09ZX121	3	16	16	0	1	1	16	资旅系	考试	
		城市设计	09ZX122	6	17	17	0	1	1	17	资旅系	考试	
		控制性详细规划	09ZX123	6	34	22	12	2	2	17	资旅系	考试	
		历史文化村镇保护	09ZX124	6	34	26	8	2	2	17	资旅系	考试	
		城市地理学	09ZX125	5	32	24	8	2	2	16	资旅系	考试	
		遥感导论	09ZX126	5	30	30	0	2	2	16	资旅系	考试	
		小计			180	162	28		11				
	专业拓展课程选修（任选）	城市道路与交通	09ZX127	4	34	22	12	2	2	17	资旅系	考试	
		城市测量学	09ZX128	4	34	22	12	2	2	17	资旅系	考试	
		土地评价	09ZX129	5	32	20	12	2	2	16	资旅系	考试	
		基础设施规划	09ZX130	5	32	20	12	2	2	16	资旅系	考试	
		城市园林绿地规划	09ZX131	5	32	20	12	2	2	16	资旅系	考试	
		旅游规划	09ZX132	5	32	20	12	2	2	16	资旅系	考试	

续表

课程类别	课程属性	课程名称	课程编码	开课学期	总学时	讲授	实践	周学时	学分	开课周数	开课单位	考核	备注
专业课程模块	专业拓展课程	选修（任选）	房地产估价	09ZX133	6	34	22	12	2	2	17	资旅系	考试	
		人居环境学	09ZX134	6	34	22	12	2	2	17	资旅系	考试	
		土地利用总体规划	09ZX135	6	34	22	12	2	2	17	资旅系	考试	
		中外城市建设史	09ZX136	6	34	22	12	2	2	17	资旅系	考试	
		小计			332/166	106	60		20/10					
专业技能模块	专业技能课程	必修	建筑初步（实践）	09ZJ120	2	34	0	34	2	1	17	资旅系	考查	
		规划设计CAD	09ZJ121	3	32	0	32	2	1	16	资旅系	考查	
		建筑制图（实践）	09ZJ122	3	32	0	32	2	1	16	资旅系	考查	
		村庄规划（实践）	09ZJ123	4	34	0	34	2	1	17	资旅系	考查	
		地理信息系统（实践）	09ZJ124	4	30	0	30	2	2	15	资旅系	考查	
		地理学方法	09ZJ125	5	48	36	12	3	3	16	资旅系	考试	
		居住区规划（实践）	09ZJ126	6	48	0	48	3	2	16	资旅系	考查	
		遥感导论（实践）	09ZJ127	5	30	0	30	2	1	16	资旅系	考查	
		小城镇规划（实践）	09ZJ128	6	51	0	51	3	2	17	资旅系	考查	

续表

课程类别	课程属性	课程名称	课程编码	开课学期	总学时	讲授	实践	周学时	学分	开课周数	开课单位	考核	备注
专业技能模块	必修	城市设计（实践）	09ZJJ129	6	34	0	34	2	1	17	资旅系	考查	
		小计			373	36	337	23	15				
	选修（选4学分）	城乡规划管理与法规	09ZJJ130	6	34	20	14	2	2	17	资旅系	考试	
		城乡规划案例评析	09ZJJ131	5	32	12	20	2	2	16	资旅系	考查	
		城市规划快题设计	09ZJJ132	6	34	20	14	2	2	17	资旅系	考查	
		城乡规划效果图制作	09ZJJ133	5	32	12	20	2	2	16	资旅系	考查	
		小计			66	32	34	4	4				
	实践教学 必修	军事训练		1					1				
		城市与区域认知实习		3	2周				2	2周	资旅系	考查	
		规划设计与管理见习		5	2周				2	2周	资旅系	考查	
		专业实习		7	18周				18	18周	资旅系	考查	
		毕业论文		8	10周				8	10周	资旅系	考查	
		小计							31				

续表

课程类别	课程属性	课程名称	课程编码	开课学期	总学时	讲授	实践	周学时	学分	开课周数	开课单位	考核	备注
素质拓展模块	选修	校选课	学校教务处统一组织开设人文艺术类、自然科学类、社会科学类、教师教育类、艺术类等学校选修课程(含《当代世界经济与政治》),学生从第2学期开始选修										艺术课不少于2学分
		社会实践和课外活动	学生在校学习期间,在各类社会实践活动中取得相应成绩、科技和科研活动、文艺体育活动及阅读经典通过阅读、考可申请素质学分,还可通过取得相关等级资格证书等方式获取学分						12				根据学校相关规定申请,认定学分
		小计											
		合计							175				

人文地理与城乡规划专业辅修培养方案（2015）

（注：课程为该专业 20—30 学分主干课程）

课程名称	课程代码	开课学期	总学时	讲授	实践	周学时	学分	开课周数	开课单位	考核方式
人文地理学	09XB67	2	51	51	0	3	3	17	资旅系	考试
城乡规划原理	09ZB80	3	64	56	8	4	4	16	资旅系	考试
区域分析与规划	09ZB87	5	48	40	8	3	3	16	资旅系	考试
建筑初步（实践）	09ZJ120	2	34	0	34	2	1	17	资旅系	考查
规划设计 CAD	09ZJ121	3	32	0	32	2	1	16	资旅系	考查
建筑制图（实践）	09ZJ122	3	32	0	32	2	1	16	资旅系	考查
村庄规划（实践）	09ZJ123	4	34	0	34	2	1	17	资旅系	考查
地理信息系统（实践）	09ZJ124	4	30	0	30	2	2	15	资旅系	考查
居住区规划（实践）	09ZJ126	6	48	0	48	3	2	16	资旅系	考查
遥感导论（实践）	09ZJ127	5	30	0	30	2	1	16	资旅系	考查
小城镇规划（实践）	09ZJ128	6	51	0	51	3	2	17	资旅系	考查
城市设计（实践）	09ZJ129	6	34	0	34	2	2	17	资旅系	考查
城乡规划管理与法规	09ZJ130	6	34	20	14	2	2	17	资旅系	考试
小　计	必须修满 24 学分，方可获得辅修专业证书									

注：非师范专业辅修学生必须到与专业有关的职业院校进行专业实习。

附录 2

城市与区域认知实习指导书

（适用衡阳师范学院城市与旅游学院 2017 级人文地理与城乡规划专业）

衡阳部分

1. 乡村旅游专题调查（11 月 5 日）

考察主题、内容、方法与成果要求

专题	地点	具体内容	方法	成果
乡村旅游专题调查	衡阳市茶山坳镇或双水湾	1. 可选题目：①发掘乡村旅游——对×××的调查报告；②基于 SOWT 分析的茶山坳特色小镇旅游（双水湾乡村旅游）发展探析；③指导老师或学生可从下列包含内容选取某一方面自拟题目。 2. 可包含内容： （1）区位分析（地理位置、交通区位、周边环境）。 （2）旅游资源分布状况。 （3）生态环境、特色产业与乡土文化现状调研。 （4）旅游基础设施与公共服务设施现状调研。 （5）乡村旅游的开发模式与发展策略。	现场踏勘、标图、拍照、文献查阅、问卷调查等	（1）成果包含报告＋图纸。 （2）报告：结构分明、观点清晰、图文并茂。 （3）图纸：区位分析图、旅游资源分布图、旅游线路图、现场速写图（作为附件 1 附在报告后面）。 （4）有调查问卷的作为附件 2 附在报告后面。

2. 城市道路交通专题调查（11 月 6 日）

考察主题、内容、方法与成果要求

主题	地点	具体内容	方法	成果
城市道路交通专题调查		1. 可选题目：①衡阳市城市交通问题与发展对策；②衡阳市共享单车道路交通管理调研；③衡阳市雁峰区（或其他区）慢行交通系统调研；④指导老师或学生可从下列包含内容选取某一方面自拟题目。 2. 可包含内容： （1）动态交通：主干道、次干道、支路网的规划布置；选择城市主干路段，调查交通组织状况。 （2）静态交通：公共停车场分布情况，停车问题调研。 （3）绿色交通体系：步行交通、自行车交通、常规公共交通和轨道交通分析。 （4）居民出行状况调研。 （5）分析道路交通存在的问题，提出改进的对策措施。	踏勘、标图、拍照、文献查阅、访谈	（1）成果包含报告+图纸。 （2）报告：结构分明、观点清晰、图文并茂。 （3）图纸：道路横断面图、其他有关道路交通的分析图（不少于 2 张机绘图纸作为附件 1 附在报告后面）。 （4）有交通调查问卷作为附件 2 附在报告后面。

3. 衡阳市老城区专题调查（11 月 7 日）

考察主题、内容、方法与成果要求

主题	地点	具体内容	方法	成果
衡阳市老城区调查		1. 可选题目：①衡阳市老城区现状及更新策略研究；②衡阳市老城区城市色彩调研报告；③衡阳市老城区交通拥堵问题的调研报告；④指导老师或学生可从下列包含内容选取某一方面自拟题目。 2. 可包含内容： （1）区域发展的历史沿革。 （2）区位分析：地理位置、交通区位、周边环境。 （3）基础设施与公共服务设施调研。	踏勘、标图、拍照、文献查阅、访谈	（1）成果包含报告+图纸。 （2）报告：结构分明、观点清晰、图文并茂。 （3）图纸：区位分析图、相关分析图不少于 2 张、现场速写图（作为附件 1 附在报告后面）。 （4）调查问卷作为附件 2 附在报告后面。

续表

主题	地点	具体内容	方法	成果
		（4）建筑形态、居住环境、公共空间调研。 （5）道路交通现状分析。 （6）老城区保护与更新规划策略。		

4. 城市意象专题调查（11月8日）

考察主题、内容、方法与成果要求

主题	地点	具体内容	方法	成果
城市意向专题调查	衡阳市	1. 可选题目：①老工业城市衡阳城市意象构成及评价；②基于"城市意象"的衡阳市老城区空间分析；③指导老师或学生自定。 2. 可包含内容： （1）道路：街道、步道、运输线、河道或铁路等分析。 （2）边界：边界是一种线性元素，是两个区域之间的界线，如山体、河湖、城郊边缘等。 （3）区域：城市中等尺度或大尺度的组成单元。 （4）节点：城市结构空间及主要要素的联结点，如广场、景观核心、城市中心区。 （5）标志物：点状参照物，如标志性建筑物、山峰等。	踏勘、标图、拍照、文献查阅、访谈	（1）成果包含报告+图纸。 （2）报告：结构分明、观点清晰、图文并茂。 （3）图纸：城市意象分析图、至少选取两处节点、地标意象现场速写（作为附件1附在报告后面）。 （4）城市意象调查问卷作为附件2附在报告后面。

5. 历史文化古镇专题调查（11月9日）

考察主题、内容、方法与成果要求

主题	地点	具体内容	方法	成果
衡阳市古镇调查	宝盖镇或渣江古镇	1. 可选题目：①×××古镇人居环境空间调研；②×××古镇景观基因识别及其特征研究；③指导老师或学生可从下列包含内容选取某一方面自拟题目。 2. 可包含内容： （1）了解古镇发展的历史沿革。 （2）调查古镇区位条件。 （3）调查古镇肌理、巷道格局、建筑风格等的概况。 （4）调查古镇文脉（特色文化、历史积淀）。 （5）调查古镇的旅游开发情况。 （6）居民对古镇发展满意度调查。 （7）古镇开发的问题分析与保护策略。	文献查阅、踏勘、标图、拍照、访谈	（1）成果包含报告+图纸。 （2）报告：结构分明、观点清晰、图文并茂。 （3）图纸：相关图纸不少于3张、现场速写图（作为附件1附在报告后面）。 （4）调查问卷作为附件2附在报告后面。
衡阳市古镇调查	南岳古镇	1. 可选题目：①×××古镇文化景观基因政府传承调研；②×××古镇文化景观基因经营者传承调研；③×××古镇文化景观基因居民传承调研；④×××古镇文化景观基因游客传承调研； 2. 文化景观基因：建筑基因（南岳大庙、骑马晒楼）、形态基因（十字街、方正形）、文化基因（山神与佛教崇拜）、环境基因（南岳衡山）。 3. 可包含内容： （1）政府传承 （2）经营者传承 （3）居民传承 （4）游客传承	文献查阅、踏勘、标图、拍照、访谈	（1）成果包含报告+图纸。 （2）报告：结构分明、观点清晰、图文并茂。 （3）图纸：相关图纸不少于3张、现场速写图（作为附件1附在报告后面）。 （4）调查问卷作为附件2附在报告后面。

杭州部分

1. 杭州市历史文化街区专题调查（11月12日）

考察主题、内容、方法与成果要求

主题	地点	具体内容	方法	成果
历史文化特色街区	小河直街（公交1小时）	1. 可选题目：①小河直街历史文化特色街区保护与开发调研；②基于场所文脉理论的小河直街空间环境调查；③指导老师或学生可从下列包含内容选取某一方面自拟题目。 2. 可包含内容： （1）小河直街历史文化特色街区历史沿革。 （2）小河直街区位分析。 （3）调查小河直街肌理、巷道格局、建筑风格、文化特色等的概况。 （4）小河直街空间环境特征、居民认同、游客评价。 （5）分析小河直街保护现状、存在问题，提出保护建议。	踏勘、拍照、绘图、访谈、问卷	（1）成果包含报告+图纸。 （2）调研报告：结构分明、观点清晰、图文并茂。 （3）图纸：小河直街平面图（机绘）、土地关系分析图、选取至少2处特色建筑或空间节点进行绘制手绘图（作为附件1附在报告后面）。

2. 杭州市特色村落专题调查（11月13日）

考察主题、内容、方法与成果要求

主题	地点	具体内容	方法	成果
特色村落专题	良渚文化村（离市区16千米）公交2小时	1. 可选题目：①良渚文化村景观特色与保护调查；②良渚文化村人居环境调查与分析；③指导老师或学生可从下列包含内容选取某一方面自拟题目。 2. 可包含内容： （1）文化村特色景观（民居、街巷、山水环境、公共建筑等）考察。 （2）居民生活方式和满意度调查。 （3）游客游览方式和满意度调查。 （4）文化村保护、推广、经济发展模式调查。	踏勘、拍照、绘图、问卷、访谈	（1）成果包含报告+图纸。 （2）调研报告：结构分明、观点清晰、图文并茂。 （3）图纸：相关分析图表不少于3张（作为附件1附在报告后面）。 （4）调查问卷作为附件2附在报告后面。

3. 杭州市城市公园专题调查：（11月14日）

考察主题、内容、方法与成果要求

主题	调研地点	具体内容	方法	成果
城市公园	西湖南线：太子湾公园	1. 可选题目：①太子湾公园景观特色与空间格局分析；②太子湾公园景观要素调查与分析；③指导老师或学生可从下列包含内容选取某一方面自拟题目。 2. 可包含内容： （1）太子湾公园景区景点理景布局特征。 （2）太子湾公园水景理景特色。 （3）地形塑造与水体变化之间的关系。 （4）公园与周边城市空间的关系。	踏勘、记录、标图、拍照、实测	（1）成果包含报告+图纸。 （2）调研报告：结构分明、观点清晰、图文并茂。 （3）图纸：太子湾公园总平面图、选择两处不同的节点空间进行现场速写，并绘制节点平面图（作为附件1附在报告后面）。

4. 杭州市特色小镇专题调查（11月15日）

考察主题、内容、方法与成果要求

主题	地点	具体内容	方法	成果
特色小镇专题	龙坞茶镇（1小时）/梦想小镇（1个半小时）	1. 可选题目：①××特色小镇空间布局与产业发展发调查；②××特色小镇空间环境与旅游发展调查；③指导老师或学生可从下列包含内容选取某一方面自拟题目。 2. 可包含内容： （1）区位条件分析。 （2）特色产业分析。 （3）空间形态分析。 （4）政府政策分析。 （5）特色小镇发展思路和建议（含对衡阳市古镇建设的启示）。	踏勘、拍照、绘图、问卷、访谈	（1）成果包含报告+图纸。 （2）调研报告：结构分明、观点清晰、图文并茂。 （3）图纸：区位分析图、功能结构分析图（作为附件1附在报告后面）。

5. 杭州市旅游感知调查（11 月 16 日）

考察主题、内容、方法与成果要求

主题	地点	具体内容	方法	成果
城市旅游形象感知调查	杭州市区（参观规划馆）	1. 可选题目：①基于游客感知的杭州市旅游形象调查与分析；②杭州市旅游感知调查报告；③指导老师或学生可从下列包含内容选取某一方面自拟题目。 2. 可包含内容： （1）旅游者基本特征：游客年龄、客源地、职业、文化结构等。 （2）旅游者感知分析：整体形象、旅游功能、空间轴线、旅游服务设施、各景区吸引力等。 （3）旅游发展思路与建议。	踏勘、拍照、绘图、问卷、访谈	（1）成果包含报告+图纸。 （2）调研报告：结构分明、观点清晰、图文并茂。 （3）图纸：旅游感知地图（内容包括热点景区、重点旅游服务设施等，作为附件 1 附在报告后面）。